KB253827

황수관 지음

내 고향 경주 안강 벌판에는 가을걷이가 끝나기 무섭게 수많은 철새들이 찾아오곤 했다.

"끼르륵! 끼르륵!"

요란한 소리로 하늘을 까맣게 덮던 청둥오리 떼들의 화려한 비행!

"훠이! 훠이!" 쫓는 시늉을 하며, 너른 벌판을 함께 치달리던 어린 시절!

나는 진정 미지의 너른 세상을 향해 훨훨 날아 비상하고 싶었다.

해마다 때만 되면 정확히 찾아오던 철새!

철새는 결코 길을 잃지 않는다고 한다.

그들이 수천, 수만 킬로미터를 이동하면서 정확한 시기와 목적지를 잊지 않고 이동할 수 있는 비결은 뭘까?

그들은 태어날 때부터 몸속에 정교한 나침반을 가지고 태어나, 지구자기장에 반응하며 시각 후각을 동원하여 이동경로를 조정하기 때문이라고 한다.

추수가 끝난 허허벌판을 잊지 않고 찾아와, 착륙과 이륙을 거듭하며 먹이를 찾던 청둥오리 떼의 귀소본능!

이제 내 나이 60을 넘어 '생각하는 것이 원만하여 어떤 일을 들으면 곧 이해가 된다.' 는 이순耳順의 반열에 들어서고서야 비로소 깨달아지는 지혜가 있다.

지금 내가 이 자리에 설 수 있었던 것은,

바로 든든한 고향의 힘이 있었기 때문이라는 것을 …….

고향은 마치 지구의 자기장처럼 연결되어 지금껏 내게 에너지를 공급해준 탯줄이었고, 지루하고 버겁던 방황의 늪을 벗어나도록 향방을 가르쳐준 나침반이었다.

요즘 "워낭 소리"라는 영화가 네티즌들 사이에 화제가 되고 있다.

평생을 소와 함께하며 땅을 일구고 살아온 팔순 넘으신 할아버지와, 평생 주인을 위하여 묵묵히 땅을 갈고 짐을 실어 나르던 40넘은 늙은 소,

할아버지는 40년을 함께 해온 소에게 싱싱한 꼴을 먹이기 위하여 기계문명도 마다하고 농약도 거부하며 소를 위하여 꼴을 베어 나르고, 소는 그런 주인을 위하여 기계소리 요란한 논 옆에서 우직하게 논을 갈고 수레에 짐을 실어 나르며 한 몸처럼 서로 의지하며 산다.

노쇠하여 귀가 어둡지만 워낭(소의 목에 매달린 방울)소리에는 귀가 번쩍 뜨이는 할아버지가, 소가 기력이 떨어지자 늘 타고 다니던 달구지에서 내려 나뭇짐을 나눠지고 소와 함께 묵묵히 걷는 모습이 머릿속에서 떠나질 않는다.

"나는 소만도 못한 대우를 받고 산다."며 투정부리는 할머니도 소를 위해서라면 어떤 수고도 마다않고 지극정성이다.

이충렬 감독은 이 영화를 만들게 된 동기를 묻는 기자에게 이렇게 말했다.

"늘 실패만 거듭하는 못난 모습을 보여드린 아버지께 부채를 갚는 마음으로 찍었습니다. 많은 자식들이 워낭소리를 통해 나를 위해 헌신했던 이들의 땀을 기억했으면 좋겠습니다."

그의 기대처럼 우리네 아버지들의 우직한 삶이 감사해서, 그런 아버지를 도와준 소의 충직함이 고마워서, 지금의 내가 있기까지 묵묵히 나를 위해 수고했던 분들의 희생이 감사해서 펑펑 울었다는 리플이 꼬리에 꼬리를 문다.

아직 영화를 보지 못한 사람, 앞으로 꼭 그 영화를 보고 싶다는 사람, 그들은 이미 영화를 본 사람의 설명만 듣고도 가슴 따스한 인간애를 되찾게 되었다고 서로를 향해 훈훈한 감동을 전달하고 있었다.

이러한 파급효과를 이론화 시킨 학자가 있다. 바로 영국의 저명한 생물학자 리처드 도킨스 *Richard Dawkins* 다.

그는 처음으로 밈*meme* 이론을 도입한 사람이다.

밈이란 "개인들이 가지고 있는 생각이나 사고가 인간의 뇌를 매개체로 바이러스처럼 전염된다."는 이론이다.

나는 지금까지 신바람 건강박사, 행복바이러스, 웃음의 전도사가 되기를 자청하며 신바람 황풍을 일으켜보고자 분주하게 살아왔다.

이 작은 책 속에 미처 정리되지 못한 생각들을 적게 된 동기도, 리처드 도킨스의 이론처럼 이 책을 읽는 독자들의 생각 속에, 항상 기뻐하는 마음, 항상 감사하는 마음, 서로서로에게 느끼는 따사로운 작은 감동들이 잔잔한 파문이 되어 바이러스처럼 퍼져나가기를 바라는 마음에서였다.

한 생태학자가 개미의 행동을 추적하여 그 동선을 그려놓은 기록을 보았다. 그 그림은 마치 하얀 페인트에 색깔을 내기 위하여 검정색을 섞어 막대기로 휘휘 저을 때 어지럽게 그려지는 혼선과도 같았다. 그런데 그

혼선가운데 직선으로 뻗은 선이 하나 있어 눈길을 끌었다. 이어령 교수는 직선의 의미를 이렇게 설명한다.

"개미들은 먹이를 발견할 때까지 이리저리 싸다니다가도 일단 먹이를 찾으면 현 위치에서 최단거리로 자기 집으로 돌아간다. 그냥 돌아가는 것이 아니라 자신의 이동경로에 페로몬 *pheromone* 이라고 하는 물질을 분비하여 먹이를 찾아 방황하는 다른 개미들에게 먹이의 위치를 알려준다. 우리들이 흔히 목격하는 일직선의 개미행렬을 만들어 가는 것이다."

우리네 인생도 먹이를 찾아 헤매는 개미와 같이 수많은 시행착오와 방황들을 거듭하지만, 이것을 결코 무의미한 허비나 실패한 시간이라고 말할 수는 없다.

우리의 실패한 경험이 다른 사람들에게 직선거리를 가르쳐주는 좋은 본보기가 될 수도 있으니 도리어 감사한 일 아닌가!

그동안 최선의 삶을 살아보겠다고, 좌충우돌하며 무수히 겪었던 시행착오와 방황, 비록 뒤뚱거릴 때도 있었고, 주저앉아 낙망하고 있을 때도 있었지만, 행여 나의 시행착오가 인생의 문제를 놓고 깊이 고민하며 방황하는 젊은이들에게 페로몬이 되기를 바라는 소망 때문이다.

그동안 나는 정말 많은 분들의 기도와 사랑으로 살아왔다.

옛 말씀에 반포지효反哺之孝라 했다.

미물인 까마귀도 제 어미가 늙고 병들면 먹이를 물어다 봉양을 한다는 말이다.

지금의 내가 있기까지 한 결 같은 믿음으로 사랑의 수고를 아끼지 않으셨던 모든 분들의 은혜에 어떻게 보답할 수 있을까!

감사하는 마음과 간절한 소원들을 담아 한 권의 책으로 엮어 보았다.

우리 모두 신바람 나게, 모두모두 건강하게, 서로서로 행복하게 사는 그날을 기대하며!

여러분의 인생을 진심으로 환영한다.

"웰컴 신바람 인생!"

"welcome sinbaram life!"

2009년 새봄이 오는 길목에서

신바람 건강박사 황수관

首丘初心 이라!
여우도 죽을 때가 되면 고향을 향해 머리를 둔다고 하거늘.
하물며 사람이야…….

차 례

1부

신바람 박사가
되기까지는

웰컴 신바람 人生의 원조이신 아버님, 황봉용 장로
"할아버지(증조부님)! 우리에게도 신바람 인생 가르쳐 주세요."
"이리 오너라, 가르쳐주지. 꿈을 갖고 도전하면 '웰컴 신바람人生'이 되지요. 허허허*!!*"

'신바람박사'가 되기까지는

감사하게도 사람들은 나를 신바람 건강박사, 웃음의 전도사라고 부른다. 사실 신바람 건강박사, 웃음의 전도사가 되기까지는 내게도 많은 아픔과 고난의 시절이 있었다.

나는 원래 처음부터 연세대학교 교수가 된 사람이 아니었다. 과거 나는 초등학교 교사였다.

이 신바람박사 황수관은 해방둥이로 1945년 8월 30일 일본에서 태어났다. 본래 부모님의 고향은 경북 경주시 안강읍 육통리 소평마을로 사방으로 펼쳐진 들판 한가운데 있던 황씨 집성촌이었다. 할아버지 황기수는 서당 훈장으로 일명 옥동할아버지로 통했다. 막내아들인 아버지가 6살이 되던 해 할아버지가 돌아가셨고, 농사일을 모르던 할머니는 이때부터 아들 삼형제를 데리고 어려운 살림을 꾸려가야 했다.

초등학교도 못 다닌 아버지는 독학으로 한글과 한자를 깨우쳤을 뿐만 아니라 명심보감까지 읽을 만큼 학구열이 대단한 분이었다.

젊은 날 아버지는 도전정신과 개척정신이 강한 분이었다.

일본 식민지하에서 나라 잃은 설움과 압박을 피하여 혈혈단신子子單身 허기진 배를 채우기 위해 중국으로 건너가 중국 사람들에게 한국의 농사법과 문자를 가르치기도 했다.

아버지는 다시 일본으로 건너가 정착하였는데, 중국에서 기차를 타고 일본으로 가는 길, 고향에 내리면 행여나 마음이 약해져 주저앉을까봐 그냥 고향을 지나치며 하염없이 울었단다.

정직한 성품 때문에 아버지는 일본에서 큰 행운을 얻었다.

일본에서 살 때 아버지가 집으로 오가는 길목에는 큰 포도밭이 있었다고 한다. 일을 마치고 주린 배를 움켜잡고 집으로 가노라면, 포도나무에 주렁주렁 매달린 포도들이 어찌나 먹음직스러워 보이던지, 유혹을 피하려고 숫제 땅만 보며 그 앞을 지나다녔다고 한다.

그러던 어느 날 포도밭 주인이 포도를 한 쟁반 담아들고는 아버지를 부르는 게 아닌가!

"여보시오 청년! 잠깐 나 좀 봐요."

"저를 부르셨나요?"

"그렇소."

"무슨 일이신지요?"

"당신 혹시 포도 먹을 줄 알아요?"

"포도요? … 없어서 못 먹지요……."

"먹을 줄 아는데 그렇게 매일 포도밭을 지나치면서 한 번도 따먹지 않았단 말이오?"

"네?……."

"수많은 사람들이 우리 포도밭을 지나다니면서 오갈 때마다 몇 알씩 포도를 따먹곤 하는데 당신은 한 번도 그런 적이 없길래 나는 혹시 당신이 포도를 싫어하는가 보다 생각했다우"

"그게 아니라 …… 남의 것이라 손대지 않은 것인데……."

아버지는 그 날 포도를 실컷 얻어먹었다고 한다.

그런데 이게 웬일인가!

얼마 후, 포도밭 주인이 아버지를 찾아왔더란다.

"우리 부부는 이제 늙고 나이 들어 농사를 계속 할 수 없지 뭐요, 슬하에 자식이 없으니 물려줄 사람도 없고, 그래서 누가 좋을까 찾고 있었다오. 내가 그동안 눈여겨보니 당신은 조선 사람이지만 아주 정직한 사람이오! 그래서 우리 부부는 당신에게 이 포도밭을 넘겨주기로 결정 했다오"

하는 게 아닌가!

아버지는 하루 아침에 큰 포도원의 주인이 되었다.

본래 부지런한 성품이니 열심히 포도밭을 관리하여 그 당시 기마를 타고 다닐 정도로 큰 부자가 되었다.

수중에 돈이 들어오자 혼자서만 호의호식하지 않으시고, 고향의 큰 형님께 논밭을 사드리고, 둘째 형님은 일본으로 초청해 생활을 하시도록 돌보아 드렸다.

아버지 날 낳으시고

그러다가 나이가 차니 할머니가 고향에서 참한 색시를 데려와 일본에서 결혼하게 되었다.

그때 아버지 나이 26살, 어머니는 21살이었다. 결혼을 한 후에도 아버지는 형제들과 고향 사람들 돌보는 데에 지나치게 마음을 써 어머니를 마음 아프게 했다.

믿고 돈 관리를 맡겼던 고향사람이 돈과 함께 도망을 가 어려움을 겪기도 했으며, 그 시절 그토록 귀히 여기며 아끼던 재봉틀을 팔아 형님 빚을 갚아드리자 속이 상해 우는 어머니에게 "나에게는 당신이나 재봉틀보다 형님이 더 중요 하오"라고 말해 어머니 가슴에 깊은 상처를 주었다.

주위의 일본 사람들로부터 존경과 인정을 받아가던 어느 날, 손에 수갑을 찬 한국인 죄수가 아버지 집으로 뛰어 들어왔다.

놀란 아버지는 그 죄수를 얼른 광속에 숨겨놓고 따라 들어 온 순사들을 향해

"아니 무슨 일로 남의 집에 들어와 소란을 피우는 거요? 어서 썩 물러들 가시오!" 하고 호통을 쳤다.

아버지의 기세에 눌린 순사들이 슬금슬금 돌아간 후, 손목에 묶인 수갑을 자르느라 쇠톱으로 밤새 수갑을 문지르며 아버지도 그 죄수도 함께 울었다고 한다.

"우리가 나라 잃은 것도 억울하고 남의 나라에 사는 것도 서러운데 무슨 죄를 지었기에 죄수가 되셨소? 이제부터라도 바르게 잘 사시오! 그리고 배고플 때는 언제든지 우리 집을 찾아오시오!"

2차 대전이 막바지에 이를 때 만행이 극에 달한 일본군들이 아버지의 말을 빼앗아갔다.

아끼고 사랑했던 기마를 빼앗긴 분노보다, 남의 나라에서의 재물이나 명예가 얼마나 부질없는 것인가를 깨닫고, 해방이 되자마자 일본에서 지녔던 모든 것을 버리고 빈손으로 고향으로 돌아왔다.

비록 빈털터리의 몸이지만 내 조국에 돌아오니 굶어도 배불렀고 안 먹어도 기뻤다고 한다.

생계가 막연해지자 아버지는 들에 나가 짚을 구해다가 어머니와 가마니를 짜서 내다 팔기 시작했다. 어찌나 솜씨가 야무지고 꼼꼼하였던지 우리 집은 가마니 잘 짜는 집으로 소문이 났다.

부지런한 부모님은 어느덧 논 다섯 마지기를 장만하였다.

내 어릴 적 기억을 떠올리면 아버지를 도와 새끼를 꼬던 장면이 가장 많이 떠오른다.

"당신은 어떻게 귀한 아들에게 맨 날 새끼를 꼬게 하세요?"

어머니가 속상해 하시면

"아드님! 계속 새끼를 꼬다보면 좋은 일이 생깁니다."

하며 껄껄 웃으시곤 했다.

밤 깊도록 새끼를 꼴 때면 아버지는 구수한 입담으로 중국에 살던 시절의 이야기, 일본에서 살던 이야기, 그야말로 '먼 나라 이웃나라'의 무용담으로 지루한 줄을 몰랐었다.

어느 날은 만주벌판을 치달리는 기마병이 되었다가, 어느 날은 해란강을 건너는 뱃사공이 되었다가, 어느 날은 일본군을 골탕 먹이는 독립운동가가 되었다가…….

보통 평범한 이야기도 아버지를 통해서 나오면 살아 움직이는 다큐멘터리가 되곤 했다.

아버지를 따라 산에 나무하러 오를 때 어린 내가 힘들어 헉헉거리고 있으면,

"아드님! 산을 계속 오르다 보면 좋은 일이 생깁니다."

하고 껄껄 웃으신다.

나는 아버지의 그런 모습이 너무나 좋아서 아버지가 가시는 곳이면 어디든지 졸랑거리며 따라 다니곤 했다.

어릴 적 기억 속에 아버지는 항상 어려운 사람들을 돕기를 자청하시는 마음이 참 따뜻한 분이셨다. 한 번은 이웃집의 어린애기가 죽었을 때다. 아기의 부모님들이 깊은 슬픔에 잠겨 손을 쓰지 못하는 것을 보시고 손수 아기를 염하여 안고 산에 올라가 잘 매장하여 주시기도 하였다. 그 때 산에서 내려오시며 눈물을 훔치시던 아버지의 모습이 지금도 생생하다.

그 후로 마을에서 사람이 죽으면 마을 분들이 부탁을 해오곤 했다.

"아제요! 어렵지만 복 많은 아제가 오셔서 우리 아부지 마지막 가시는 길, 좋게 해서 보내주이소!"

그 때마다 아버지는 마다하지 않으시고 시체를 깨끗이 씻기고, 염을 하여 장례를 잘 치러주곤 하셔서 마을 사람들의 존경을 받으셨다.

둘째 매형이 돌아가셨을 때, 자식 같은 매형의 몸을 씻기고 어루만지시며, 고이고이 염을 하며 매형에게 작별인사를 하셨다.

"이보게, 먼저 가서 잘 있게나, 우리 이 담에 천국에서 다시 만나세!"

하며 우시던 그 모습이 지금도 잊혀지질 않는다.

아버지는 언제나 교훈적인 이야기를 해주시곤 했다.

"수관아! 사람은 환경을 탓해선 성공할 수 없어, 제일 어리석은 사람이 누군지 아니?"

"그게 누군데요?"

"그건 다리 밑에 노숙하는 거지가 '과거의 우리 할아버지는 천석꾼이었다. 만석꾼이었다.' 라고 자랑하며 과거에 매여 사는 사람이야"

"그럼 어떻게 해야 돼요?"

"수관아! 정말 훌륭한 사람은 지금 내가 어디에 있으며 어떤 형편에 있느냐, 이 역경을 이기려면 무엇을 개선해야 하는가를 정확하게 고민하고 대처할 줄 아는 사람이야"

"아버지처럼 이요?"

"허! 허! 녀석……."

아버지의 유머감각은 세대를 뛰어넘는 센스가 있으셨다. 증손자들까지 한 자리에 모여 도란도란 이야기꽃을 피울 때면 언제나 먼저 재미난 수수께끼를 내시곤 하셨다.

"많이 먹으면 죽는 게 뭐게?"

"많이 먹으면 죽는 거요? 음! 술인가? 독한 약인가? 잘 모르겠는데요?"

"할아버지 그게 뭐에요?"

아이들이 재촉을 하면 싱글벙글 말씀하신다.

"그거야 '나이' 지"

"아! 맞다! 나이를 많이 먹으면 죽는다. 하! 하! 하!"

내가 태어나던 그 해 큰누나는 5살, 둘째 누나가 3살이었다. 일본 히로시마에 원자폭탄이 떨어지고 미국 폭격기가 일본 전역을 강타하던 그 무렵, 나를 임신한 어머니는 산달이 되어 만삭인지라 아버지와 누나들과 방 안에 있었다고 한다.

금방이라도 폭탄이 떨어질 것처럼 포성이 요란했다. 폭격기가 우리 집 지붕위로 지나가는 소리에 놀란 아버지는 방문을 열고 뛰쳐나갔다.

방 안에 있는 어머니에게도 "얼른 뛰어 나오라"고 소리소리 지르며 피신하다 뒤를 돌아다보니, 어머니가 만삭이 된 몸으로 그 자리에 꼼짝도 않고 엎드려 우리 누나 둘을 품에 품고 있더란다.

생각해 보시라! 지붕 위로 곧 폭탄이 떨어질 듯 여기 저기 폭격이 쏟아지는 와중에, 만삭이 되어 자기 몸도 날렵하게 움직이기 어려운 어머니, 설령 아버지가 누나 둘을 데리고 가며 따라 오라고 해도, 따라갈지 말지 한 상황이 아닌가!

그 광경을 본 순간 아버지는 자기만 살겠다고 혼자 뛰쳐나간 자신이 너무나 부끄러웠고, 실로 황망한 중에도 자식들을 먼저 보호하는 어머니의 지극한 사랑에 놀라셨다고 한다.

아버지는 당신의 어이없는 처사가 너무나 부끄러워,

"앞으로는 폭격이 떨어져도 절대 혼자 달아나지 말아야지" 맹세를 했는데, 그 후에는 폭격이 없었단다. "하! 하! 하!"

"전쟁터에 처자식 버리는 아비는 있을지언정 자식 버리는 어미는 없더라……."

아버님이 어머니 회갑 잔칫상을 받으시며, 어머니와 우리들에게 사죄

하시며 하신 말씀이다.

"그 때를 생각하면 나는 이 밥상을 받을 자격도 없는 애비다……."

그렇게 해방이 되던 해 나는 어머니의 품에 안겨 내 조국 대한민국으로 돌아오게 되었다.

어머니 날 기르시니

조국에 돌아오긴 했으나 내가 원인모를 병에 걸려 백방으로 손을 써도 차도가 없었다고 한다. 어린 것이 다 죽게 되었다는 소문을 듣고 사람들이 찾아와 들여다보고는,

"저거 사람노릇하기 틀렸고마"

"우야겠노, 이제 정 띠그라!" 혀를 차고 돌아설 때도, 어머니는 절대 포기하지 않으시고 울 기운도 없이 늘어진 나를 안고 기도하셨다고 한다.

"차라리 나를 데려가시고, 이 어린 것의 생명만은 살려주세요."

어머니의 애통하는 기도가 하늘에 사무쳤을까! 죽었다고 윗목에 밀어 놓았던 아기가 미세하게 손가락을 움직이더니 모기소리 만하게 우는 게 아닌가!

그 시절 대부분의 사람들이 그러했듯이 어려서 우리 집은 너무 너무 가난해 중학교에 갈 형편이 못되었다. 부잣집 아이들이 교복 입고 학교 가는 모습이 얼마나 부러웠던지!

중학교에 다니는 친구들이 부러워 뒷산으로 나무를 하러 갈 때마다, 올라가면서 울고 내려오면서 울고, 마음속으로 수도 없이 중학교에 가게 해달라고 기도하였다.

하루는 나무를 지고 내려와 보니 외가 쪽으로 오촌되시는 구만덕 아저씨가 집에 오셨다가,

"수관아! 너도 중학교를 다녀야 할긴데…… 그리 나무나 하고 다니면 되겠니?"하신다.

"아저씨! 저도 중학교 다니고 싶은데 학비가 없어서 못가고 있어요"

"수관아! 포항에 가면 영일중학교가 있는데, 거기는 입학금 없이도 들어갈 수 있다고 하더라, 거기 가면 너의 외가도 있고 하니 아버지랑 상의해 보거라"

"예? 그거 참말입니꺼? 학비가 없어도 들어갈 수 있습니꺼?"

나는 그 길로 지게를 벗어 던지고 집에서 18Km나 되는 거리를 단숨에 뛰어 영일중학교 교무실을 찾아갔다.

"선생님, 입학하러 왔습니다."

"너 어디서 왔니?"

"경주 안강에서 왔습니다."

"너 어린 것이 50리를 걸어 왔단 말이니?"

"아니예요, 뛰어 왔어요."

"어서 돌아가라, 거리가 멀어서 못 다닌다. 학교 오는데 5시간 집에 가는데 5시간 되는 거리를 어린 네가 어떻게 다니겠나? 해지기 전에 어서 집에 돌아가라"

"선생님, 괜찮습니다. 입학시켜주면 잘 다닐게요."

"너 공부가 그렇게 하고 싶니?"

"예" 하는 순간 눈물이 앞을 가려 말을 잇지 못했다.

선생님이 내 눈에 눈물을 보시고 딱했던지 입학을 허락해 주셨다.

"여기 이거는 교복에 다는 배지고, 이거는 모자에 다는 모표다. 그리 좋나?"

"예, 선생님, 고맙습니다, 앞으로 열심히 공부하겠습니다."

노랗게 빛나는 중(中) 자가 쓰인 배지를 손에 쥐니 얼마나 좋던지,

"이제 나도 중학생이 되었다, 중학생 황수관!"

집에 돌아가는 5시간동안 얼마나 울었는지 모른다.

밤늦게 집에 오니 어머니가 놀래서 뛰어나오신다.

"수관아! 너 어디갔다 이제 오니? 얼마나 걱정했는지 아니?"

"엄마! 이제 나도 중학생이 되었어요!"

"그게 참말이니! 네가 어떻게 중학생이 되었는데!"

입학한 후로 50리 길을 가기 위해 새벽 4시면 출발해야 했다. 그래야 8시30분에 교문에 들어설 수 있었다. 먼동도 트기 전에 마당에 서서

"아버지, 어머니 학교에 다녀오겠습니다."하면 우리 어머니는 아침마다 우신다.

"수관아! 이 춥고 캄캄한 50리 길을 어떻게 갈래? 이 엄동설한에 따신 내복 하나 못 입고, 아이고 내 새끼야 … 너 안 무섭겠니? … 흑! 흑! 흑!"

"엄마! 걱정마세요, 저 잘 갔다 올게요, 저 열심히 공부하고 올게요."

"수관아, 오늘은 너무 춥다, 오늘은 학교에 가지 마라. 내복도 없이 학교가다 얼어 죽겠다."

"엄마, 나는 학교에 가야 돼요, 공부해야 돼요."

"그럼, 이 펄펄 끓인 숭늉이라도 한 사발 마시고 가거라, 속이 비면 더 춥느니라"

말리다 못한 어머니가 나를 부엌에 데리고 들어가, 펄펄 끓인 숭늉을 한 사발 주면 그것을 벌떡벌떡 받아 마시곤 했다.

"그래, 이제 몸에 열이 좀 나니?"

"네"

"그럼, 어서 뛰어서 가그라 걸어가면 추워서 얼어 죽는다, 엄마는 이 길로 교회에 가서 너를 위해 기도하마."

"어머니 고마워요"

"오냐! 불쌍한 내 새끼!"

그 길로 어머니는 새벽기도에 가시고, 나는 학교를 향해 뛰어가고, 어머니의 기도소리를 들으며 학교에 다녔다.

1학년을 마치고나니 보다 못한 어머니가 우리 집에서 3㎞ 떨어진 안강중학교로 전학을 시켜주어 중학교를 졸업하고 고등학교를 가야 하는데, 마침 안강중학교에 병설농고가 처음 생겼다. 우리 집안 형편을 잘 아시던 선생님께서 하루는 나를 부르셨다.

"황수관! 너 고등학교 가고 싶지?"

"네, 선생님 무지무지 가고 싶어요, 그런데 가정형편이 말이 아니라서……."

"수관아! 안강중학교 병설 농고에 들어가면 장학생 시켜준다고 하던데 거기라도 다녀볼래?"

"선생님! 참말입니까? 참말로 장학금 받고 다닐 수 있습니까?"

나는 기쁜 마음으로 안강농고에 들어갔고 과연 장학금을 받았다.

"아버지! 이거 정말로 장학금을 주네요."

"수관아! 그 장학금으로 우리 밭을 사서 고추 농사 잘 지어 네 학비에 보태자구나"

내가 들어간 안강농고는 들어갈 때는 50명 정도 들어갔는데, 학교가 시원찮다고 애들이 중간에 다 나가버렸다. 나는 고추밭 때문에 못 나가고, 졸업을 하게 되었는데 졸업생이 총 13명뿐이었다. 그러자 문교부에서 학생이 없다고 학교를 폐교를 시켜버렸다. 그래서 나는 선배도 없고 후배도 없는 학교, 들어갈 때 처음 생겨서 나올 때 없어진 고등학교를, 졸업생 13명 중에 우수한 성적으로 졸업하였다.

과거 나는 초등학교 교사였다.

이제 대학을 가야 되는데, 고민이 이만 저만이 아니었다.

첫째는 실력이 없고, 둘째는 돈이 없었다.

그런데 왜 실력이 없냐면? 농고에서 나는 감자심고, 고구마심고, 깨 심고, 똥 푸는 것 배우느라 공부를 안 해서 실력이 없었다. 고등학교 2학년 때 선생님으로부터 돈이 없는 사람은 사범학교를 들어가면 된다는 말씀을 듣고, 대학에 가려고 그 때부터 아버님 일손 도우면서 집에서 독학을 했다.

여러분도 아시다시피 사범학교는 음악 미술 체육 이론 시험을 다 치르는데, 농고에서는 음악 미술을 아예 안 가르쳐주었다.

또 열세사람 앉혀놓고 뭘 그렇게 잘 가르쳐주겠는가?

나는 그 때부터 무조건 외우기 시작했다.

"빨주노초파남보, 사라가마나바다, 높은음자리표 낮은음자리표"

그 때 시험 준비한다고 시조를 30개쯤 외웠다.
얼마나 딸딸딸 외웠던지 지금도 생각이 난다.

한산 섬 달 밝은 밤에 수루에 홀로 앉아
큰 칼 옆에 차고 깊은 시름하던 차에
어디서 일성호가는 나의 애를 끊나니

이고 진 저 늙은이 짐 벗어 나를 주오
나는 젊었거니 돌인들 무거울까
늙기도 서럽거늘…….

어쨌든 나는 5대1의 경쟁을 뚫고 사범학교인 교육대학에 입학했다. 안
강농고를 졸업하고 교육대학에 입학하는 것도 결코 쉬운 일이 아니었다.
이 교육대학은 학비는 무료지만 숙식을 해결해야 했으므로 입주 가정교
사로 들어가 부잣집 아들 셋을 밤 12시까지 가르쳐주고, 세상사람 다 자
는 새벽시간 되어야 비로소 내 공부를 할 수 있었다.

"지금쯤이면 우리 어머니 나를 위해 새벽기도 하고 계시겠구나!" 하는
마음에 피곤한 줄도 모르고 공부를 하였고, 마침내 졸업할 때는 졸업생
280명 중에 당당히 학업우수상을 받고 졸업하게 되었으니 다 어머니의
기도 덕분 아니겠는가!

우리 어머니는 세상에 없는 우리 대학생 아들, 우리 집 큰 아들이 졸업
식 날 상을 받는다고 절구에다가 찰떡을 쪄가지고, 졸업식장에 꽃다발 대

신 찰떡을 이고 오셨다.

"엄마! 그냥 오시지 왜 힘들게 찰떡을 들고 오셨어요?"

"얘야, 수관아! 장한 내 아들아! 꽃다발은 받으면 금방 시들어 버리지만 찰떡은 먹고 나면 속이 든든해 지지 않니!"

상을 받고 내려오니 우리 어머니, 한손에는 떡보자기 들고, 한 손으론 내 손목을 잡고 눈물을 주르르 흘리시는 게 아닌가!

우리 어머님이 왜 우시는지 여쭈어 보진 않았지만, 아마도 이래서 우시는 것 같았다.

큰 아들 대학교 졸업한다고 졸업식장에 들어와 보니, 다른 집 애들은 깨끗한 양복입고 꽃다발을 받아들고 호사를 부리는데, 우리 아들은 상까지 받아들고 내려오는데, 꽃다발도 없고, 카메라도 없고, 떡보자기만 들고 선 모습이 얼마나 안타깝고 가여웠겠는가!

"얘야! 얘야! 네가 공부한다고 올라갈 때 여비 한 푼 못주고, 가정교사 한다꼬 공부할 시간도 없었을텐데, 시내 아이들 다 제치고 어찌 이래 상을 받게 되었나? 엉엉……."

"어머니! 울지 마세요. 제가 공부 잘한 게 아니고 다른 애들이 공부를 안 한 거예요."

어머니를 달래려 너스레를 떨어도 웃지를 않으신다.

"어머니! 날 키우느라 고생 많이 하셨어요? 장한 아들 사각모 한 번 써보세요!"

"세상에! 장하다, 내 아들 장하다…… 엉엉……."

"엄마! 엄마! 고마 울지 마세요. 돈 없는 것은 흠도 아니고, 죄도 아니예

요, 앞으로 내가 훌륭한 사람 될게요, 좋은 사람 될게요, 저를 위해서 기
도 많이 해주세요.”

“수관아 고생만 시켜 미안하다…….”

“엄마, 그런 말씀 마세요, 이담에 꼭 호강시켜 드릴게요.”

우리 모자 부둥켜안고 울었던 날이 엊그제 같다.

어머니 날 낳으시고, 아버지 날 기르신 은혜 가슴에 사무치건만…….

두 분 모두 홀연히 떠나셨으니, 이 은혜 어찌 다 갚사오리!

“나 죽거들랑 화장하여 나무 밑에 뿌려다오!”

이 땅에 아무런 흔적도 남기지 않고 훌훌 떠나시기를 원하셨던 아버지!

아버지의 깊은 속정과 어머니의 다정하심이 우리 칠남매를 이렇게 반
듯하게 가르치고 키우셨으니, 번족한 자녀 손들의 수가 50인을 넘는다.

이보다 더 아름다운 흔적이 또 있을까!

훌륭한 스승은 훌륭한 제자를 만든다

헨리 에담스 *Henry Adams*는 "스승은 영원까지 영향을 미친다. 어디서 그 영향이 끝날지는 스승 자신도 알 수가 없다." 라고 말했다.

예로부터 군사부일체君師父一體라고 했다. 임금님과 스승님과 부모님은 한 몸과 같다는 말이다. 누군가 나에게 가장 잊지 못할 은인이 누구냐고 묻는다면, 나는 단연 중학교 1학년 때 영어선생님이라고 말할 것이다. 그 분은 나에게 공부하고 싶다는 동기부여와 열심히 살아야 할 이유를 가르쳐 주셨던 분이다.

필자가 중학교 1학년 때다.

어느 날 두메산골 우리학교에 유난히 얼굴이 하얗고 예쁜 여자 분이 영어 선생님으로 부임해 오셨다. 어린 마음에 그 선생님이 어찌나 선녀처럼 예뻐 보이던지, 혼자서 몰래몰래 선생님을 훔쳐보며 얼굴을 붉히곤 하였는데, 하루는 영어 선생님이 수업이 끝나고 교실을 나서면서, 나를 부르시는 거였다.

"황 수관! 이리 오너라" 그 목소리가 얼마나 따뜻하고 부드러운지, 선생님 가까이에 가서 어쩔 줄을 모르고 서 있는데,

"수관아! 이따가 수업 끝나면 교무실로 와서 나를 만나고 가거라." 하시는 게 아닌가?

가까이서 보니 선생님이 어찌나 예쁘신지,

그 때 우리 선생님은 머리에 파마를 하시고, 예쁜 투피스를 입고 입술에 빨간 립스틱을 바르고, 뾰족구두를 신고 계셨는데, 눈이 부셔서 마주볼 수 없을 정도였다.

그런데 까까머리 황수관이는 어떤가?

머리에는 기계독이 올라서 떡이 져있고, 옷은 꼬질꼬질하고, 이빨은 안 닦아서 누렇다 못해 황금색이 나고, 단추는 떨어져서 덜렁덜렁 매달려 있고, 손은 까마귀가 아저씨라고 부르게 생겼는데, 그래도 선생님의 눈에는 내가 사랑스러워 보이셨던 모양이다. 환한 미소를 띠며 말씀하시는 선생님 앞에서, 기어들어가는 목소리로 대답을 하고는 자리에 앉았는데, 하루 종일 공부가 머릿속에 들어오질 않았다.

어떻게 지나갔는지, 반은 얼이 빠져서 그날 수업이 끝났다.

내가 교무실 문을 열고 들어서자 선생님이 자리에서 벌떡 일어나셔서

"수관아! 어서 와라 안 그래도 너를 기다리고 있었단다. 여기 앉아라." 하시는 거다.

세상에 이게 웬일인가?

나중에 안 일이지만 우리 선생님은 그 때 서울대 문리과를 나오시고, 우리 학교에 처음 부임해 오신 재원이었다.

그런 분이 어린 제자가 들어오는데, 자리에서 벌떡 일어나 반갑게 맞이해 주신 것이다.

필자는 그 날의 일을 교훈삼아 내 사무실에 손님들이 들어올 때마다, 누구를 막론하고 벌떡 일어나서 반갑게 맞이하고 있다.

"수관아! 너 나하고 저 들판에 바람 쏘이러 가자."

그 날이 내 생애 최초로 여성의 손목을 잡고 데이트를 해본 날이다.

"선생님, 제가 메뚜기 좀 잡아드릴까요?"

"그래, 한번 잡아 보렴."

선생님은 논두렁에 구두신고 서 계시고, 나는 논에 들어가 메뚜기를 잡는데, 그날따라 신이 나서 그런지 메뚜기가 더 많이 잡혔다. 강아지풀에 메뚜기를 꿰어서 자랑스럽게 선생님께 드렸다.

"이야! 우리 수관이가 메뚜기를 정말 잘 잡는구나." 하며 어찌나 칭찬을 하시던지…….

칭찬은 귀로 먹는 보약이요, 따뜻한 햇볕과 같다. 부탁하기는 여러분들도 아이들에게 칭찬을 많이 해주기 바란다.

루소 *Rousseau*는 「에밀 *Emile*」이란 책에서 "한 포기의 풀이 성장하려면 따뜻한 햇볕이 필요하듯, 한 인간이 건전한 사람이 되려면 칭찬이라는 햇볕이 필요하다."고 말했다.

선생님께서 메뚜기를 내게 나누어 주시며,

"이건 우리 수관이 내일 도시락반찬 하렴, 이건 선생님이 수관이 생각하며 맛있게 먹을게.”

선생님과 논둑에 나란히 앉아있노라니 붉은 해무리가 들판에 걸렸다.

너무나 아름다워 황홀해서 황혼인가? 이쁜 선생님과 이쁜 석양을 바라보고 있노라니 선생님이 넌지시 말씀하신다.

“그런데 우리 수관이는 공부하면 영어를 참 잘하겠다.”

까까머리 수관이가 선생님의 그 말 한마디에 속된 말로 뿅가서는 집에와서 영어책을 들고 공부를 하기 시작했다.

선생님의 칭찬 한 마디가 내 인생을 이렇게 바꾸어 놓을 줄이야…….

그 때 내가 얼마나 영어공부를 열심히 했는가 하면,

당시 우리 부모님은 우리들의 뒷바라지를 하기위하여 가마니를 짜서 팔곤 하셨는데, 부모님을 도와서 나도 가마니를 짤 새끼를 꼬곤 했었다. 나는 새끼를 꼴 때도 영어책을 옆에 놓고 단어를 외우고, 문장을 통째로 외웠다.

밭일을 도와드릴 때면, 이쪽 고랑에 책을 놓고 문장을 외우면서 밭을 매고, 저쪽 끝에는 영어 노트를 놓고 확인을 하면서, 숫제 영어책을 통째로 외우고 입력 시켰다.

영어 시간이 되면 선생님이

“황 수관! 일어나서 읽어보아라.”

“네, I am a boy, you are a girl”

영어 시간에 내 책상엔 책도 없고 노트도 없었다.

아예 다 머리에 입력이 되었던 까닭이다.

“이야! 우리 수관이 잘한다. 미국사람보다 발음이 더 좋다.”

"우리 수관이, 집안일 도우면서 언제 그렇게 공부를 했니? 참 대단하다."

그런데 여러분! 세상에 이게 웬일인가? 내가 영어 시험을 쳐서 전교 1등을 하게 된 것이다. 선생님의 칭찬 한 마디에 용기를 얻어 아둔한 머리로 공부하는 법을 터득하게 되었다.

나중에 안 사실이지만, 그 때 나는 새벽 일찍부터 걸어서 학교에 가야 했으므로 학교에 도착하면 몸이 노곤하여 수업시간에 꾸벅꾸벅 졸곤 하였다. 영어시간에 졸고 있던 나의 사정을 알게 되신 선생님께서 나를 격려해주려 일부러 부르신 거였다.

오늘 이 황수관이가 연세대학교 교수가 될 수 있었던 것도 다 선생님의 칭찬덕분이다.

TV는 사랑을 싣고

얼마 전에 'TV는 사랑을 싣고' 에서 연락이 왔다.

"박사님! 혹시 만나고 싶은 사람 없으세요?"

"물론 있지요."

"그게 누구에요? 저희가 만나게 해드릴게요."

"저의 중학교 때 영어 선생님입니다."

"첫사랑인가요?"

"첫사랑? 그렇게 말할 수도 있겠네요. 태어나서 처음 손목을 잡은 여성이니까 하! 하! 하!"

"좀 더 자세히 말씀해 보세요."

그 때 나는 영어 선생님과 메뚜기 잡던 얘기와 추억들을 말해주었다.

"야! 그거 정말 감동적인 이야기가 되겠는데요."

"우리 이 이야기로 재미있게 방송을 하도록 합시다."

"그런데 혹시 영어 선생님을 못 찾으면 대신 누구를 만나고 싶으세요?"

"글쎄요…… 영어선생님을 꼭 찾아주세요!"

"네! 물론 찾겠지만 혹시 이민을 갔다든지, 돌아가셨다면 어렵지 않겠어요? 첫사랑은 없으세요?"

"있기야 있지만……."

"이름이 뭔데요?"

"숙자에요"

나는 옛날 소꿉친구였던 숙자와의 어릴 적 추억들을 재미나게 이야기해주었다.

그 날 집에 와서 아내에게 내가 이제 'TV는 사랑을 싣고' 에 나가서 그토록 그립던 영어선생님을 만나게 됐다고 자랑을 하자, 아내도 자기 일처럼 기뻐하며, 선생님 만날 때 입으라고 멋진 양복을 한 벌 사주는 게 아닌가?

사실 나는 아내에게, 내가 아는 여자라곤 우리 어머니와, 영어 선생님과 당신뿐이라고 입에 침도 안 바르고 말해오던 터였다.

영어 선생님 이야기는 익히 들어왔던 터라, 아내도 나 못지않게 기뻐하며, 방송에 출연할 날을 기다렸는데, 드디어 아내가 마련해 준 양복을 빼입고 방송국에 가니, 이게 웬일인가?

영어선생님은 간데없고 숙자가 나오기로 돼있다는 게 아닌가?

우리 집사람에게 숙자가 있었다는 얘기는 한 번도 한 적이 없었는데, 실로 난감한 일이 아닐 수 없었다.

"아니 이봐요, 내가 유명배우도 아니고, 숙자를 만나는 것은 좀 곤란합니다."

"박사님! 그래도 이런 이야기가 시청률도 높고 하니까 그대로 진행합시다."

"이러면 안 되는데…… 안 되는데…… 되 … 되는데……."

사실 나도 궁금했던 터라 못 이기는 척 출연하고 말았다.

그런데 방송이 끝난 뒤에도 영어 선생님이 보고 싶어서 도저히 안 되겠어서, 사람을 잘 찾는다는 분께 부탁을 했다. "영어선생님을 찾아주면 내가 여비를 드리겠다."고 하자 흔쾌히 한 달 이내로 찾아준다고 하는 거다.

그런데 정말로 일주일 만에 영어선생님이 사시는 집과 전화번호를 알려주는 게 아닌가?

영어 선생님은 그 사이 결혼을 하셔서 지금은 대전에 사시는데, 남편분이 충남대학교 교수님이라는 거였다. 그 선생님의 성함도 잘 기억 못하였는데, 정계화 선생님이라고 알려준다. 너무나 기뻐서 한 달음에 선생님께 전화를 드렸다.

"선생님! 접니다. 저 황수관입니다."

"반가워요" 할 줄 알았는데, 그냥 별 반응 없이

"내가 다 알아요." 그러시는 게 아닌가?

왜 그러시나 들어보니 선생님께서 뭔가 오해를 하고 계셨던 것이다.

한 번은 방송국에서 선생님께 전화를 해서 묻더란다.

"정계화 선생님이시죠?"

"네, 맞습니다. 누구신가요?"

"TV는 사랑을 싣고의 PD 김기수입니다. 혹시 황 수관 박사를 아십니까?"

"그럼요. 내가 황 수관 박사를 너무 좋아하지요."

"혹시 그분이 정계화 선생님의 제자인 것도 아십니까?"

"네? 아니에요. 그 분은 내 제자가 아닙니다."

"선생님, 혹시 35년 전에 포항 영일중학교에 근무하신 적 있으세요?"

"네, 제가 결혼 전에 그 학교에서 5년 정도 근무한 적이 있지요."

"그럼 그 때 선생님과 메뚜기 잡으러 갔던 소년을 기억하십니까?"

"아니, 그럼……   가~ 가…… 가?"

"네! 황수관 박사님께서 정계화 선생님을 찾고 계십니다. 저희 프로에 나와 주시겠습니까?"

"호! 호! 호! 물론 나가야지요. 세상에 이럴 수가!"

그 때부터 선생님이 동네방네 "황수관이가 내 제자다! 이제 내가 방송에 출연해서 황수관이를 만날 거라" 고 자랑을 하고 다니셨다.

방송 나갈 때 입으려고 옷도 맞춰 놓으시고, 만나면 무슨 말을 해야 하나? 고민도 하고 계셨는데, 방송에 나오라던 날짜가 되기 3일 전에 방송국에서 연락이 왔더란다.

"선생님, 죄송합니다. 안 나오셔도 되겠습니다."

"네? 이제 와서 그게 무슨 말이에요?"

"실은 선생님이 나오기로 했던 시간에 숙자라는 애인이 나오기로 되어서 선생님과의 약속은 취소가 되었습니다."

그래서 선생님이 오해를 하신 거였다.

"아! 황 박사가 첨에는 나를 나오라고 했다가 취소하고, 숙자를 나오라고 했구나……."

나는 어이가 없어서 선생님께 해명을 하였다.

"우리 집사람이 제가 선생님 만나러 간다고 하니까 좋아하며 옷을 맞춰 줬어요, 만약에 제가 숙자를 만나러 간다고 했으면, 어떤 여자가 남편이 다른 여자 만나러 가는데 옷을 맞춰 입히겠어요? 그러니 선생님 오해를 푸십시오."

그러니까는 우리 선생님이 오해를 탁 푸시는 게 아닌가?

여러분 5 - 3 = 2 이 말은 무슨 오해라도 세 번만 생각하면 이해가 된다 말이다. 또 2 + 2 = 4 누구든지 그 사람을 두 번 이해하게 되면 사랑하는 마음이 생긴다는 말이다.

"그랬구나, 난 그것도 모르고 오해를 했었네, 황박사! 정말 반가와! 보고 싶다." 하신다.

"선생님! 지금 제가 만나 뵈러 갈게요."

"황 박사! 지금 오지 말고 나를 좀 TV에 나오게 해줘요. 내가 지금 체면이 말이 아니거든"

"네?…… 아 네, 알겠습니다. 할 수 있을 겁니다."

선생님 부탁을 꼭 들어드리고 싶은 마음에 SBS에 사정을 이야기했다.

"박사님! 거 아주 좋은 프로가 될 것 같습니다. 당장 합시다!"

그렇게 해서 SBS 모닝와이드란 프로에 출연하게 되었다.

모닝와이드에서 선생님과 나와의 극적인 만남을 각색해주었다.

영일중학교 교문 앞에서 까까머리 황수관이가 성공한 어른이 되어 자기를 진심으로 사랑하며 지도해주셨던 선생님, 지금까지 흠모해오던 선생님을 만나는 장면이 연출되었다.

42년 만에 찾아간 영일중학교,

영일중학교가 없었다면 나는 중학교에도 못 들어갔을 텐데…….

감회에 젖어 포항만으로 흐르는 형산강과 들판을 돌아 학교에 도착했다. 교문 위에는 '황수관 박사 모교 방문' 이라고 적힌 플래카드가 걸려 있었고, 롱코트에 멋진 머플러를 하신 영어 선생님이 기품 있게 서서 기다리고 계셨다.

"황박사! 어서 와요!"

"선생님! 세상에! 이렇게 만나 뵙다니…… 이게 얼마 만인가요?"

"꼭 42년 만이야!"

"하! 하! 하! 선생님, 저를 만나자고 하셨던 그 날처럼 오늘도 입술을 빨갛게 칠하셨네요."

"호! 호! 호! 황박사 덕분에 나도 그리웠던 학교를 방문하게 되었어!"

그 때 선생님과 만났을 때의 기분은 이루 말할 수가 없을 정도다.

마음 같아서는 선생님 품에 안기고 싶었는데,

나도 좀 나이가 이렇고 하니, 안기기도 그렇고, "하! 하! 하!"

선생님이 나를 보고 얼마나 좋아 하시던지…….

혹시 궁금하시면 인터넷 주소창에 황수관 박사를 쳐보시라, 그러면 필자의 홈피가 나오는데, 거기에 내가 선생님과 출연했던 프로와, 숙자를 만났던 장면과, 내 아내와 함께 방송에 출연했던 동영상이 다 나와 있다.

사실 그걸 올리는 데는 아들 녀석의 적극적인 주선이 큰 몫을 했다.

"아버지! 지금 내 엄마는 정자 씨지만, 청년이 돼서 헤어진 사이도 아니고, 코흘리개 적 순수한 풋사랑 이야기잖아요. 숙자 씨와의 이야기, 선생님 이야기 모두 홈피에 올려놓읍시다.”

“그래도 될까?…… 그러면 …… 나야 고맙지…….”

“은사님, 오늘도 빨간색 립스틱 바르셨네요.
하! 하! 하!”

아내의 어원은 '안 해', 집안의 '해'라던가!
동갑내기 우리 부부 회갑연

쪼들릴수록 얼굴 펴고 웃는 여자

2007년 9월 24일 프랑스 최고의 지성이요 철학자인 앙드레 고르 *Andre Gorz* 가 아내와 함께 침대에 누운 채 시체로 발견되었다. 그의 옆에는 "우리를 화장한 재를 둘이 함께 가꾼 이 집 마당에 뿌려 달라"는 유서가 놓여 있었다.

평생을 한 쌍의 비둘기처럼 살았던 부부의 자살 소식은 유럽을 비롯한 전 세계인의 심금을 울리고 남았다.

유럽 최고의 지성 앙드레 고르! 그는 비엔나에서 유대인 목재상의 아들로 태어났다. 2차 세계대전이 터지자 부친은 스위스를 여행하던 아들에게 "돌아오지 말라!"고 명했다. 16세에 망명객이 된 고르는 로잔대학에 진학했다. 전공은 화학공학이었지만 그를 사로잡은 것은 실존주의였다. 뿌리를 잃은 자의 고독과 살아남은 자의 환멸이 그를 짓눌렀다.

그 때 그를 구해준 것은 바로 사랑이었다. 그는 처음 도린을 만났을 때를 이렇게 회상한다.

"내가 발랄한 도린을 처음 봤을 때 나는 감히 넘볼 수 없는 여자라고 생각했다."

그런 그녀가 무일푼의 유대인인 자신의 아내가 되었을 때를 이렇게 회상한다.

"내 품에 안긴 그녀의 희고 매끄럽고 따뜻한 몸을 나는 숨을 멈추고 오래도록 찬탄에 차서 바라봤다."

1944년의 스위스 로잔에서, 돈도 없고 나라도 없는 오스트리아 출신 유대인 앙드레 고르는 자신의 인생에 끼어든 영국 여자 도린 케어와 부부의 인연을 맺었다. 초라한 셋방에서 첫날밤을 보낸 뒤 지난 9월 프랑스 시골마을에서 동반자살하기 전까지 꼭 60년간, 그들은 한 쌍의 비둘기처럼 정답게 살아왔다.

1974년 처음 도린이 거미막염, 근육 위축병에 걸렸다는 사실을 알았을 때 그는 친구에게 이런 편지를 남겼다.

"아무리 생각해도 내게 본질적인 단 하나의 일은 그녀와 함께 있는 것일세"

고르는 아내를 간병하기 위하여 모든 사회활동을 접고 간병에만 매달렸다. 그의 지고지순한 사랑은 주변인들을 감동시키기에 충분하였다. 아내의 죽음이 가까워짐을 느끼면서 그는 자신들의 사랑을 글로 남겨 출판했다. 바로「D에게 보내는 편지」이다.

이 책은 84세의 남편이 스무 해 넘게 불치병과 싸운 83세의 아내에게 보낸 연애편지다. 이 책을 쓰는 심정을 그는 이렇게 토로한다.

"우리가 함께 한 역사를 돌이켜 보면서 나는 많이 울었습니다. 나는 죽기 전에 이 일을 해야만 했어요. 우리 두 사람의 삶에서 가장 중요한 부분이 우리의 관계였기 때문입니다. 나는 이 글을 대중들을 위해서 쓰지 않았습니다. 오로지 아내만을 위해 이 글을 썼습니다."

여든 네 살의 철학자가 여든 세 살의 아내에게 바친 편지는 그들의 동반 자살 후 프랑스와 독일에서 최고 베스트셀러가 됐다. 책에 드러나는 한 지성의 아내에 대한 사랑은 눈물겹다.

"당신은 라 졸라의 드넓은 해변에서 바닷물에 두 발을 담근 채 걷고 있었습니다. 당신은 쉰 두 살입니다. 당신은 참 아름답습니다."

"당신을 사랑하는 나 자신을 사랑하지 않았던 젊은 날의 오만을 사죄하고, 내게 풍부한 삶을 알게 해주었던 당신께 감사합니다."

책의 마지막에는 그가 아내와 함께 죽을 것을 결심한 듯한 구절이 있어 보는 이들의 가슴을 아프게 한다.

"밤이 되면 가끔 텅 빈 거실에서 황량한 풍경 속에서 관을 따라 걷고 있는 한 남자의 실루엣을 봅니다. 내가 그 남자입니다. 관 속에 누워 떠나는 것은 당신입니다. 당신을 화장하는 곳에 나는 가고 싶지 않습니다. 당신의 재가 든 납골함을 받아들지 않을 겁니다. 캐슬린 페리어의 노랫소리가 들려옵니다. '세상은 텅 비었고 나는 더 살지 않으려네!' 그러나 나는 잠에서 깨어납니다. 당신의 숨소리를 살피고 손으로 당신을 쓰다듬어봅니다. 우리는 둘 다 한 사람이 죽고 나서 혼자 남아 살아가는 일이 없기를 바랍니다. 우리는 서로에게 이런 말을 했지요. 혹시라도 다음 생이 있다면 그 때도 둘이 함께하자고……."

고르는 이처럼 "우리는 둘 다 한 사람이 죽고 나서 혼자 남아 살아가는 일이 없기를 바란다."는 말로 책을 마무리 한다.

그리고 1년 뒤인 2007년 9월 22일 프랑스의 작은 마을 보농에서 극약을 주사해 함께 목숨을 끊었다. 시신은 이틀 뒤 발견되었고, 유언에 따라 지인들이 그들의 재를, 말년을 함께 보낸 집 마당에 뿌려주었다.

평생을 함께 살았던 세월처럼, 인생의 마무리 또한 함께 동행하기를 원했던 가슴 뭉클한 노부부의 사랑을 바라보면서, 새삼 아내에게 감사하는 마음과, 과연 부부의 연을 맺고 살아가는 우리들의 삶이 어떠해야 하는가를 생각하게 되었다.

평생을 함께 살고도 자기 속내를 몰라준다며 원수처럼 지내는 부부!

비록 짧은 생을 함께 했지만 서로를 향한 애틋한 사랑으로 만리장성을 쌓는 부부!

어떤 부부의 일생은 한 권의 책을 함께 써내려가듯 오순도순 구구절절 아기자기하지만,

어떤 부부의 일생은 책의 본문 속에는 미처 들어가지 못한 채, 설명이나 하는 각주처럼 겉돌고 초라하기만 하다.

부부란 어떤 사연들을 맺어가며 살아야 하는 걸까?

자기가 결혼한 사람을 배우자 또는 반려자라고 말한다.

배우자配偶者라는 말은 '짝지을 배, 만날 우' 짝지어져 만난 사람이라는

말이다.

또 반려자伴侶者라는 말은 '짝 반자, 짝 려자', 평생에 자기의 짝이 되어 함께 살아갈 사람이라는 말이다.

모든 인간은 혼자서는 살 수 없는 불완전한 존재이다. 고로 모든 인생들이 하는 일 또한 불완전하다. 그러므로 부부란 서로의 불완전한 데를 돕고 보완하는 자라는 의미이기도 하다.

살면서 수없이 많은 만남과 헤어짐을 경험하지만, 그 중에서도 인생의 절반을 함께 살아내야 하는 부부의 만남이야말로 가장 중요한 만남이 아니겠는가!

수학 공식이 증명하는 1 + 1 = 2이다.

세상 모든 만물은 1에서 1을 더하면 2가 된다.

그런데 부부간의 만남은 1+1=1의 공식이 성립되는 관계다.

성숙한 부부관계를 중심으로 건강하고 행복한 가정을 세우는 일은 사회의 기본골격을 튼튼하게 세우는 중요한 과정이다.

부모와의 만남이 인생의 기초와 기반이 되어준다면, 배우자와의 만남은 그 인생의 집을 짓고 꾸미는 과정이라고 할 수 있다. 그러니 배우자와의 만남이 얼마나 중요한가!

한 순간 충동적 감상으로 선택할 일이 아닌 것이다.

무슨 이야기를 하고 싶어 사설이 길어지는가?

내 인생의 선물! 내 아내 손정자라는 여인의 이야기를 하려고 한다.

필자는 인생의 초년을 짝사랑하던 숙자 때문에 다른 여자들에게는 눈길조차 주지 못한 채 지냈다. 한창 때인 대학시절, 짧은 미니스커트를 입고 향긋한 비누냄새를 폴폴 풍기던 후배나 동기들도 안중에 없을 만큼 나의 풋사랑은 지고지순하였다.

그러던 어느 날 어머니가 밑반찬을 해가지고 자취방에 찾아오셨다.

"수관아! 니 숙자 알제? 내가 숙자 에미 노릇 좀 안 해주었나!"

"어머니! 그게 무슨 말씀인교?"

"내가 좋은 신랑감을 찾아서 짝지어 주었다 아이가!"

세상에 이게 웬일인가! 남 몰래 숙자만을 가슴에 품었던 내가 아닌가!

"하이고! 어머니요! 숙자는 내한테 시집와야 될 아안데, 어머니 손으로 다른데 시집을 보냈다꼬요……."

차마 어머니께 조차 드러내지 못했던 나의 풋사랑은 그렇게 시들어 버렸고, 곧 대학을 졸업하게 되었다.

여덟시 통근 길에 더벅머리 총각

졸업 후 대구 시내의 한 초등학교에 발령이 나서 출근을 하고 있었는데, 언제부턴가 내 눈에 한 여성이 들어오기 시작했다.

말 그대로 '여덟시 통근 길에 대머리가 아닌 숙맥 같은 총각' 이었던 나의 눈에, 말쑥한 차림의 그 모습은 환한 태양처럼 빛나보였고, 잔잔한 미소는 급기야 내 마음을 점령하기 시작했다. 첫눈에 보아도 가정교육을 잘 받은 조신한 여성으로 보였다. 그런 그녀가 매일 아침 나와 같은 시간대에 버스를 기다리고 있는 것이었다.

여자라고는 한 번 사귀어 본적도 없는 숙맥이었지만, 한 눈에 이 사람이면 평생을 같이 하고 싶다는 열망들이 불일 듯 일기 시작했다. 몇날 며칠을 고민하며 거울 앞에 서서 그녀에게 다가갈 연습을 하곤 했다.

"저…… 시간 있으세요?"

"그라몬…… 저하고 차 한 잔 하시겠습니꺼?"

"저…… 취미가 뭐에요?"

"영화감상 좋아하시나요?"

혹시 무안을 당하면 어쩌나?

혹시 실없는 사람이라고 무시를 당하면 어쩌나?

망설이던 끝에 드디어 용기를 냈다.

"저……. 저는 황수관이라고 하는데요, 저하고 차 한 잔 하십시다."

의외로 그녀는 순순히 응했고 그렇게 싱거운 데이트가 시작되었다.

어떻게 하는 것이 여자의 마음을 사로잡는 것일까?

여자들은 무엇을 좋아하고 무엇을 재미있어하는 것일까?

아무것도 모르던 숙맥들이었지만, 그저 말없이 걷기만 해도 좋았고, 뜬금없는 소리로 허허실실 웃어도 좋았고 그냥 바라만 보고 있어도 가슴이 설레었다.

한참을 걸어 다니다 그녀가 지쳤나 보다.

"저……. 황선생님! 우리 음악 감상실에 가실래요?"

"정자씨가 좋다면 저는 지구 끝까지 따라갈랍니다."

"호! 호! 호! 그럼 대구 시내에 있는 하아마트 음악 감상실에 가서 음악 좀 들어요."

그렇게 해서 촌놈이 생전 처음 음악 감상실에 가보았다.

그 때만 해도 디스크자키가 신청곡을 받아서 틀어주고, 재미나고 위트

있는 멘트를 날려서 분위기를 띄우곤 하였었다.

한 날은 좋은 영화가 들어왔다며 보러가자고 해서 극장엘 처음 들어갔다. 그야말로 모든 문화생활의 첫 경험을 그녀와 함께 했던 것이다. 어두컴컴한 실내에 그녀와 나란히 앉아 있노라니 염불에는 맘이 없고 온통 잿밥에만 마음이 동해서, 언제쯤 한 번 그녀의 손을 잡아볼까 내 마음이 들썩 거렸다.

연신 그녀를 흘끔거리며 허둥댔지만 용기를 내지 못한 채 영화는 끝이 나고 말았다. 실내에 불이 들어오고 야속한 마음에 그녀를 돌아다보니, 그녀가 하염없이 울고 있는 게 아닌가!

"아뿔싸! 다행이다!"

저렇게 영화를 보며 감동을 받아 울고 있는 순진한 그녀! 만일 내가 손이라도 덥석 잡았더라면, 그녀가 나를 볼 때 어떻게 생각했겠는가!

세상에, 정서가 메마른 파렴치한 늑대라고 하지 않았겠는가!

가슴을 쓸어내리며 밖으로 나오니 가을비가 추적추적 내리고 있었다.

그녀의 우산 속에서 우리는 밀착된 채 걷고 있었다. 젊은 열기가 훅훅 건네지는 가운데 우리는 말없이 서로의 열망을 전달하고 있었다. 그렇게 골목을 지나 집 앞에 다가왔을 때 우리의 설레임은 농익어 있었다.

"정자씨!……."

"네에……."

"벌써 집에 다 왔네요."

"네에……."

부끄러운 듯 나를 올려다보는 그녀가 어찌나 사랑스럽던지…….

어설프던 풋사랑이 차차 익어가면서 오붓하게 단둘이서만 있고 싶은 마음이 간절해졌다.

나는 그녀에게 여행을 가자고 제안하였고, 우리는 의기투합하여 청도에 있는 운문사 계곡으로 여행을 갔다. 폭염이 내리쬐던 여름, 갈아입을 옷가지를 챙기고, 더위를 식힐 요량으로 머리통만한 수박을 한 덩이 사서 계곡으로 오르는 길은 이래저래 설레임으로 숨이 턱에 찼다.

안 그래도 무거운 가방에, 수박까지 들고 계곡으로 오르자니 어찌나 무겁고 힘이 들던지, 결국 수박을 포기하고 수풀 속에 숨겨놓았다.

"정자씨! 우리 수박을 여기 숨겨놓고 내려갈 때 찾아갑시다."

"네, 그렇게 해요."

고즈넉한 산사의 풍경소리와 계곡의 시원한 물소리, 맴맴 울어대는 매미들까지도 우리의 사랑을 축복해주는 듯했다. 꿈같은 시간을 보내고 돌아오는 길, 숨겨놓은 수박을 찾아서 수풀을 헤치고 다니는데,

"아뿔싸! 수박이 없어졌다!"

"수박이 발이 달렸나 어데로 갔노?"

"호! 호! 호!"

"여기다 숨긴 거 분명히 맞지요?"

"네…….호! 호! 호!"

정작 결혼을 했을 때는 형편이 어려워서 신혼여행을 가지 못하였다. 하지만 이때의 여행은 어느 신혼여행보다도 더 아름답고 행복한 추억이 되었다.

신혼여행도 못 가본 우리 집사람을 하나님께서 가엾게 보셨을까?

아내는 강연을 다니는 나를 따라 세계 곳곳을 여행하였다.

"여보! 나는 당신을 만나서 정말 원 없이 여행을 다니네요. 감사해요."

"거봐라! 당신은 맨날 나를 보고 황풍이라고 하는데, 내가 이렇게 약속을 다 지키잖아! 쫌 오래 걸려서 그렇지! 안 그렇나 하! 하! 하!"

"그래, 맞네예. 호! 호! 호!"

천둥벌거숭이한테 시집온 정자씨!

그렇게 사랑이 무르익어 드디어 결혼을 했다.

내 아는 손정자는 24살 꽃 다운 나이에 가난한 황 씨 가문의 7남매 중 맏며느리가 되어 내게 시집을 왔다.

신혼 초부터 시동생과 시누이와 함께 살며 공부시키랴, 세상물정모르고 야간 ! 야간! 대학교 대학원 학위 논문까지, 공부에 한이 맺힌 남편 뒷바라지 하랴 지금까지 새벽단잠을 깊이 자본적이 없다.

돼지를 먹이고, 닭을 키워 그 수입으로 시동생들 도시락 싸랴, 연년생 태어나는 세 아이들 키우랴, 아내의 손에 물이 마를 날이 없었다.

"여보! 피곤한데 그냥 푹 자요. 내가 아침 간단히 차려먹고 나갈게요."

늘 과로에 시달리는 아내가 안쓰러워 말려보아도 막무가내다.

한 날은 시골에서 어머니가 올라오셨다. 복작거리는 좁은 집에서 도저히 집중이 안 되어 도서관에 가서 공부하고 돌아와 보니 고부간에 얼싸안고 우는 소리가 들린다.

"이게 무슨 일이지? 뭐 안 좋은 일이라도 생긴 건가?"

뛰어 들어가려는데 어머니의 울음 섞인 말소리가 들린다.

"얘 며늘아기야! 내가 정말 너 볼 면목이 없다 …. 흑! …. 흑! …."

"세상에 천둥벌거숭이 같은 우리아들한테 시집와서 느그 식구들 살기도 빠듯한데, 올망졸망 시동생들까지 올려 보내 놓고 생활비 한 푼도 못 보태주고 정말 염치가 없구나"

"어머니! 왜 그런 말씀을 하세요. 저희 잘 살게요. 걱정하지 마세요."

"세상에 네 신랑이 사표까지 내고 공부만 하니 이 많은 식구들 네가 어찌 다 먹여 살린단 말이냐……. 흑! 흑!……."

"어머니! 저하고 아범은 동생들도 내 자식처럼 뒷바라지 하고 공부시키기로 약속했어요. 저희가 힘닿는 데까지 잘 보살필테니까 아무 걱정하지 마세요."

"세상에……. 이렇게 고마울 데가……."

"어머니! 저희 앞으로 잘 살게요 부디 어머님 아버님도 건강하게 오래 오래 사셔서 저희 잘 되는 모습 지켜봐주시고 효도도 받아주세요."

"고맙데이……. 세상에 고맙데이……."

"네 마음이 이리 선하니 너희들은 반드시 잘 될거야, 하나님이 복을 많이 주실거야……"

아내는 언제나 긍정적인 말을 하는 사람이다.

"여보! 다 잘될 거예요. 우리는 지금 더 잘되려고 고생하는 거예요."

"여보! 당신은 머리가 있잖아요. 머지않아 당신은 훌륭한 사람이 될 거에요."

"여보! 책 사볼 돈이 없다고 속상해 하지 마세요. 대신 당신은 교수님 방에서 근무를 하니 교수님 퇴근하신 시간에 그 방에 있는 책들을 보시면 되잖아요, 집에는 못 들어와도 좋으니 마음껏 책보고 공부하세요.”

생활고에 지친 나머지 나는 한 때 자살을 하려고 생각한 적이 있었다.

차마 아내에게 속내를 털어놓지 못하였지만, 내 표정이 어둡고 힘이 없어보였던지, 아내가 전에 없이 화사하게 화장을 하고 환한 얼굴로 다가와 안긴다.

“여보! 난 당신이랑 결혼해서 너무 행복해요.”

‘……. 그라문 뭐하노? 난 이제 죽을낀데…….’

“여보! 많이 힘들지요? 저와 아이들을 봐서 힘내세요.”

‘……. 그라문 얼마나 좋겠노……. 근데 나는 죽고 싶을 만큼 힘들데이…….’

“여보! 당신은 머리가 있잖아요. 난 당신을 믿어요.”

‘흐이그! 세상에……. 이렇게 이쁜 마누라를 두고 내가 와 죽을 생각을 하고 있노…….’

아내의 세리모니는 절망가운데 빠졌던 내 인생에 새로운 활력을 주곤 하였다. 늘 본인이 시인하고 긍정하고 소망하던 대로 지금 우리는 너무나 행복하게 잘 살고 있다.

나는 자동차의 왕 헨리포드 *Henry Ford* 와 그의 아내 클라라 이야기를 떠올릴 때마다 내 아내가 생각나곤 한다. 헨리포드가 자동차를 개발을 거듭하면서 계속되는 실패로 파산하여 절망하고 있을 때 그의 아내 클라라 여사가 포드에게 이렇게 말했다.

“여보! 다시 시작해보세요.”

“저는 언제라도 당신과 같이 가겠어요.”

이 두 마디의 격려에 헨리포드는 용기를 얻고 재기하여 세계적인 자동차 왕이 되었다.

헨리포드 기념관에 이런 글귀가 적혀있다.

"포드는 꿈꾸는 자요, 그의 아내는 믿음의 사람이다."

부부가 함께 인생을 마감할 때 이런 칭송을 받을 수 있다면 얼마나 멋진 일인가!

평생 도시락을 싸주던 아내

젊어서부터 소화기능이 좋지 않아 고생하는 나를 위해 한 번도 마른 밥을 먹여 보내지 않는 아내다. 지금은 가끔 있는 일이지만 직장에 근무할 때 아내는 일 년 내내 정성껏 도시락을 싸주었다. 봄이면 어린 쑥을 뜯어다 삶고 말려서 쑥떡을 빚어놓고, 날마다 말랑거리는 쑥떡을 챙겨주며 건강을 보살피는 아내 덕분에 나의 위장은 건강을 회복하였다.

천신만고 끝에 연세대학교 교수가 되어 대구의 살림을 정리하고 서울에 올라오니 변변히 방을 구할 형편이 못 되었다.

궁여지책으로 처이모님 댁 13평짜리 아파트 옆구리 방에서 더부살이를 하게 되었다.

방이 얼마나 작던지 아내가 시집올 때 해온 장롱이 들어가지를 못 해, 결국 옷가지를 넣을 수 있도록 한 짝만 들이밀고 살게 되었다.

장롱을 버리는 아내의 눈이 촉촉이 젖어 있는 게 아닌가!

"여보! 이 담에 내가 좋은 장롱 사줄게 미안해요 조금만 기다려줘요."

"괜찮아요, 사람이 들어가 살아야지 장롱이 무슨 대수에요."

연세대학교에 근무하면서 형편이 좀 나아지기 시작했다.

한 번은 헬스클럽을 운영하는 사장님으로부터 운동프로그램을 만들어 달라는 요청이 있었다. 그 당시만 해도 운동프로그램은 미개척분야였다.

당시 필자는 운동이 건강에 미치는 영향에 대하여 늘 연구하고 있었던 터라 흔쾌히 허락을 하였다.

운동프로그램이란, 예를 들어 당뇨가 심한 환자나 심장병 환자가 있을 때, 혈압은 어떤지? 당 수치는 얼마인지? 심장상태는 어떤지? 세밀하게 검사하여, 그의 몸에 맞도록 처방을 해주는 것을 말한다.

러닝머신을 탈 때 속도는 어느 정도가 적합한지, 경사도는 몇으로 하고, 시간은 어느 정도 하면 되는 지, 또 약을 먹거나 인슐린을 맞았을 때 식사를 한 후나 식 전일 때, 하루 중 어느 때 얼마만큼 운동을 하는 게 가장 좋은지 등을 알려주는 프로그램이다.

물론 몸이 아플 때 약이나 주사처방도 중요하지만 약과 주사로 다스린 다음에는 몸에 맞는 꾸준한 운동을 해줄 경우 그 회복 속도가 현저하게 좋아지기 때문이다.

그렇게 프로그램을 만들어 주면서 당시 50만원의 사례금을 받게 되었다. 지금의 화폐가치로 치면 300여만 원의 부수입이 생긴 것이다.

아내는 동생들과 우리의 세 아이들 공부를 시키면서 알뜰살뜰 적금을 들어 1000만원의 거금을 내놓았다.

"여보! 1000만원이란 거금이 생겼으니 우리도 집을 한 칸 장만해 봅시다."

"세상에! 쓰기도 빠듯한 살림에 어떻게 이 많은 돈을 모았단 말이오!"

우리는 궁리 끝에 학교에서 570만원을 대출하고 적금 탄 돈 1000만원을 보태 잠실에 방 두 개짜리 작은 아파트를 장만할 수 있었다.

처음 내 집을 장만한 기쁨을 어찌 이루 말할 수 있으랴!

아이들이 이 방 저 방을 뛰어 다니며 야단이다.

"야 신난다! 우리 집도 방이 두 개다!"

"아빠! 우리 어느 방에서 자요?"

"하! 하! 하! 아무 방이나 들어가 자라"

이렇게 내 집에서 사는 재미도 잠깐, 한 날 아내가 가족회의를 하자고 한다.

"여보! 애들아! 우리 이 집을 팔고 다시 셋방살이를 하면 어떨까?"

"아니? 엄마! 왜 집을 팔자고 해요?"

"여보! 난생 처음 장만한 우리 집인데…….?"

"여보! 사실은 제가 며칠 고민을 해보았어요. 우리 형편에 갑자기 큰돈이 생겨 집을 넓힐 수는 없을 것 같고, 애들은 자꾸 커 가는데 언제까지 이 비좁은 집에 살겠어요. 그러니 이 집을 판 돈에 대출을 조금 받고 전세를 끼고 해서 넓은 집을 사 세를 놓으면 그 사이 집값이 좀 오를 거고 그렇게 해서 평수를 조금씩 넓혀 가면 좋겠다는 생각이 들어서요."

"와! 엄마, 그거 좋은 생각이다!"

"여보! 그거 좋은 생각이네, 그렇게 해봅시다."

우리는 만장일치로 결정하여 집을 팔았고 잠실에 34평 아파트를 장만하여 전세를 놓고 다시 셋방살이를 시작하였다.

이렇게 차근차근 집을 넓혀가는 것도 살림 사는 기쁨이 아닐까!

처음부터 50평 호화 아파트를 사주면, 한 푼 두 푼 모으며 알뜰살뜰 사는 귀한 맛을 모르게 되니 무조건 자녀들에게 재산을 물려준다고 좋은 것은 아닌 듯 싶다.

이제는 셋방살이를 해도 전과 같지 않았다.

"나도 집 있다."는 든든한 생각에 세를 살아도 마음은 기쁘고 뿌듯했던 것이다.

아내의 슬기로운 생각은 결과적으로 지금 산본의 집을 사는 데 밑거름이 되었고, 나는 이 집의 명의를 아내 앞으로 해주었다.

"여보! 이 집은 당신 이름으로 해줄테야"

"싫어요. 당신이 엄연히 살아계신데 왜 제 이름으로 해요. 난 당신 이름으로 번듯하게 문패 달고 살아보는 게 꿈이었어요. 당신 이름으로 하세요."

"아니야! 나 공부시킨다고 처음 장만했던 집을 팔고 셋방으로 이사 하던 날, 당신 눈에 그렁그렁하던 눈물을 잊을 수가 없어…… 이 집은 당신 이름으로 해줄테야"

박봉에, 거둘 부양가족에, 빠듯한 생활을 하면서도 우리 부부는 늘 감사하였다.

"여보! 초등학교 선생이 일약 연세대학교 교수가 되었으니 참 감사하지요."

"여보! 우리 평생 이 감사하는 마음을 잊지 말고 삽시다."

화평케 하는 자, 내 아내 손정자!

온 나라가 IMF로 몸살을 앓고 있었다.

전 국민이 마음을 합하여 나라를 살리자고 금붙이를 들고 나오던 때다.

"여보! 당신 패물이랑 모두 가져와 봐요. 우리도 금모으기에 동참합시다!"

"금이 있어야 내지요."

"당신 반지랑 목걸이, 애들 돌 반지랑 모아놓은 것 있잖아요. 그거라도 가져다 냅시다."

"그거 없어요."

"없다니? 나라가 어려울 때 힘을 합해야지 그러지 말고 어서 가져와요."

아내는 그 때서야 자초지종을 이야기한다.

"그거 사실은 옛날에 수덕이 도련님 고등학교 입학금 마련하느라 모두 팔았어요."

나는 깜짝 놀랐다.

"아니 그런 사실을 왜 이제야 말하는 거요?"

"당신 공부하시는데 신경 쓰일까봐 말씀 안 드렸어요……."

아내는 이런 사람이었다.

늘 공부하는 내가 신경 쓰일까봐 마음을 쓰곤 했다.

난 매일 공부만 하느라 집에 쌀이 있는지, 연탄이 있는지, 애들이 학원을 가는지 마음 쓸 여력이 없었다. 그저 주는 밥 먹고 공부에만 매달릴 뿐이었으니 이런 남편과 사느라 얼마나 마음고생이 심했을까!

그럼에도 지금까지 여러 형제의 맏며느리로 살면서 형제들과 얼굴 붉히는 것을 한 번도 본 적이 없다. 이곳저곳 강연을 다니다 모처럼 집에서 쉬는 날이면, 언제고 충분히 휴식을 취하도록 뒤꿈치를 들고 다니며 마음을 써준다.

언젠가 방송에 출연하였을 때 진행자가 물었다.

“사모님! 박사님은 맨날 일만 저지르고 다니시고, 시동생들에 삼남매에 박사님 뒷바라지까지 얼마나 힘드셨어요? 그렇게 살기 속상하지 않으셨어요?”

“그 때야 시집가면 다들 그렇게 사는가 보다, 당연하게 생각하고 살았지요 뭐…….”

다소곳이 말하는 아내가 사랑스럽다.

왜 자기라고 할 말이 없었을까! 그러나 항상 자기 생각보다 상대의 형편에 더 마음을 써주는 속정 깊은 그녀, 아내의 수고와 기도가 있었기에 지금의 내가 있는 게 아니겠는가!

내 아내는 사람을 평안하게 해주는 은사가 있나보다. 그와 이야기를 나누다보면 금방 스스럼없어지고 속내를 털어놓게 된다고들 한다. 그냥 바라만 보아도 상대를 무장 해제 시키는 친화력을 지닌 사람이라고도 한다.

지금까지 살면서 누구를 험담하며 흉을 보는 모습을 본 적이 없다. 모임에서 가끔 사람들이 이러쿵저러쿵 남의 이야기를 하는 걸 보게 된다. 그럴 때 가만 들어보면 도마에 오른 사람의 입장을 두둔해 주며, 말하는 사람이 상처받지 않도록 좋은 말로 중재하고 설명하는 것을 보곤 한다.

아내의 어원은 ‘안 해’ 즉 ‘집안을 환하게 비추는 해와 같은 존재’ 라고 했던가! 항상 웃음을 잃지 않고 가정의 평화를 이끌어 가는 사람, 그녀는 내 평생에 가장 값진 선물이고 분깃이다.

그런 그녀가 요즘은 가끔씩 큰소리를 치며 대든다.

“여보! 일 좀 그만 저지르고 다녀욧!”

하긴 내가 하도 사고를 잘 치니까 그럴 만도 하다.

"여보! 이제 그만 좀 퍼주고 우리 살 궁리도 좀 해요. 당신도 이제 나이
가 있잖아요!"

"네……. 부인……. 명심하겠습니다. 하! 하! 하!"

평생을 나와 가족들을 위해 희생한 아내 손정자 여사!

새삼 늘그막에 강짜를 놓는 아내가 참 귀엽고 사랑스럽다.

"여보 정자씽! 그러지 말고 우리 운문사로 수박이나 찾으러 갈깡?"

고마운 당신!

이야기 선생님

　　1966년 3월 1일 교육대학교를 졸업하고 대구 내당 초등학교로 첫 발령이 났다. 당시 내당초등학교는 규모가 대단했다. 교사가 117명에 학생이 6,000명, 한 학년이 무려 15반까지 있으니 교실은 작고 학생은 많아 부득이 3부로 나누어 수업을 했다. 아침 8시에 1부가 시작되어 2부는 11시, 3부는 오후 3시부터 시작되었다.

　　첫 부임지다 보니 다른 선생님들보다 훨씬 나이가 어려, 집에서는 장남인데 학교에 가면 막내였다. 한창 피 끓는 젊은 나이에 천성적으로 아이들을 좋아하다보니, 다른 선생님들이 지치는 오후 시간에도 나는 늘 신이나서 아이들과 운동장을 누비고 다녔다.

　　동네 이야기꾼이었던 아버지께 물려받은 실력으로, 모든 과목을 이야기로 만들어 가르쳤다.

“여러분, 이 소나무에 솔방울이 많이 열렸어요, 이 소나무가 건강할까요? 건강하지 못할까요?”

“열매가 많이 달렸으니까 건강해요!”

“맞아요! 선생님!”

“아니에요, 그렇지 않아요, 모든 동식물은 자기 종족을 보존하려고 하는 본능이 있어요, 이 소나무가 솔방울을 많이 열리게 한 것은, 자기가 오래 못살 것을 알고 자기 후손을 남기려고 그런 거예요.”

“와! 그렇구나!”

“선생님! 왜 동네 이름 뒤에 부락이라는 말을 써예?”

“음, 부락이라는 거는 사실 좋지 않은 뜻으로 쓰이던 말이에요, 옛날 일본사람들이 우리나라를 침략해 왔을 때 우리 한민족의 얼을 빼앗으려고 우리의 이름과 성까지 다 일본식으로 바꾸게 했어요, 이 부락이란 말도 일본에서는 천민들이 사는 곳이라는 뜻으로 쓰던 말이지요, 우리나라 사람들을 무시하는 뜻으로 쓰던 말인데, 그걸 모르는 사람들이 예전부터 쓰던 대로 그냥 사용하고 있는 거지요, 여러분, 나라를 빼앗기면 우리의 혼과 정신까지도 빼앗기는 거예요, 이제 우리나라는 여러분 손에 달려있어요, 여러분이 한 사람 한사람 열심히 공부하고 실력을 키워서 이 나라를 다시는 남의 손에 빼앗기지 않도록 지켜야 해요.”

“예! 선생님, 오늘부터 열심히 공부하겠습니다!”

모든 수업을 재미나는 이야기 방식으로 가르치다보니 이해가 빨랐고, 아이들의 눈은 초롱초롱, 나는 재미난 이야기 선생님이라는 별명으로 꽤 유명해지게 되었다.

2년 반이 지나, 다시 발령을 받고 보니, 대부분 선생님들이 가기를 꺼려하는 시골이었다. 하지만 농촌은 내 마음의 고향이요 언제고 달려가고픈 곳이 아니던가!

논과 밭, 조촐한 학교 건물이 한 눈에 들어온다.

얼굴은 새까맣게 타서 때 구정물이 쫄쫄 흐르고, 머리는 언제 감았는지 떡이 져있고, 팔소매가 쭉 늘어난 티셔츠에 무릎이 튀어나온 바지를 입고, 누런 이를 내놓고 헤벌쩍 웃는 모습이 보기만 해도 정겹다. 영락없이 어릴 적 나의 모습이다.

순박하고 때 묻지 않은 아이들과 새 학기를 시작하면서, 뭔가 기가 죽은 듯 자신 없어 보이는 아이들을 볼 때마다 안타깝기 그지없었다.

'저 아이들의 기를 살려주려면 어떻게 하면 좋을까?'

'시내 애들과 당당하게 승부를 겨루게 하여 승리의 기쁨과 용기를 얻을 수 있도록 운동을 시켜보자!'

"좋아! 바로 이거야!"

당시 초등학교에선 핸드볼팀을 만들어 육성하는 것이 유행처럼 번지고 있었다. 나는 당장 아이들을 불러 모았다.

"너희들 운동 안하고 싶나?"

"운동예? 누구하고예?"

"물론 나하고 같이 하지, 운동하고 싶은 사람은 수업 끝나고 운동장으로 모이도록!"

아이들은 "와!" 하고 함성을 질렀고, 우리는 매일 운동장에 모여 핸드볼을 하게 되었다.

사실 그 때 나는 핸드볼의 규칙도 잘 몰랐었지만, 책을 구해 핸드볼에 대해 연구하며 아이들과 함께 뛰고 달리는 동안 제법 실력이 늘어가는 게 눈에 보였다.

"느그들 운동할수록 공부는 더 열심히 해야 된데이, 미국에선 실력이 없는 사람은 운동선수 안 시켜 준데이, 알아들었나?"

"예!"

마침 대구시 초등학교 핸드볼팀 경기가 있었는데, 우리는 첫 시합에 나가 17팀과 겨루어 당당 우승을 차지하였다. 경북대회에 대구시 대표로 출전하게 되자, 우리 모두는 자신감에 불탔다. 경상북도 도 대항 핸드볼경기에 참석한 10개 팀 중에서 또 다시 우승을 하자, 다들 한마디씩 한다.

"학생도 몇 안되는 촌 학교에서 우째 그런 막강한 팀이 만들어졌을꼬?"

"이제 가들이 경북대표로 나가 결승전에 뛴다면서?"

전체적인 학교 분위기도 들뜨고 아이들의 웃음소리도 커져 갔다.

그런데 이거 큰일 나지 않았나! 결승에 나가려면 서울까지 가야 하는데, 나부터 서울 길은 잘 모르니…….

그 때 문득 떠오르는 말이 있었다.

"서울에 가면 집 위에 집이 있고, 전깃불이 퍼뜩! 수돗물이 쪼르르!"

내가 안강농고 시절 하월봉 선생님이 하시던 말씀이다.

"너희들, 이 안강이 전부 다라고 생각하면 안된데이, 이 세상은 넓고도 넓은기라, 사나이로 태어났으면 큰 꿈을 갖고 넓은 세상을 향해 도전해봐야 안 되겠나?"

하는 수없이 아내에게 부탁을 했다.

"여보! 돈 좀 구해주소!"

"갑자기 돈은 왜요?"

"애들을 데리고 서울 가려면 돈이 필요해서 그래요!"

대구 시내도 못 가본 아이들이 대부분이었는데 서울이라니…….

막막한 마음으로 서울 가는 완행열차를 탔다. 하루 종일 걸려 서울역에 도착하고 보니, 당장 무슨 버스를 타고 서울운동장까지 갈지 눈앞이 막막하다.

"선생님요! 남대문이 어디라예?"

"글쎄다……. 어느 쪽이 남쪽인가?"

"그라문 선생님도 모르시나 보네예?"

"서울운동장 가는 버스를 어디서 타야 하노?"

"선생님도 길을 모르시문 우야꼬!"

"시끄럽다마 조용히 좀 하그라!"

우왕좌왕 웅성거리다 여관을 찾아 아이들을 쉬게 한 다음, 나 혼자 버스를 타고 서울운동장을 둘러본 뒤 여관으로 돌아왔다.

"선생님! 세상에 이렇게 맛있는 까만 국수도 있었네요?"

"많이 먹어라! 세상에는 이보다 맛난 음식이 억수로 많데이!"

생전 처음 먹어보는 자장면이었을 터이니 오죽 맛있고 신기했을까!

다음 날 우리는 게임에서 이겼고, 아이들을 데리고 서울 구경을 시켜주었다. 남산에 올라 한 눈에 서울 시내를 내려다보고, 식물원에도 가보았다. 창경원에 들어가자 아이들이 너무나 좋아 한다. 나는 무엇보다 아이들에게 꿈을 심어주고 싶어 서울대학교 앞으로 아이들을 데려갔다. 정문 앞에 아이들을 불러 세워 놓고.

"여기가 바로 대한민국 최고대학, 서울대학교다. 여기는 아무나 들어 가지 못한데이."

"우리는 들어가면 안됩니까?"

"지금은 안된데이, 이담에 공부 열심히 해서 너희들도 꼭 이 대학교에 다니도록 해라."

말하는 사이 아이들이 폴짝, 교문 안으로 들어간다.

"벌써 들어왔는데 어쩌지예?"

"애들아! 퍼뜩 나와라, 수위가 잡으러 온다!"

"하! 하! 하!"

"호! 호! 호!"

다음날도 우리는 게임에서 이겼고, 그 다음날 준결승전에 나갔다.

아이들은 필사적으로 게임에 임했고, 우리 팀은 응원부대도 없이 막상 막하 손에 땀을 쥐게 하는 경기를 펼치다, 안타깝게도 한 점 차이로 지고 말았다.

어찌나 긴장을 하고 응원을 하였던지 온 몸에 맥이 다 풀렸다. 허탈한 마음으로 일어나려는데, 세상에 이게 웬일인가! 아랫도리가 척척하다!

"우야꼬! 우야문 좋노!"

다 큰 어른이, 멀쩡한 대낮에, 그것도 수많은 사람들 속에서 바지에 오 줌을 싸다니! 얼마나 몰두하고 열을 올렸으면 바지에 오줌을 싼 것도 모르고 있었을까!

엉엉 우는 아이들에게 달려가 괜찮다고 등을 두드려줄 수도 없고, 잘했다고, 여기까지만도 어디냐고 안아줄 수도 없이, 엉거주춤 앉아 옷이 마르기기를 기다리노라니 지난날이 주마등처럼 지나간다.

처음 방과 후에 아이들을 데리고 운동을 시작하자 학부형들의 항의가 빗발쳤다.

"선생이 공부나 가르치면 됐지 무슨 운동을 가르치느냐"

"안 그래도 일손이 딸리는데 애들을 잡아 놓느냐"

내가 보는 앞에서 엄마 손에 질질 끌려가며 울던 모습,

하나 둘 엄마 아빠의 손에 끌려가고 나면 고작 두 세 명이 모여 연습을 해야 했다.

아이들에게 꿈과 희망을 심어주고 싶어 운동을 가르친다는 것을 뒤늦게 알아주며

"선생님, 미안하게 됐습니다, 우리 아 좀 잘 가르쳐 주이소." 할 때 그 감격!

여관에 들어오니 뜻밖에 육성회장이 기다리고 있었다.

"우리 학교가 4강까지 올라갔는데 그만 공동 3위에 그쳤습니다. 조금만 일찍 오셨으면 게임을 보셨을 텐데요."

"선생님요! 내는 응원하러 온기 아니라, 선생님께 돈을 드릴라꼬 왔어예."

"예?……. 돈이라고요?"

"세상에, 우리는 경상도에서 돈이 나와서 아~들이 서울 간 줄 알았는데, 선생님 월급으로 갔다는 걸 떠나고야 알았지 뭡니까! 그래 부랴부랴

올라왔다 아닙니꺼!"

육성회장님은 우리에게 푸짐한 회식을 시켜 주었다. 돌아오는 열차 안에서 쉬지 않고 재잘대는 아이들을 보며 나는 중얼거렸다.

"하월봉 선생님요! 고맙습니데이, 선생님 때문에 안강 촌놈이 해안 촌뜨기들을 데리고 서울에 안갔는교! 선생님처럼 내도 학생들에게 큰 꿈을 심어줄랍니다, 두고 보이소!"

학교로 돌아오니 난리가 났다. 만나는 사람마다 핸드볼팀 애기로 꽃을 피운다.

'대구 해안초등학교 핸드볼팀 전국 4강에 오르다.'

신문에 대서특필되었다.

"아니 해안초등학교라면 산골 오지에 있는 학교가 아닌가!"

"도대체 누가 이 아이들을 가르쳤단 말인가?"

"황수관이라고 합니다."

"이런 훌륭한 선생에게 상을 줘야한다. 내 그 황수관 선생을 만나야 되겠다."

"황 선생을 부를까요?"

"거, 무슨 소리! 어찌 오라 가라 하겠나! 내가 직접 찾아갈란다!"

당시 대구시 교육장이었던 윤치두 씨가 신문을 보고 자초지종을 알아보았던 모양이다.

윤치두 교육장은 박정희 대통령과 대구사범학교 동기동창으로 박정희 대통령이 장기 집권할 때였으니 보통 교육장이 아니었다.

교육장이 방문한다는 소식에 전교생은 물론이요 교장선생님까지 합세

해 대청소를 하느라 야단법석이 났다.

5월 15일 스승의 날, 교육장이 오고, 전교생이 모인 가운데 문교부 장관상인 '상록수 선생' 상을 수상하였다.

"오늘은 '스승의 날' 입니다. 나도 스승입니다. 오늘같이 바쁜 날 모든 일을 뒤로 하고 황수관 선생님을 만나러 여기까지 왔습니다. 황 선생님 같은 분을 모시고 있는 여러분은 행복한 사람들입니다.……"

교육장이 교장실로 들어와 말을 잇는다.

"황 선생! 내 대구에서 제일 좋은 곳으로 가게 해줄 테니 내신을 내세요!"

"감사합니다!"

그러나 나는 아이들과 헤어질 수가 없어서 내신을 내지 않았다.

당시 해안초등학교는 워낙 오지여서 선생들이 가기를 꺼리던 곳이었다. 발령이 나도 가족들과 이사를 오지 않고, 혼자서 2년간 있으면서 도회지로 나갈 궁리를 하는 것이 통례였는데, 나는 발령이 나자마자 아예 가족들을 데리고 이사를 왔다. 아이들과 함께 뒹굴어야 아이들을 좀 더 이해할 수 있다는 생각에서다.

'어떻게 하면 이 아이들에게 꿈을 심어줄 수 있을까?

'어떻게 하면 이 아이들에게 너른 세상을 향한 도전과 용기를 갖게 해줄까?

어떻게 해야 아이들에게 더 많은 것을 가르치고 도움을 줄 수 있을까를 고민하고 있을 무렵, 이런 일도 있었다.

당시 시내에서 해안학교가 있던 소재지까지 들어가려면 하루에 4번밖에 다니지 않는 버스를 기다려야만 했다. 후에 그나마 손님이 없다고 버

스 다니는 횟수를 줄이려한다는 소식을 듣고 나는 학부형과 주민들을 모
아놓고 회의를 하였다.

"여러분! 오늘부터 노약자를 제외하고는 버스를 타지 맙시다!"

"학생 여러분! 우리 지역을 위해서 내일부터 조금 일찍 일어나 걸어서
학교에 갑시다."

"그렇지 않으면 이 지역은 더 소외되고 낙후되게 됩니다. 우리가 힘을
모아 우리의 권리를 찾아야 합니다."

젊은 황수관 선생의 선동으로 비가 억수로 오는데도 주민들과 학생들
은 버스를 타지 않고 걸어서 다녔다. 그러기를 한 달여, 100% 호응해주
는 주민들이 비를 줄줄 맞고 걸어갈 때는 정말 미안하여 몸 둘 곳을 몰랐
지만 이게 옳은 일이라는 소신으로 버티고 있었다.

급기야 해안 면민들이 한 달 째 버스를 타지 않고 데모를 한다는 소문
이 나고, 지역 일간신문에서 취재를 해갔다. 신문에 기사가 나자마자 버
스회사에선 여론에 밀려 부랴부랴 배차횟수를 조정해 주었다. 그 뒤로 해
안가는 버스는 하루 4번이던 것이 도리어 6번으로 늘어났다.

"애들아! 사람은 자기 권리를 찾을 줄 알아야 한데이."

모두 힘을 모아 이룬 작은 쾌거였다.

"황 선생이 어디로 내신을 냈는지 서류 찾아보시오!"

대구시내 제일 좋은 학교로 발령을 내 주마 약속했던 교육장이 호통을
치자, 서류를 찾지 못한 직원들이 교감선생님을 불러들인 모양이다.

"당신이 못 가게 붙잡았소? 그렇소?"

엉뚱하게 교육장에게 꾸지람을 들은 교감선생님이 우리 집에 찾아와

투덜댄다.

"황선생! 어디로 내신을 낼 건지 지금 당장 써주시오."

"교감 선생님! 지는 다른 학교 안갈랍니더. 여기서 아이들과 함께 있을 깁니더."

"다른 선생들은 도회지로 못나가서 안달인데, 황선생은 웬 고집이오?"

"교감 선생님! 지는 좋은 곳만 골라 다니며 약삭빠르게 사는 것보다, 손해를 좀 보더라도 지를 필요로 하는 곳에서, 도움을 주며 살고 싶습니더."

"허허! 이 사람, 거 훌륭한 생각이오만, 괜한 사람 불똥 튀게 하지 말고, 직접 여기다 안 간다고 써서 도장까지 찍어주소!"

교감 선생님이 도장까지 찍은 것을 교육장에게 제출하고서야 이 문제가 일단락이 되었다.

해안초등학교에서 5년째 되던 해, 한 학교에서 4년 이상은 못 있는 법이 제정되었다.

좋은 학교에 있는 사람들이 다른 곳으로 가지 않으려고 버티기 때문에 생긴 법이었다.

10월 30일 교장 선생님이 내 방으로 찾아왔다. 교장선생님은 평소 젊고 패기 있는 선생이 학교를 위해 좋은 일을 한다며 나를 퍽 아껴주시던 분이다.

"황 선생, 이제 더는 못 있게 되었소. 11월 1일자로 대구 영선초등학교로 발령이 났소!"

다음날 어쩔 수 없이 아이들과 작별 인사를 하는데, 아이들의 눈에서 닭똥 같은 눈물이 뚝뚝 떨어진다.

“선생님! 우리를 버리고 진짜로 가실랍니꺼? 엉! 엉!”

“우리는 어떻게 하라고 이래 갑자기 떠나시나예?”

“할 수 없제! 더 훌륭한 선생님이 오실 거야!”

“안됩니더! 절대 안됩니다! 선생님! 가지 마이소! 흑! 흑!”

영선초등학교 남자 핸드볼팀을 맡았던 선생님이, 중학교로 발령이 나는 바람에, 나는 영선초등학교 핸드볼팀과 6학년 9반 담임을 맡게 되었다.

세상에 이런 우연이 또 어디 있을까! 부임하고 보니 6학년 8반 담임 선생님이 내 초등학교 은사 신현섭 선생님이 아닌가!

너무도 반갑고 기뻤으나 선생님 앞에서 나는 여전히 학생신분, 근무하는 내내 선생님 앞에서 조심조심 예를 갖추며 지내야 했다.

이듬해 3월, 나는 다시 대구 대성초등학교 최연소 체육주임으로 발령을 받았다. 한 달도 채 안되어 다른 학교로 발령을 받았으니, 전체 학생들에게는 인사할 시간도 없지 뭔가! 회장과 몇 명에게만 간단히 설명을 하고 대성초등학교로 출근을 하였다.

“여러분! 오늘부터 내가 여러분을 담임하게 됐어요. 앞으로……”

인사를 하는데 복도에서 웅성웅성 야단이 났다. 문을 열어보니 세상에 이게 웬일인가! 영선초등학교 우리 반 학생들이 몰려와 있지 않나? 거기서 여기가 어디라고, 족히 한 시간은 걸어야 올 수 있는 이 먼데까지 어떻게 왔단 말인가!

“세상에 이게 무슨 일이고! 너희들 어떻게 왔노?”

“선생님! 선생님이 와 여기와 계십니까! 예?”

“선생님! 선생님은 우리 선생님인기라예!”

“우리 학교로 돌아가입시더, 예!” 아이들이 우르르 달려와 안긴다.

“얘들아 다 들어오너라!” 한 의자에 두 명씩 앉게 한 다음, 나의 옛 이야기를 시작했다.

“나도 너희들 만했을 때 정든 초등학교를 졸업하고 떠났단다. 내가 졸업장을 받고 학교를 나오는데 교장선생님께서, ‘수관아! 잘 가!’ 하시는데 어찌나 섭섭하던지 나도 펑펑 울었는기라! 그날 저녁 우리 졸업생들은 교장선생님 댁에 모여 사은회를 했단다. 저마다 집에서 음식을 가지고 왔었지, 나는 그 때 어머니가 식혜를 해주셔서 들고 갔었단다. 우리는 조금씩 돈을 거두어서 노란 양은냄비와 교장선생님 양말을 샀단다. 그때는 교장선생님도 뚫어진 양말을 신고 다니셨거든, ‘이야 이 녀석들! 됫병 술을 받아 왔구나!’ 한 잔 드신 교장선생님께서 얼마나 좋아하시던지, 냄비 뚜껑을 두드리며 노래를 부르시다가 그만 새로 산 냄비 뚜껑을 다 찌그러뜨리셨지 뭐니? 나는 그날 밤을 잊을 수가 없구나. 느그들이 나를 찾으러 여기까지 온 것은 고맙고 또 미안한 일이지만 헤어져야 할 때는 서운해도 참아야 하는 법이데이.”

“선생님! 그래도 안됩니다.”

영선학교 애들이 불쌍해서 그랬는지, 아니면 나와 아직 정이 안 들어서 그랬는지 대성 아이들이 양보하고 나섰다.

“그럼, 너희들이 모시고 가라!”

그렇게 옥신각신 하고 있는데 교장선생님이 우리 반에 오셨다.

“너희들 빨리 너희 학교로 돌아가거라! 새로 오신 선생님이 기다리신다, 지금 너희 부모님들이 난리가 났다 아이가!”

아침부터 아이들이 우르르 몰려 어디론지 뛰어가는 것을 본 학부형들이 무슨 일인고, 놀라서 난리가 났고, 새로 반을 맡은 선생님이 교실에 가보니 아이들이 다 사라지고 없어 난리가 났다.

그 후 나는 다시 영덕 원황초등학교로 떠나게 되었다.

도시에서 8년을 있으면 누구나 시골로 가야했기 때문이었다.

비포장도로로 차를 타고 6시간 걸려 찾아간 경북 영덕은 농촌 중에도 깡촌이었다.

농촌 아이들에게 꿈을 심어 주는 것이 나의 임무였기에, 나는 다시 아이들을 데리고 핸드볼을 시작했다. 어찌나 열심이던지 일취월장 실력이 늘어 가는데, 그만 운동복이 없어 경기에 나갈 수가 없지 뭔가! 생각 끝에 전임지인 대구시 대성초등학교를 찾아가 안 쓰는 운동복을 얻어다 아내가 빨고 꿰매 입히니, 모두들 싱글벙글 좋아한다.

행여 뜯어내다 옷이 상할까 싶어 가슴에 '대구 대성'이라고 쓰인 것을 그대로 입혀주려니 미안하고 안됐다.

"우리 선생님은 대구 대성초등학교에서 오셨데이!"

애들은 속도 모르고 자랑까지 한다.

드디어 시합 날이 다가와 '대구 대성' 위에 천을 대고 물감을 뿌려 '영덕 원황'으로 고쳐 입혔다. 출전을 하려니 여비가 부족하다.

'이걸 어쩐다?' 궁리 끝에 다시 대성학교로 연락을 했다.

"우리는 차비만 준비할 테니 우리 아이들 잠 좀 재워 주이소! 대구시 구경시켜 주시면 더욱 좋고예!" 민박 부탁을 하자 부잣집에서 서로 데려갔다. 그러나 이게 웬일인가! 아이들을 얼마나 먹였는지 배탈이 나서 야단이 났으니…….

"선생님요! 지는 도저히 몬 뛰겠어예. 배가 뒤틀어대예."

"선생님! 서서……. 설사가 ! 뒷간 좀 갔다오께예!"

잘 먹고, 구경 잘하고, 선물까지 받긴 했지만, 결국 3등과 묘기상에 머무르고 말았다.

다시 하룻길을 걸려 원황으로 돌아온 나는 아이들을 모았다.

"너희들 배탈만 안 났으면 1등을 했을 테고 서울까지 갈 뻔 안했나?"

"……."

"선생님이 전에 서울 갔다 왔는데…… 서울가믄, 집 위에 집이 있고, 길 위에 길이 또 있어 차들이 달리고, 밤이 되면 네온사인이 대낮같이 번쩍거린다 아이가! 세상은 아주 넓데이! 너희들도 앞으로 공부 열심히 해서 서울로 대학 가야한데이, 하면 안 되겠나? 안 그렇나?"

"예에!……."

지금도 바로 어제 일처럼 아이들의 초롱초롱하던 눈망울이 눈에 밟힌다.

몇 년 전 울산 현대중공업 강연을 마치고 단에서 내려오는데 중년 여인이 달려 나와 내 가슴에 꽃다발을 안기며 눈물을 흘리는 게 아닌가!

"선생님요! 지는 38년 전 선생님께 배웠던 해안초등학교 핸드볼 선수 이두분이라예."

"오! 두분이!"

"선생님 참말로 보고 싶었어예!"

남편이 현대조선 팀장이라는 두분이는 며칠 후 내게 빛바랜 사진 한 장을 보내왔다. 새까만 시골 아이들이 활짝 웃으며 선생님과 다정하게 포즈를 취하고 있는 사진이었다.

나는 다시 생각에 잠겼다.

"내가 만일 그 때 아이들과 함께 서울을 못 와봤다면, 지금 내가 서울에 있는 대학교 교수가 될 수 있었을까?"

두분이를 만난 후로 아이들이 몹시 보고 싶고 궁금하였다.

"어떻게들 살고 있을꼬?"

그러던 차에 'TV는 사랑을 싣고'에서 나에게 출연해 달라는 제의가 왔다. 일전에 숙자씨를 만나고 난 후의 일이다. 나는 너무 잘되었다 싶어서 30년 전에 가르쳤던 해안초등학교 핸드볼 선수들을 만나게 해달라고 요청했다.

키는 작아도 어찌나 몸이 빠르던지 상대편 공을 그렇게도 잘 뺏어오던 문귀분, 패스 실력이 뛰어났던 여희금, 경기의 흐름을 아주 잘 읽던 이경화, 골 밑 슛을 잘하던 이두분, 우리는 만나는 순간 바로 38년 전 그 시절로 돌아가 이야기꽃을 피웠다.

"그래, 잘 살었드나?"

"예, 선생님! 세상에 제자가 선생님을 찾아야 하는데, 선생님이 저희들을 찾아주셔서 고맙습니데이……"

"아무렴 어떻노, 진짜 반갑데이……."

"선생님! 그 때 우리들이 공부도 잘했다 아입니꺼!"

"그래, 맞다"

"선생님이 재미나게 들려주시던 이야기를 제 아이들에게도 들려줬다 아입니꺼”

“그래?”

“선생님, 선생님은 그 때나 지금이나 똑 같으시네 예.”

“그래? 내가 너희들 가르칠 때가 보자……. 25살 때니까 ……. 예끼!”

“호! 호! 호!”

　며칠 전 양천구 로터리클럽 회원들이 모여 연말 불우이웃돕기를 한 후 나에게 잠깐 강연을 해달라는 요청이 왔다. 부모와 헤어져 있는 아이들이 모여 사는 곳이었다. 클럽 측에서 도움을 청했던지 수녀님 몇 분이 바삐 움직이고 있었다. 저녁만찬 때가 되어 자리를 찾아 앉으려는데, 수녀님 한 분이 다가와 인사를 한다.

“선생님! 안녕하셨어요?”

“아! 네, 수녀님, 고생 많으시지요?”

“선생님, 저 모르시겠어요? 저 최태자예요.”

“최태자?…….”

“네, 해안초등학교 핸드볼 선수였던 최태자…….”

“세상에! 수녀님이 그 최태자라꼬요!”

“네……. 지금은 최바울로로 불립니다.”

살며시 미소를 띠며 바라보는 그 눈빛이 어찌나 선하고 선하던지!

믿음 안에서 수양을 하며 선한 일을 하고 살아서 그런가!

사랑하는 제자의 얼굴이 해같이 빛나고 있었다.

호주에 강연을 가니 거기서도 제자가 찾아와 인사를 하고, 전국방방곡

곡 강연을 다니면서 뜻하지 않게 찾아와 인사하는 제자들을 만날 때마다
가르친 보람과 감사가 넘쳐난다.

"야! 참, 선생님 되길 잘했다!"

"나는 참말로 나보다 너희들 잘 되는 것이 더 기쁘고 고맙다!"

봐라! 우리도 우승 할 수 있다 아이가!!

이 몸이 죽고 죽어 일백 번 고쳐죽어

그 후 대구대학 야간에 편입하여 사회사업에 대해 공부하게 되었다. 젊은 혈기에 국민들이 골고루 혜택을 누리는 복지국가에 대한 꿈, 특히 순박한 농어촌사람들이 당하는 불이익에 대한 거룩한 분노가 내 안에 불뚝거리고 있었기 때문이다.

재주는 곰이 넘고 돈은 중국 약장사가 챙기는 불합리한 현실, 기득권자들의 횡포에 대해 내 안의 젊은 혈기는 항변하고 있었다.

해안초등학교 교사시절 산골에 사는 주민들과 함께 '버스 안 타기 운동'을 하여 운송 횟수를 줄이려는 버스 회사의 횡포로부터 운송 횟수를 확보하였듯, 내게는 묘한 상록수 선생의 기질이 있었던 모양이다.

아이들을 가르치면서 사회사업과 공부를 마치고도 나의 열망들은 가라앉을 줄 몰랐다.

"아는 것이 힘이다! 힘이 있어야 어려운 이들을 도와주며 살 수 있다 !"

대물림되던 농촌의 가난한 현실, 시골학교 내가 맡았던 아이들은 뭔지 모르게 자신이 없고 주눅이 들어 있어 안타깝기 그지없었다.

"애들아! 가난한 것은 죄도 아니고 너희들 잘못도 아니다, 너희 부모님처럼 가난하게 살지 않으려면 책을 많이 읽고 공부를 열심히 하면 된다"

아이들을 가르칠 때마다 나는 그 아이들에게 큰 꿈을 심어주려 애를 썼다. 운동을 통하여 아이들에게 자신감을 심어주고, 훌륭한 위인들의 이야기로 아이들에게 비전을 심어주려 애썼다. 교사시절 우리 집은 항상 아이들 소리로 시끌벅적하였다.

"선생님! 링컨 대통령이 정말 책을 많이 읽어서 훌륭한 대통령이 되었어예?"

"그럼! 책을 한 권 읽은 사람은 책을 두 권 읽은 사람의 지배를 받고 사는 법이데이"

"와 예?"

"책 한권에는 한 사람의 지혜가 몽땅 들어 있는기라, 그러니 2:1로 싸워봐라 누가 이기겠노?"

"참말 그렇네예!"

몸소 노력하고 공부하는 모습을 보여줌으로서 아이들에게도 도전의식을 심어주고 싶었다.

아이들에게 체육을 가르칠 때마다 인체의 구조와 원리에 대한 궁금증은 가라앉질 않았다.

"선생님예, 달리기를 하면 왜 땀이 납니꺼?"

"글쎄……. 몸이 더워지니까 그렇겠지?"

"선생님예, 달리기를 하려고 폼을 잡으면 왜 오줌이 마렵습니꺼?"

"글쎄……. 긴장을 해서 그런 모양인데……."

"에이! 선생님도 모르는 게 다 있습니꺼?"

"허허 녀석들, 그럼 오늘부터 선생님이 배워다가 가르쳐 주마. 대신 너희들도 함께 공부하기다 알았제?"

"예에!"

이렇게 시작된 호기심은 결국 경북대학교 교육대학원 체육학과에 입학하게 하였고, 거기서도 만족을 못하여 기어이 의과대학 청강생이 되었다.

"선생님, 황수관 선생님 아니세요?"

"그래, 맞는데 누구시더라?"

의대 청강생이 되어 구석에서 기를 못 펴고 공부하고 있을 때였다.

"선생님, 저희는 영선초등학교 다닐 때 선생님 옆 반에서 공부했었습니다. 선생님이 여기는 어쩐 일이세요?"

"뭐, 나도 공부 쫌 하러 안 왔나? 잘됐다. 너희들이 내 쫌 도와 주거라"

"선생님은 우리들이 초등학교 다닐 때도 공부만 하시더니 아직도 공부를 계속하고 계셨습니까? 참말로 대단하시네요"

"대단하긴…. 지금은 따라가지도 못해 벌벌 기고 안 있나? 하! 하! 하!"

그 아이들 덕분에 의학서적 한 페이지를 읽는 데 한나절씩 걸리던 공부가 수월해졌다.

"선생님 가르쳐 드릴라꼬 저희들이 더 열심히 공부한다 아입니꺼!"

"그래? 참말로 고마운 일이데이!"

큰 꿈을 가져라!

얼마 전 지인으로부터 전화가 왔다.

"박사님! 익산에 가면 성일고등학교가 있는데요, 그 학교 교목 목사님께서 황박사님을 모시고 학생들에게 꿈과 비전을 심어주고 싶은데, 황박사님을 모실 형편이 안 되어서 안타까워하시는 걸 보았어요. 어떻게 좀 안 되시겠어요?"

"내가 가지요. 익산 어디 고등학교라고요?"

"사례를 할 형편이 안 된다고 하던데……."

"걱정 마세요. 제가 그냥 갑니다. 아이들이 제 강의를 듣고 원대한 꿈과 비전을 세울 수 있다면 그 보다 더 귀한 일이 어디 있겠습니까? 사람을 키우고 사람을 살리는 일 아닙니까? 제 비서하고 연락해서 날짜를 잡아보라고 하세요."

"야호! 황박사님 짱이당!"

"하! 하! 하! 짱이라고요!"

나는 가르치는 일을 천직처럼 생각하기에 학생들과 접촉할 수 있는 일이라면 열 일을 제치고 달려가곤 한다.

익산 성일고등학교에 들어서니 아이들이 창문에 매달려 환호성을 지른다.

"와아! 황수관 박사님!"

"와아! 신바람 박사님!"

"그래, 그래, 반가워요! 세상은 넓고 할 일은 많데이! 큰 꿈을 가져라! 꿈은 크고 원대하게 가져야 한데이. 호랑이를 목표로 하면 고양이라도 그리지만, 첨부터 고양이가 목표가 되면 점도 못 찍고 만데이!"

아이들의 초롱초롱한 눈망울을 보면 나도 모르게 기쁨이 용솟음치는 걸 느낀다. 사람을 만드는 일보다 더 귀한 일이 또 있으랴!

지효화군생 至孝化群生

오래 전 경북대학교 조교로 있을 때의 일이다.

한 번은 교수님 심부름으로 서울 출장을 다녀오는 길, 기차 안에서 어느 70여세 되신 할아버지 옆자리에 앉게 되었다.

"안녕하세요?"

인사드린 후, 마침 목이 말라 음료를 두 개 사, 먼저 할아버지께 따드렸다.

"이거, 고맙소! 당신은 누굽니까?"

"저는 황수관입니다."

"뭐하는 양반이요?"

"전에 초등학교 선생 했습니다."

"지금은?"

"네? 아-예! 경북대학에서 교수님 도와드리며 공부 좀 하고 있습니다."

"교수 될라꼬? 교수되는 길이 꽤 험난한데. 혹시 내가 누군지 아오?"

"글쎄요, 잘 모르겠는데요."

"내가 우록又鹿이오! 나도 대학에서 강의를 많이 한 사람이오. 내 눈에 황 선생이 귀하게 보여! 인사하는 얼굴이 효성스럽고, 이 늙은이에게 음료수를 사주는 것도 고맙고!"

대구역에 도착할 때까지 우록 선생은 한시와 붓글씨, 동양화에 대한 많은 이야기로 나의 무식을 깨우쳐 주셨다.

"황 선생, 내가 사무실에 한 번 놀러가고 싶은데……?"

"네?……."

"내가 놀러 가면 안 되나?"

대답하기 곤란해 전화번호만 드리고 헤어졌다. 그러고 일주일 후,

"황 선생! 나요! 나 우록이야!"

"예, 선생님 어디세요?"

"나 학교 앞에 와 있소!"

나는 당황했다. 사무실은커녕 책상도 없는 내 방에 그 유명한 우록선생
이 방문하시겠다니,

5분도 안되어 내 방에 올라오신 우록 선생은,

"황 선생 자리가 어디요?"

"……. 여……. 여깁니다."

"방도 없구만! 앉을 자리도 없고! 나는 이만 가겠네!"

가슴에서 한지를 꺼내어 펼치신다.

'지효화군생 至孝化群生'

(효성이 지극한 사람에게는 많은 사람이 모여든다.)

"황 선생에게 이 글을 주고 싶었어!" 하시곤 황급히 사라지셨다.

바로 뒤따라 들어오시던 주영은 교수님이 우록 선생이 다녀가신 것을
알고는 입을 다물지 못하시더니, 주시고 간 글을 보며 발을 구르신다.

"황 선생! 제발 다시 모시고 와!"

다시 오신 우록 선생은 주영은 교수님을 위해 병풍을, 내게는

‘운유하숙 雲遊霞宿’ 구름 위에서 놀고 서리 위에서 잔다.

라는 글을 주셨다.

“황 선생의 마음이 바로 자연의 마음이라, 그래 내 이 글을 써 왔지!”

우록 선생께서 천국으로 가실 때까지 우리는 존경과 사랑을 나누는 친구로 지냈다.

내가 연세대학으로 올라가게 되었을 때 우록선생은 누구보다 기뻐하셨다. 그리고 내게 호를 지어 주셨다.

‘동제 東齊’. 동녘 ‘東’ 자에 집 ‘齊’ 자라!

우록 선생은 가셨지만, 우록 선생이 남기고 간 귀한 글이 거실 한 가운데 걸려 있어 들고날 때마다 가슴에 새기고 있었다.

그러던 어느 날 백지연의 ‘모닝 스페셜’에서 출연제의가 들어왔다. 명사들의 집을 찾아가 대화도 나누고 집에 있는 것 중에 좋아 보이는 것을 골라 경매에 붙여 그 돈을 소년 소녀 가장 돕기에 쓰는 귀한 프로였다.

그런데 이 일을 어쩌면 좋단 말인가!

우리 집에 찾아온 제작팀들이 집안 구석구석 둘러보더니 다른 물건 다 놔두고 우록 선생이 선물로 준 ‘지효화군생’을 가져가겠다는 것이 아닌가?

“제발! 이렇게 빕니다. 그것만 빼고 무엇이든지 가져가세요!”

“안돼요! 이걸 가져가고 싶어요!”

“이 그림이 어떨까요? 아주 유명한 사람이 그린 그림입니다.”

“싫어요! 이걸 가져가겠어요!” 제작팀들이 얼마나 귀한 것인지는 몰라도 제일 좋은 위치에 걸려 있으니 절대로 양보하지 않겠다며 덜렁 가져가

버렸다.

'지효화군생'이 떠나고 없는 자리를 볼 때마다 허전한 마음 가눌 길이 없었다. 우록선생이 안계시니 다시 써달랄 수도 없는 일이고! 다시 찾아올 방법이 없을까?

일주일이나 지났을까? 순복음인천교회의 담임 목사님이신 최성규 목사님이 전화를 해오셨다.

"황수관 박사님! 저 최성규 목삽니다."

"어이쿠! 최목사님! 제가 너무나 좋아하는 최성규 목사님께서 웬 일이십니까?"

"박사님 댁에 있던 '지효화군생'을 제가 샀습니다."

"그래요? 목사님! 잘 됐습니다. 안 그래도 그 글을 뺏기고 가슴이 쓰렸는데, 그걸 저에게 다시 파십시오!"

"저런 큰일 났군요! 제가 전화 드린 것은 다시 팔려고 해서가 아니라, 우리 '성산효도대학원'에 꼭 적합한 글을 기증해주셨기에 감사드리려고 전화한 것입니다."

최성규 목사님은 키도 크고 미남일 뿐 아니라, 마음이 아름다운 사람이다. 우리 사회에서 점점 사라져가는 효도사상을 다시 세우시려 애쓰시는 분인지라, 평소에 내가 존경하고 있었다. 더구나 세계에서 하나밖에 없는 '효孝'에 대한 학문을 가르치는 학교에서 가져갔다면 내가 무슨 수로 다시 찾아오겠는가?

"그럼, 그 글이 효도대학원에 걸려 있다는 말씀입니까?"

"그렇다니까요!"

"할 수 없군요. 우리 집 보다는 그곳이 더 적합한 자리인 것 같습니다."

"허락해 주셔서 감사합니다."

효를 가르치는 학교에서 쓴다는 말에 나는 꼼짝 못하고 말았다.

가르친다는 말만 나오면 나는 꼼짝 못하는 바이러스에 걸려 있으니…….

효孝란 글자를 나누어 풀어보면

土 흙을,

/ 괭이로 일구어,

子 좋은 씨앗을 심는다는 뜻으로,

효란, 먼저 부모가 자녀에게 좋은 삶의 모범을 보이는 것이다.

사랑 표현을 자제하였던 스승의 깊은 뜻

어느 날 유럽 최초로 간 이식수술에 성공하고 또 동양인 최초로 독일 본 대학의 종신교수가 된 이종수박사와 그의 독일인 스승에 대한 감동적인 이야기가 나의 메일에 도착했다.

나 또한 가르치는 일을 천직으로 여기며 살기에 남다른 감동이 있었다.

이종수 박사가 청년시절, 독일 최고의 대학병원으로 알려진 본 대학의 외과의사가 되었을 때의 일이다. 독일 최고의 병원인 만큼 의사들끼리의 경쟁도 치열했던 본 대학병원은 하루하루가 긴장의 연속이었다. 더구나 그는 외국인이라는 이유로 동료들에게 따돌림을 당하기 일쑤였고, 연구할 기회도 제대로 주어지지 않았다.

그는 조금만 어려운 일이 생기거나 의문이 있으면 담당교수인 귀트게만 교수를 찾아가곤 했다. 그럴 때마다 귀트게만 교수는 그의 이야기를 말없이 들어주며 힘을 북돋워 주었다.

하지만 귀트게만 교수는 이상하게도 다른 제자들과 함께 모이는 자리에서나 병원 안에서는 그에게 눈길 한 번 제대로 주지 않았다.

필요한 말만할 뿐 냉랭하기가 그지없었다. 그 때마다 무척 서운한 생각이 들었다고 한다.

그러던 어느 날 그는 신문에서 귀트게만 교수가 75세로 세상을 떠났다는 기사와 함께 다음과 같이 특별한 유언을 남긴 것을 보게 되었다.

"내가 세상을 떠나거든 조의금도 보내지 말고 묘에 꽃다발도 보내지 마십시오, 대신 그에 해당하는 금액을 아래 은행구좌로 입금하셔서 내 제자 이종수 교수가 간 질환 연구에 쓰도록 해주시면 고맙겠습니다."

위세가 등등한 독일인 제자들 앞에서 외국인 제자에 대한 사랑을 마음껏 표현하면 오히려 시기와 미움의 대상이 될 것을 걱정했던 스승의 마음! 스승은 이 유언 한 마디로 아끼는 제자에게 마지막 사랑과 격려의 배려를 남긴 것이다.

가장 훌륭한 스승, 그리고 가장 좋은 가르침!

그것은 말이 아니라, 삶으로 보여주는 것이다.

이 몸이 죽고 죽어 일백 번 고쳐 죽어 백골이 진토가 되어도,

나는 가르치는 이 일을 기뻐하리라!

어머님 전상서!

며칠 전 새해 인사를 드리러 고향 경주에 다녀왔다.

고향하면 먼저 떠오르는 것은, 바로 어머니가 아니던가!

숫제 어머니가 고향이고, 고향이 어머니다.

일가친척 찾아뵙고 어르신들을 뵙고 나니, 부모님 생각이 간절하여, 고향집을 찾아갔다.

몇 년 전 물난리가 나서 마을이 통째로 사라져 버린 내 고향 소평리!

지금은 집터만 남아, 부모님과 행복했던 아름다운 추억은, 쓸쓸한 감상만 불러일으킨다.

학교 갔다 돌아오는 길, 저만치서부터 벌써 "엄마!"하고 들어서면,

울 어머니 맨발로 뛰어 나오시며 "아이구! 내 강아지, 어서 어서 온나!"

"자식은 금방 보고 돌아서서 또 봐도 우째 이리도 반갑노!"

다정하시던 내 어머니! 아무리 목 놓아 불러도 대답이 없으시니, 서러운 빈 가슴에 찬바람이 횡~ 횡~ 지나간다.

돌아오는 내내 김초혜 씨가 쓴 '어머니'라는 시를 읊조리니, 어머니를 향한 그리움이 하늘에 사무친다.

어머니

한 몸이었다 서로 갈려

다른 몸 되었는데

주고 아프게 받고 모자라게

나누일 줄 어이 알았으리

쓴 것만 알아 쓴 줄 모르는 어머니

단 것만 익혀 단 줄 모르는 자식

처음대로 한 몸으로 돌아가

서로 바꾸어 태어나면 어떠하리.

시인은 어찌 이리도 절절하게 내 마음을 대신 고백하였는지!

얼마 전 모 방송국에서 전화가 왔다.

"황수관 박사님! 저희 프로에 나오셔서 어머니와의 아름다운 추억과 사연들을 말씀해 주십시오."

"제 어머니와의 사연을요?"

"네, 오실 때 어머니께 올리는 편지도 한 장 써오시기 바랍니다."

"편지를요? 알겠습니다."

그 날부터 나는 그동안 어머니께 못 다 올린 사연들을 내 가슴에 적어내리고 있었다. 하늘을 두루마리 삼고 바다를 먹물삼아 찍어도 어찌 어머니의 사랑을 다 기록할 수 있을까! 어머니를 향한 그리운 사연들을 지우고 또 지우며 눈물로 편지를 써내려갔다.

어머님 전상서!

며칠 전 어머니가 돌아가시는 꿈을 꾸었습니다.

꿈속에서 "엄마, 미안해! 엄마, 미안해! 엄마, 미안해!" 꺽꺽 울다가 제풀에 깼습니다.

그날따라 어머니 생각이 어찌나 간절하던지요.

강연을 하러가는 길목, 한복집 진열장에 곱디고운 연분홍 한복이 걸려 있었습니다.

"저걸 우리 어머니에게 입혀드릴 수만 있다면 얼마나 좋을까……."

제가 사범학교 졸업하던 날, 허름한 한복에 꽃다발 대신 떡보자기를 들고 서서, 상장을 받아들고 내려오는 저를 붙들고,

"고생만 시켜 미안하다." 꺼이꺼이 통곡하시던 내 어머니!

강연을 마치고나니 분에 넘치는 산해진미를 대접해 줍니다.

"우리 자식들 목구멍에 맛난 음식 넘어가는 소리가 난 노래 소리보다 좋데이"

제비새끼 모양 딱딱 입을 벌리고 있는 자식들, 그저 한 숟가락이라도 더 먹이시느라, 멀건 숭늉으로 허기를 달래시던 어머니!

어머니 생각에 맛난 음식이 차마 넘어가질 않습니다.

식사를 마치고 나니 관광을 시켜줍니다.

이렇게 아름답고 좋은 곳이 많건마는…….

자식들 뒷바라지하느라, 평생을 밭고랑에 엎드려 사시던 어머니,

"엄마 학교 다녀왔습니다."하고 밭으로 달려들면, 땀이 들어가 쓰라린 눈을 비비시며

"오냐, 내 강아지! 금수강산 기암절경이 내 자식들보다 이쁘겠노!"

하며 반기시던 어머니,

이 아름다운 경치, 어머니를 모시고 함께 볼 수 있다면 얼마나 좋겠습니까!

갓난쟁이 제가, 원인모를 병이 들어,

"저거 이제 사람 노릇하긴 틀렸다."고 다들 포기하라고 했을 때도, 어머니는 끝까지 저를 끌어안고 기도하셨다지요.

"차라리 저를 데려가시고 이 어린 것의 목숨만은 살려주십시오."

절절한 어머니의 기도로, 꼴딱꼴딱 숨이 끊어지려던 제가 꼼지락꼼지락 살아났다지요.

폭격이 떨어지던 전쟁 통에, 만삭이던 당신 몸을 덮어, 어린자식들의 생명을 지키신 어머니! 중학교 다닌다고, 50여리 새벽길을 나서는 저를

위해, 새벽마다 엎드려 기도하시던 어머니!

"이 추운 날, 내복도 못 입고 학교 가는 불쌍한 이 자식, 하나님이 책임져 주십시오."

어린 자식 어두운 산길에 내놓으며, 애간장이 다 타들어 가셨을 것을 이제야 깨닫습니다.

머리 커지고 잠깐, 세상길로 빠졌던 이 아들 붙잡고, 발을 동동 구르며 기도하시던 어머니, 어머니의 깊은 절망의 숨소리가 생각나, 못난 아들 함부로 살 수 없었습니다.

어머니의 염원이 저의 단잠을 깨우셨기에, 야간 야간 야간학교를 다니던 제가 연세대학교 교수가 될 수 있었습니다.

"세상에, 이게 꿈이냐 생시냐! 우리 아들이 그 훌륭한 연세대학교 교수가 되다니!"

밥 한 숟갈 떠 넣고 아들 한 번 쳐다보고, 국 한 숟갈 떠 넣고 아들 한 번 쳐다보고, 장하고 대견해 눈을 떼지 못하시던 어머니!

"수관아! 이 은혜를, 반드시 이 세상에 보답하며 살아야한다."

당부하시던 말씀을 지키기 위하여, 저 또한 어머니처럼, 새벽마다 무릎으로 하루를 엽니다.

좋은 일, 축하받을 일이 있을 때마다, 저보다 더 기뻐하실 어머니가 안 계시니 너무나 아쉬워 좋아도 덤덤합니다.

어머니! 이렇게 훌쩍 떠나실 줄 모르고, 살아생전 편히 모시지 못해 죄송하고 죄송합니다.

어머니! 본래 어머니와 나는 한 몸이 아니었습니까!

어머니는 항상 주기만 하면서도 더 못 준 것을 안타까워하셨건만,

못난 자식은 항상 받기만 하면서도 다 받지 못한 듯 불평만 하였습니다.

자식을 위해서라면 힘든 일, 궂은일을 마다하지 않으시고,

모진풍파, 익모초보다 더 쓴 고생도 달게 삼키시던 어머니!

단 것만 혀에 익혀 단 줄 모르던 이 자식,

어머니 그 사랑을 당연한 듯 받기만 하며, 어머니 깊은 사랑 헤아릴 줄 모르다가, 이제 손자들이 올망졸망 뛰어다니니, 비로소 어머니 생각에 가슴이 뻐근합니다.

사랑하는 어머니!

이제 다시 한 몸 되어, 내가 어머니 되고, 어머니가 아들 된 후에, 하해 같은 이 사랑 깨닫기만 하여도, 지금까지 지은 불효, 용서가 되시겠습니까!

"하이고, 우리 아들 왔나! 어서 온나 어서 와!"

반기시던 그 음성, 한 번이라도 들을 수만 있다면······.

어머니! 너무나 보고 싶습니다.

어머니! 사랑하고 존경합니다.

　　　불초소생　황수관 드림

방송을 하는 내내 어머니를 향한 그리움이 사무쳐, 머리 허연 내가 체면이고 뭐고 차릴 수가 없었다. 어머니를 그리는 애틋함이야 하늘 아래 누군들 더하고 덜함이 있을까!

방송을 진행하는 사회자도 자꾸만 우는 나를 보기가 민망한지 시선을 허공에 두고 있었다.

그분도 당신 어머니가 생각이 나셨겠지…….

다들 제 자식을 길러보아야 부모님 마음을 비로소 안다고 말한다. 그런데 과연 내 자식을 키워보았다고 우리가 부모님의 크신 사랑을 다 알게 되는 걸까! 우스운 얘기 한 번 들어보시길!

철없는 아들이 나이차서 결혼하여 아들을 낳았다고 한다.

뒤늦게 본 아들이니 얼마나 예뻤겠는가!

그만 도가 지나쳐 부모님 앞에서도 물고 빨고 야단이었던 모양이다.

"하이고! 세상에 어디서 이렇게 예쁜 아들이 왔단 말이니! 하늘에서 떨어졌나? 땅에서 솟아났나?"

저 길러준 부모님은 안중에 없고 자식만 물고 빠는 것을 보고, 보다 못한 어머니가 한 말씀 하셨단다.

"너, 네 아들이 그렇게 예쁘냐?"

"그럼요, 아주 예쁘고 사랑스러워 죽을 지경이에요."

"그러니? 부모 눈에 자식이야 다 예쁘지, 나도 너를 키울 때 그렇게 예뻐하며 키웠다."

그러자 속없는 아들이 뭐라고 했는지 아시는가?

"아무렴 요렇게 예쁘기야 하셨겠어요?"

"쯧쯧쯧……."

그래서 어른들이 "자식 키우는 것은 부모님께 지은 묵은 빚은 갚고, 내 자식에게는 새 빚을 놓는 것"이라고 하셨나 보다.

자식사랑은 내리사랑이라더니……. 꼭 내 모습만 같아서 어머니를 생각하는 내내 죄송한 마음 금할 길이 없었다.

그러던 중 문득 눈에 띠는 글이 있어 옮겨본다.

일본의 어느 일류대 졸업생이 한 회사에 이력서를 냈다. 사장이 면접 자리에서 의외의 질문을 던졌다.

"부모님을 목욕시켜드리거나 닦아드린 적이 있습니까?"

"한 번도 없습니다." 청년은 정직하게 대답했다.

"그러면, 부모님의 등을 긁어드린 적은 있나요?"

청년은 잠시 생각했다.

"네, 제가 초등학교에 다닐 때 등을 긁어드리면 어머니께서 용돈을 주셨죠."

청년은 혹시 입사를 못하게 되는 것은 아닐까 걱정되기 시작했다. 사장은 청년의 마음을 읽은 듯 실망하지 말고 희망을 가지라고 위로했다.

정해진 면접시간이 끝나고 청년이 자리에서 일어나 인사를 하자 사장이 이렇게 말했다.

"내일 이 시간에 다시 오세요. 하지만 한 가지 조건이 있습니다. 부모님을 닦아드린 적이 없다고 했죠? 내일 여기 오기 전에 꼭 한 번 닦아드렸으면 좋겠네요. 할 수 있겠어요?"

청년은 꼭 그렇게 하겠다고 대답했다. 그는 반드시 취업을 해야 하는 형편이었다.

아버지는 그가 태어난 지 얼마 안 돼 돌아가셨고, 어머니가 품을 팔아 그의 학비를 댔다. 어머니의 바람대로 그는 도쿄의 명문대학에 합격했다. 학비가 어마어마했지만 어머니는 한 번도 힘들다는 말을 하신 적이 없었다.

이제 그가 돈을 벌어 어머니의 은혜에 보답해야 할 차례였다. 청년이 집에 갔을 때 어머니는 일터에서 아직 돌아오지 않았다. 청년은 곰곰이 생각했다.

'어머니는 하루 종일 밖에서 일하시니까. 틀림없이 발이 가장 더러울 거야. 그러니 발을 닦아 드리는 게 좋을 거야.'

집에 돌아온 어머니는 아들이 발을 씻겨드리겠다고 하자 의아하게 생각하셨다.

"갑자기 발은 왜 닦아준다는 거니? 마음은 고맙지만 내가 닦으마."

어머니는 한사코 발을 내밀지 않았다. 청년은 어쩔 수 없이 어머니를 닦아드려야 하는 이유를 말씀드렸다.

"어머니, 오늘 입사 면접을 봤는데요. 사장님이 어머니를 씻겨드리고 다시 오라고 했어요. 그래서 꼭 발을 닦아드려야 해요."

그러자 어머니의 태도가 금세 바뀌었다. 두말없이 문턱에 걸터앉아 세숫대야에 발을 담갔다. 청년은 오른손으로 조심스레 어머니의 발등을 잡았다.

태어나 처음으로 가까이서 살펴보는 어머니의 발이었다.

"어머니 그동안 저 키우시느라 고생 많으셨어요."

"아니다 고생은 무슨……."

"어머니, 오늘 면접을 본 회사가 유명한 곳이거든요. 제가 취직이 되면 더 이상 고된 일은 하지 마시고 집에서 편히 쉬세요."

손에 발바닥이 닿았다. 그 순간 청년은 숨이 멎는 것 같았다. 말문이 탁 막혔다.

어머니의 발바닥은 시멘트처럼 딱딱하게 굳어 있었다. 도저히 사람의 피부라고 할 수 없을 정도였다. 어머니는 아들의 손이 발바닥에 닿았는지조차 느끼지 못하는 것 같았다.

발바닥의 굳은살 때문에 아무런 감각도 없었던 것이다.

청년의 손이 가늘게 떨렸다. 그는 고개를 더 숙였다. 그리고 울음을 참으려고 이를 악물었다. 새어나오는 울음을 간신히 삼키고 또 삼켰다. 하지만 어깨가 들썩이는 것은 어찌할 수 없었다. 한쪽 어깨에 어머니의 부드러운 손길이 느껴졌다. 청년은 어머니의 발을 끌어안고 목을 놓아 구슬피 울기 시작했다.

다음날 청년은 다시 만난 회사 사장에게 말했다.

"사장님, 어머니가 저 때문에 얼마나 고생하셨는지 이제야 알았습니다. 사장님은 학교에서 배우지 못했던 것을 깨닫게 해주셨어요. 정말 감사드립니다. 만약 사장님이 아니었다면, 저는 어머니의 발을 살펴보거나 만질 생각을 평생 하지 못했을 거예요. 저에게는 어머니 한 분밖에는 안 계십니다. 이제 정말 어머니를 잘 모실 겁니다."

사장은 미소를 지으며 고개를 끄덕이더니 조용히 말했다.

"좋습니다, 인사부로 가서 입사 수속을 밟도록 하세요."

"……!"

형제가 화목한 것이 부모에게 최고의 효도니라!
부모님과 우리 7남매

2부

벌어서 남주기
바쁜 세상

장학금 받고 공부할 때가 엊그제 같은데, 벌써…

자, 따끈한 우동 한 그릇 드세요

얼마 전 구리 료헤이栗良平의 '우동 한 그릇' 을 읽고 어찌나 감동이 되던 지, 혹 못 보신 분들이 있다면 함께 나누고 싶어 원문을 옮겨 본다. 부디 양해하시길…….

해마다 섣달 그믐날이 되면 일본의 우동 집들은 일 년 중 가장 바쁩니 다. 삿포로에 있는 우동 집 '북해정' 도 이 날은 아침부터 눈코 뜰 새 없이 바빴습니다.

이 날은 일 년 중 마지막 날이라서 그런지 밤이 깊어지면서, 집으로 돌 아가는 사람들의 발걸음도 빨라졌습니다. 그러더니 10시가 지나자 손님 도 뜸해졌습니다.

무뚝뚝한 성격의 우동 집 주인아저씨는 입을 꾹 다문 채 주방의 그릇을 정리하고 있었습니다. 그리고 남편과는 달리 상냥해서 손님들에게 인기가 많은 주인여자는, 임시로 고용한 여종업원에게 특별 보너스와 국수가 담긴 상자를 선물로 주어 보내는 중이었습니다.

"요오코 양, 오늘 정말 수고 많이 했어요. 새해 복 많이 받아요."

"네, 아주머니도 새해 복 많이 받으세요."

요오코 양이 돌아간 뒤, 주인 여자는 한껏 기지개를 키면서,

"이제 두 시간도 안 되어 새해가 시작되겠구나. 정말 바쁜 한 해였어."

하고 혼잣말을 하며 밖에 세워둔 간판을 거두기 위해 문 쪽으로 걸어갔습니다.

그 때였습니다. 출입문이 드르륵하고 열리더니 두 명의 아이를 데리고 한 여자가 들어섰습니다. 여섯 살과 열 살 정도로 보이는 사내애들은 새로 산 듯한 옷을 입고 있었고, 여자는 낡고 오래 된 체크무늬 반코트를 입고 있었습니다.

"어서 오세요!"

주인 여자는 늘 그런 것처럼 반갑게 손님을 맞이했습니다.

그렇지만 여자는 선뜻 안으로 들어오지 못하고 머뭇 머뭇 말했습니다.

"저…… 우동…… 일인분만 시켜도 괜찮을까요?……"

뒤에서는 두 아이들이 걱정스러운 얼굴로 쳐다보고 있었습니다.

세 사람은, 다 늦은 저녁에 우동 한 그릇 때문에 주인 내외를 귀찮게 하는 것은 아닌 가해서 조심스러웠던 것입니다. 하지만 그런 마음을 알아차렸는지 주인아주머니는 얼굴을 찡그리기는커녕 환한 얼굴로 이렇게 대답했습니다.

“네…… 네! 자, 이쪽으로!”

난로 바로 옆의 2번 식탁으로 안내하면서 주인 여자는 주방 안을 향해 소리쳤습니다.

“여기, 우동 1인분이요!”

갑작스런 주문을 받은 주인아저씨는 그릇을 정리하다 말고 놀라서 잠깐 일행 세 사람에게 눈길을 보내다가 곧 이렇게 대답했습니다.

“네! 우동 1인분!”

그는 아내 모르게 1인분의 우동 한 덩어리와 거기에 반 덩어리를 더 넣어서 삶았습니다.

그는 세 사람의 행색을 보고 우동을 한 그릇밖에 시킬 수 없는 이유를 짐작할 수 있었던 것입니다.

“자, 여기 우동 나왔습니다. 맛있게 드세요.”

가득 담긴 우동을 식탁 가운데 두고, 이마를 맞대며 오순도순 먹고 있는 세 사람의 이야기 소리가 계산대 있는 곳까지 들려왔습니다.

“국물이 따뜻하고 맛있네요.”

형이 국물을 한 모금 마시며 말했습니다.

“엄마도 잡수세요.”

동생은 젓가락으로 국수를 한 가닥 집어서 어머니의 입으로 가져갔습니다. 비록 한 그릇의 우동이지만 세 식구는 맛있게 나누어 먹었습니다. 이윽고 다 먹고 난 뒤 150엔(한화 약 1,500원)의 값을 지불하며, “맛있게 먹었습니다.”라고 공손히 머리를 숙이고 나가는 세 사람에게, 주인내외는 목청을 돋워 인사를 했습니다.

“고맙습니다. 새해 복 많이 받으세요.”

그 후, 새해를 맞이했던 ‘북해정’은 변함없이 바쁜 날들 속에서 한 해를 보내고 다시 12월 31일을 맞이했습니다. 지난해 이상으로 몹시 바쁜 하루를 보내고 10시가 지나 가게 문을 닫으려고 하는데 드르륵 하고 문이 열리더니 두 명의 사내아이를 데리고 한 여자가 들어왔습니다. 주인 여자는 그 여자가 입고 있는 체크무늬의 반코트를 본 순간, 일 년 전 섣달 그믐날 문 닫기 직전에 와서 우동 한 그릇을 먹고 갔던 그 손님들이라는 걸 알았습니다.

여자는 그 날처럼 조심스럽고 예의바르게 말했습니다.

“저…… 우동…… 1인분입니다만…… 괜찮을까요?”

“물론입니다. 어서 이쪽으로 오세요.”

주인 여자는 작년과 같이 2번 식탁으로 안내하면서 큰 소리로 외쳤습니다.

“여기 우동 1인분이요!” 주방 안에서, 역시 세 사람을 알아 본 주인아저씨는 밖을 향하여 크게 외쳤습니다.

“네엣! 우동 1인분!”

그러고 나서 막 꺼버린 가스레인지에 불을 붙였습니다.

물을 끓이고 있는데 주인 여자가 주방으로 들어와 남편에게 속삭였습니다.

“저 여보, 그냥 공짜로 3인분의 우동을 만들어 줍시다.”

그 말에 남편이 고개를 저었습니다.

“안돼요. 그렇게 하면 도리어 부담스러워서 다신 우리 집에 오지 못할 거요.”

그러면서 남편은 지난해처럼 둥근 우동 하나 반을 넣어 삶았습니다.

그 모습을 지켜보고 있던 아내는 미소를 지으면서 다시 작은 소리로 말했습니다.

“여보, 매일 무뚝뚝한 얼굴을 하고 있어서 인정도 없으려니 했는데 이렇게 좋은 면이 있었구려.”

남편은 들은 척도 않고 입을 다문 채 삶아진 우동을 그릇에 담아 세 사람에게 가져다주었습니다. 식탁 위에 놓인 한 그릇의 우동을 둘러싸고 도란도란하는 세 사람의 이야기 소리가 주방 안의 두 부부에게 들려왔습니다.

“아…… 맛있어요……”

동생이 우동 가락을 우물거리고 씹으며 말했습니다.

“올해에도 이 가게의 우동을 먹게 되네요.”

동생의 먹는 모습을 대견하게 바라보던 형이 말했습니다.

“내년에도 먹을 수 있으면 좋으련만……”

어머니는 순식간에 비워진 우동 그릇과 대견스러운 두 아들을 번갈아 바라보며 입 속으로 중얼거렸습니다. 이번에도, 우동 값을 내고 나가는 세 사람의 뒷모습을 향해 주인 내외는 약속이라도 한 것처럼 큰 소리로 외쳤습니다.

“고맙습니다! 새해 복 많이 받으세요!”

그 말은, 그날 내내 되풀이한 인사였지만 주인 내외의 목소리는 어느 때보다도 크고 따뜻함을 담고 있었습니다.

다음 해의 섣달 그믐날 밤은 어느 해보다 더욱 장사가 잘 되는 중에 맞이하게 되었습니다.

'북해정'의 주인 내외는 누가 먼저 입을 열지는 않았지만 밤 9시 반이 지날 무렵부터 안절부절 못하며 누군가를 기다리고 있었습니다.

10시가 지나자 종업원을 귀가시킨 주인아저씨는, 벽에 붙어 있던 메뉴를 차례차례 뒤집었습니다. 금년 여름부터 값을 올려 '우동 200엔'이라고 씌어져 있던 메뉴가 150엔으로 바뀌고 있었습니다.

2번 식탁 위에는 이미 30분 전부터 '예약석'이란 팻말이 놓여있습니다.

이윽고 10시 반이 되자, 손님의 발길이 끊어지는 것을 기다리고 있기라도 한 것처럼 어머니와 두 아들, 그 세 사람이 들어왔습니다.

형은 중학생 교복을, 동생은 작년에 형이 입고 있던 점퍼를 헐렁하게 입고 있었습니다.

두 형제 다 몰라볼 정도로 성장해 있었는데, 아이들의 엄마는 여전히 색이 바란 체크무늬 반코트 차림 그대로였습니다.

"어서 오세요!"

역시 웃는 얼굴로 맞이하는 주인 여자에게 어머니는 조심스럽고 예의 바르게 물었습니다.

"저…… 우동…… 2인분인데도…… 괜찮겠죠?"

"넷!…… 어서 어서 자, 이쪽으로……."

세 사람을 2번 식탁으로 안내하면서, 주인 여자는 거기 있던 '예약 석'이란 팻말을 슬그머니 감추고 주방을 향해서 소리쳤습니다.

"여기 우동 2인분이요!"

그 말을 받아 주방 안에서 이미 국물을 끓이며 기다리고 있던 주인아저씨가 큰 소리로 외쳤습니다.

"네! 우동 2인분, 금방 나갑니다!"

그는 끓는 국물에 이번에는 우동 세 덩어리를 던져 넣었습니다.

두 그릇의 우동을 함께 먹는 세모자의 밝은 목소리가 들려 왔습니다.

그리고 세 사람은 어느 해보다도 활기가 있어 보였습니다.

그들에게 방해될까봐 조용히 주방 안에서 지켜보고 있던 주인 내외는 우연히 눈이 마주치자 서로에게 미소를 지으며 흐뭇한 표정을 지어 보였습니다. 평소에는 무뚝뚝하던 주인아저씨도 이 순간만큼은 기분 좋게 웃고 있었습니다.

세 사람의 대화는 계속되었습니다.

"시로도야, 그리고 쥰아 오늘은 너희들에게 엄마가 고맙다는 말을 하고 싶구나."

"……고맙다니요?…… 무슨 말씀이세요?" 형인 시로도가 물었습니다.

어머니의 말이 이어졌습니다.

"너희들도 알다시피 돌아가신 아빠가 일으킨 사고로 여덟 명이나 되는 사람이 부상을 입었잖니? 일부는 보험금으로 보상해 줄 수 있었지만 보상비가 모자라 그만큼 빚을 얻어 지불하고 매월 그 빚을 나누어 갚아왔단다."

"네…… 알고 있어요." 형이 고개를 끄덕이며 대답했습니다.

주인 내외는 주방 안에서 꼼짝 않고 선 채로 계속해서 그들의 이야기에 귀를 기울였습니다.

"그 빚은 내년 3월이 되어야 다 갚을 수 있을 줄 알았는데, 실은 오늘 전부 갚았단다."

"네? 정말이에요 엄마?" 두 형제의 목소리가 커졌습니다.

"그래, 그동안 시로도는 아침저녁으로 신문 배달을 열심히 해주었고, 쥰이는 장보기와 저녁 준비를 매일 해준 덕분에 엄마는 안심하고 회사에서 열심히 일할 수 있었단다. 그것으로 나머지 빚을 모두 갚을 수 있었던 거야."

"엄마, 형! 잘됐어요! 하지만 앞으로도 저녁 식사 준비는 제가 계속할 거예요."

"저도 신문 배달을 계속 할래요! 쥰아, 우리 힘을 내자!" 형이 눈을 반짝이며 말했습니다.

"고맙다. 정말 고마워!"

어머니는 아이들의 손을 움켜쥐며 눈물을 글썽거렸습니다.

그걸 보며 형이 조심스럽게 입을 열었습니다.

"엄마, 지금 비로소 얘긴데요, 쥰이하고 제가 엄마한테 숨긴 게 있어요. 그것은요…… 지난 11월에, 학교에서 쥰이의 수업을 참관하러 오라는 편지가 왔었어요. 그리고 쥰이 쓴 작문이 북해도의 대표로 뽑혀 전국 작문 대회에 출품하게 되어서, 수업 참관일에 그 작문을 쥰이 읽기로 했다고요, 하지만 선생님이 주신 편지를 엄마께 보여드리면 무리해서 회사를 쉬고 학교에 가실 것 같아서 쥰이 일부러 엄마한테 말을 하지 않고 있었대요. 그 사실을 쥰의 친구들한테서 듣고 제가 대신 참관일에 학교에 가게 됐어요."

어머니는 처음 듣는 이야기에 조금 놀랐지만 금방 침착하게 말했습니다.

"그래…… 그랬었구나…… 그래서?"

"선생님께서 작문 시간에, '나는 장래 어떤 사람이 되고 싶은가' 라는 제목으로 작문을 쓰게 했는데 준은 '우동 한 그릇' 이라는 제목으로 글을 써서 냈대요. 지금 그 작문을 읽어 드리려고 해요. 사실 전 처음에 '우동 한 그릇' 이라는 제목만 듣고는, 여기 '북해정' 에서의 일이라는 걸 알았기 때문에 준 녀석, 무슨 그런 부끄러운 얘기를 썼지? 하고 마음속으로 생각 했었어요. 그런데, 준이의 작문을 보고 생각이 바뀌었어요. 자, 지금부터 읽어드릴게요."

시로도는 교복 상의 주머니에 접어두었던 종이 두 장을 꺼내어 펼쳤습 니다. 준의 작문을 읽어 내려가는 시로도의 목소리는 작지만 낭랑하게 우 동 가게에 울려 퍼졌습니다.

"우리 아빠는 운전을 하다 교통사고를 내서 많은 사람들을 다치게 하고 세상을 떠나셨다. 그런데 피해자들 모두에게 보상을 해주기 위해선 보험 금으로도 부족해서 많은 빚을 지게 되었다. 그 때부터 우리 가족의 고생 은 시작되었다. 엄마는 아침 일찍부터 밤늦게까지 일을 하셨고, 형은 날 마다 조간과 석간신문을 배달해서 돈을 벌었다. 아직 어린 나는 돈을 벌 기 위해 할 수 있는 일도 없었고, 엄마와 형은 나에게는 아무 일도 하지 못하게 했다. 대신 나는 저녁이면 시장을 봐서 밥을 해놓는 일을 했다. 내 가 해 놓은 밥을 엄마와 형이 맛있게 먹는 걸 볼 때 나는 행복하다. 나도 우리 식구를 위해 작지만 할 수 있는 일이 있기 때문이다.

빚을 하루라도 빨리 갚기 위해서 우리는 모든 것을 절약하는 생활을 했 다. 엄마의 겨울 코트는 아주 오래 되어 낡고 해졌지만 해마다 꿰매어 입 으셔야 했다. 그러던 중에 재작년 12월 31일 밤에 우리 가족은 우연히 한 우동 가게를 지나치게 되었다. 안에서 흘러나오는 우동 국물의 냄새가 그렇게 맛있게 느껴질 수가 없었다.

우리 형제의 마음을 알았는지 엄마는 우리에게 우동을 사 주시겠다고 했다. 우리는 그 말이 반갑고 고마웠지만 우리 형편을 잘 알고 있었기 때문에 선뜻 가게 안으로 들어갈 수가 없었다. 형과 나는 망설이다가 딱 한 그릇만 시켜 셋이서 같이 먹자고 엄마한테 말했다.

한 그릇이라도 우리에게 우동을 먹이고 싶었던 엄마와, 우동 국물 냄새에 마음이 끌린 우리 형제는 가게 안으로 들어섰다.

문 닫을 시간에 들어와 우동 한 그릇밖에 시키지 않는 우리가 귀찮을 텐데도 주인 내외는 친절하고 반갑게 우리를 맞이해 주었다. 주인 내외는 양도 많고 따뜻한 우동을 우리에게 내놓았다.

그런 후 문을 나서는 우리에게 '고맙습니다! 새해엔 복 많이 받으세요!' 하며 큰소리로 말해 주었다. 그 목소리는 마치 우리에게, '지지 마라! 힘내! 살아갈 수 있어!' 라고 말하는 것 같았다.

우리 가족은 그 후 일 년이 지난 작년 섣달 그믐날에도 그 우동 가게를 찾아갔다. 여전히 우리는 형편이 나아지지 않아 우동은 한 그릇밖에 시킬 수가 없었다. 하지만 이 날도 마찬가지로 주인 내외는 친절하고 따뜻하게 우리에게 우동을 대접해 주었다.

'고맙습니다! 새해엔 복 많이 받으세요!' 하는 인사도 여전했다. 그래서 나는 결심했다.

나중에 내가 어른이 되면 힘들어 보이는 손님에게 '힘내세요! 행복하세요!' 하는 말 대신 그 마음을 진심으로 담고 있는 '고맙습니다!' 라고 말해

줄 수 있는 일본 최고의 우동 가게 주인이 되겠다고!"

주방 안에서 귀를 기울이고 있던 주인내외의 모습이 어느새 보이지 않았습니다. 형이 동생의 작문을 읽어 내려가는 사이 두 사람은 그대로 주저앉아 한 장의 수건을 서로 잡아당기며 걷잡을 수 없이 흘러나오는 눈물을 닦고 있었습니다.

시로도는 이야기를 계속했습니다.

"쥰이 사람들 앞에서 이 작문 읽기를 마치자 선생님이 저한테, 어머니를 대신해서 인사를 해 달라고 했어요."

"그래서 너는 어떻게 했니?"

어머니가 호기심 어린 얼굴로 형에게 물었습니다.

"갑자기 요청 받은 일이라서 처음에는 말이 안 나왔어요. 그렇지만 마음을 가다듬고 이렇게 말했어요. 여러분, 항상 쥰과 사이좋게 지내줘서 고맙습니다, 작문에도 씌어 있지만 동생은 매일 저녁 우리 집의 식사 준비를 하고 있었습니다. 그래서 방과 후 여러분들과도 어울리지 못하고 일찍 집으로 돌아가는 겁니다. 그리고 동아리 활동을 하다가도 도중에 돌아와야 하니까 동생은 여러분들한테 몹시 미안해했습니다. 솔직히 저는 동생이 '우동 한 그릇' 이라는 제목으로 작문을 읽기 시작했을 때 부끄럽게 생각했습니다. 그러나 가슴을 펴고 커다란 목소리로 읽고 있는 동생을 보는 사이에, 한 그릇의 우동을 부끄럽게 생각하는 그 마음이 더 부끄러운 것이라고 생각했습니다. 그 때, 한 그릇의 우동을 시켜주신 어머니의 용기를 잊어서는 안 된다고 생각합니다. 우리 형제는 앞으로도 힘을 합쳐 어머니를 보살펴 드릴 것입니다. 여러분, 앞으로도 쥰과 사이좋게 지내 주세요."

시로도의 말이 끝나자 어머니는 두 형제를 대견한 눈으로 바라보았습니다. 세 사람은 어느 때보다도 행복해 보였습니다. 다정하게 서로 손을 잡기도 하고, 무슨 이야기인가 나누며 웃다가 서로의 어깨를 다독여 주기도 하고, 작년까지와는 아주 달라진 즐거운 그믐밤의 광경이었습니다.

올해에도, 우동을 맛있게 먹고 나서 우동 값을 내며

"잘 먹었습니다."라고 머리를 숙이며 나가는 세 사람에게 주인 내외는 일 년을 마무리하는 커다란 목소리로, "고맙습니다! 새해엔 복 많이 받으세요!"라고 큰소리로 인사하며 배웅했습니다.

다시 일 년이 지나 섣달 그믐날이 되자 '북해정'의 주인 내외는 밤 9시가 지나고부터 '예약 석'이란 팻말을 2번 식탁에 올려놓고 세 사람을 기다렸습니다. 그러나 그들은 끝내 나타나지 않았습니다.

다음해에도, 그 다음해에도 2번 식탁을 비워 놓고 기다렸지만 세 사람은 여전히 나타나지 않았습니다.

시간이 갈수록 '북해정'은 장사가 잘 되어, 가게 내부 장식도 멋지게 꾸미고 식탁과 의자도 새로 바꿨지만 2번 식탁만은 그대로 남겨 두었습니다.

단정하고 깨끗하게 놓여있는 식탁들 가운데에서 단 하나 낡은 식탁이 중앙에 놓여 있는 것입니다.

"어째서 이런 게 여기에 있지?"

"낡은 이 식탁은 이 가게에 어울리지 않아."

이렇게 의아스러워하는 손님들에게 주인 내외는

'우동 한 그릇' 의 사연을 이야기해 준 뒤 이렇게 덧붙이는 걸 잊지 않았습니다.

"우리는 이 식탁을 보면서 그 때 그 사람들에게 받았던 감동을 잊지 않으려고 합니다.

그리고 이 식탁은 가끔 손님들에 대한 배려와 따뜻함을 잃어가는 우리 내외에게 자극제가 되고 있습니다. 우리는 어느 날인가 그 세 사람의 손님이 와 주었을 때, 이 식탁에 맞이하고 싶습니다."

이 이야기는 '행복의 식탁' 으로서, 손님들의 입에서 입으로 전해졌습니다. 일부러 멀리에서 찾아와 우동을 먹고 가는 여학생이 있는가 하면, 그 식탁이 비기를 기다렸다가 우동을 먹고 가는 사람들도 있고, 어려운 환경에서 살아가는 가족들이 찾아와 새롭게 결심을 다지고 돌아가기도 하는 등, 그 식탁은 상당한 인기를 불러 일으켰습니다.

그 후 몇 년의 세월이 흘렀습니다. 섣달 그믐날이 되자 북해정에는, 이웃에서 장사를 하고 있는 이웃 사람들이 가게 문을 닫고 모두 모여들었습니다. 그들은 5~6년 전부터 북해정에 모여서 섣달그믐의 풍습인 '해 넘기기 우동' 을 먹은 후 제야의 종소리를 함께 들으면서, 새해를 맞이하는 게 하나의 행사가 되어 있었습니다.

그날 밤도 9시 반이 지나자 생선 가게를 하는 부부가 생선회를 접시에 가득 담아서 들고 오는 것을 시작으로, 주위에서 가게를 하는 30여 명이

술이나 안주를 손에 들고 차례차례 모여들었습니다. 가게 안은 순식간에 와자지껄해졌습니다. 그들 중 몇 명의 사람들이 2번 식탁을 보며 말했습니다.

"오늘도 어김없이 2번 식탁은 비워 두었구먼!"

"이 식탁의 주인공들이 정말 궁금하다고!"

2번 식탁의 유래를 그들도 알고 있었습니다. 말은 하지 않았지만 사람들은 어쩌면 금년에도 빈 채로, 신년을 맞이할지 모른다고 생각하고 있었습니다.

그러나 주인 내외는 '섣달 그믐날 10시 예약 석' 은 비워 둔 채, 다른 식탁에만 사람들을 앉게 했습니다. 2번 식탁에도 앉으면 좀 더 여유가 있으련만 비좁게 다른 자리에 모여 앉아 있으면서도, 사람들은 아무도 불평하지 않았습니다.

가게 안은 우동을 먹는 사람, 술을 마시는 사람, 각자 가져온 요리에 손을 뻗치는 사람, 주방 안에 들어가 음식 만드는 걸 돕고 있는 사람, 냉장고를 열어 뭔가를 꺼내고 있는 사람 등등으로 떠들썩했습니다.

이야기의 내용도 다양했습니다. 바겐세일 이야기 금년 해수욕장에서 겪은 일, 돈 안내고 달아난 손님 이야기, 며칠 전에 손자가 태어났다는 할머니의 이야기 등으로 가게는 와자지껄했습니다.

그런데 10시 30분쯤 되었을 때 문이 드르륵 하고 열렸습니다.

사람들의 시선이 입구로 쏠리며 조용해졌습니다.

코트를 손에 든 신사복 차림의 청년 두 명이 들어왔습니다.

사람들은 자신들과 상관없는 사람이라는 걸 알게 되자, 다시 자신들이 나누던 이야기를 마저 하기 시작했습니다.

가게 안은 다시 시끄러워졌습니다.

"미안해서 어쩌죠? 이렇게 가게가 꽉 차서…… 더 손님을 받기가……"

주인 여자는 난처한 얼굴로 이렇게 말했습니다.

그런데 말이 다 끝나기도 전에 기모노를 입은 부인이 고개를 숙인 채, 앞으로 나오며 두 청년 사이에 섰습니다.

모든 사람들의 시선이 그들에게 쏠렸고 부인이 조용히 입을 열었습니다.

"저…… 우동…… 3인분입니다만…… 괜찮겠죠?"

그 말을 들은 주인 여자의 얼굴이 놀라움으로 변했습니다.

그 순간 10여 년의 세월을 순식간에 밀어젖히고, 오래 전 그 날의 젊은 엄마와 어린 두 아들의 모습이 눈앞의 세 사람과 겹쳐졌습니다.

여주인은 주방 안에서 눈을 크게 뜨고 바라보고 있는 남편에게 방금 들어온 세 사람을 가리키면서 말을 더듬었습니다.

"저…… 저…… 여보!……"

반가움과 놀라움으로 허둥대는 여주인에게 청년 중 한 명이 말했습니다.

"우리는 14년 전 섣달 그믐날 밤 셋이서 1인분의 우동을 주문했던 사람들입니다. 그 때의 한 그릇의 우동에 용기를 얻어 세 사람이 손을 맞잡고 열심히 살아갈 수가 있었습니다.

그 후 우리는 이곳을 떠나 외가가 있는 시가현으로 이사를 했습니다. 저는 금년에 의사 국가고시에 합격하여 대학병원의 소아과 의사로 근무하고 있었습니다. 그리고 내년부터는 이곳에서 멀지 않은 종합병원에서 근무하게 되었습니다. 그 병원에 인사도 하고 아버님 묘에도 들를 겸해서 왔습니다. 그리고 우동 집 주인은 되지 않았습니다만 은행원이 된 동생과 상의해서 지금까지 저희 가족의 인생 중에서 가장 사치스러운 계획을 실행에 옮기기로 했습니다. 그것은 섣달 그믐날 어머니를 모시고 셋이서 이곳 ‘북해정’을 다시 찾아와 3인분의 우동을 시키는 것이었습니다.”

고개를 끄덕이면서 듣고 있던 주인 내외의 눈에서 어느새 뜨거운 눈물이 넘쳐흘렀습니다. 입구에서 가까운 거리의 식탁에 앉아 있던 야채 가게 주인이 처음부터 죽 지켜보고 있다가, 급한 마음에 우동가락을 꿀꺽 하고 삼키며 일어나, 모두에게 들릴 정도로 외쳤습니다.

“여봐요, 주인아주머니! 뭐하고 있어요? 10여 년간 이 날을 위해 준비해 놓고 기다리고 기다린, ‘섣달 그믐날 10시 예약석’ 이잖아요, 어서 안내해요 안내를!”

야채 가게 주인의 말에 비로소 정신을 차린 여주인이, 그제야 세 사람에게 가게 안의 2번 식탁을 가리켰습니다.

“잘 오셨어요.… 자, 어서요.…… 여보! 2번 식탁에 우동 3인분이요!”

주방 안에서 얼굴을 눈물로 적시고 있던 주인아저씨도 정신을 차리고 큰 소리로 외쳤습니다.

“네엣! 우동 3인분!”

그 광경을 지켜보며 가게 안에 모여 있던 사람들이 환성과 함께 박수를 보냈습니다. 가게 밖에는 조금 전까지 흩날리던 눈발도 그치고, ‘북해정’ 이라고 쓰인 천 간판이 바람에 휘날리고 있었습니다.

사실 이 글은 감동적인 글이 있을 때마다 내게 메일을 보내주는 청년에게서 전달받은 이야기이다. '우동 한 그릇'을 읽으면서 모처럼 우동국물보다 더 뜨끈한 것이 마음에 흘러내리는 것을 느꼈다.

나이든 사람이라면 누구나 추억으로 빨려 들어가는 음식이 있을 것이다. 완행열차가 잠깐씩 세워주는 역에서 훌훌 마시던, 김 가루가 동동 떠 있던 우동,

졸업식 날 난생 처음 먹어봤던 손자장면, 반죽을 둘둘 말아 탁탁 내리치면 줄줄줄줄 가는 국수 가락이 되어 뽑히던 신기한 광경,

그 시절 '왈순아지매 라면'은 얼마나 귀하던지…….

라면 한 봉지에 국수를 섞어서 끓여주시면, 입에서 살살 녹던 그 고소한 맛이라니! 김밥을 보면 소풍 전날의 설레임이 떠올라, 나는 지금도 간간 김밥으로 요기를 하곤 한다.

고진감래苦盡甘來라, 어려운 시절이 지나가면 반드시 옛말하며 웃을 날이 오게 마련이다.

힘들고 지쳐있는 이 나라의 가장들을 위해, 졸라맨 허리띠를 움켜쥐고 가족들에게 줄 맛있는 찬거리를 준비하는 주부님들께 그리고 이 학원 저 학원을 옮겨 다니느라 지치고 촐촐해졌을 우리의 아들 딸들에게,

추억의 그 맛! 따끈한 우동 국물을 대접하고 싶었다.

"자! 식기 전에 훌훌, 우리 한 그릇씩 마시고 힘냅시다! 아자! 아자!"

젊은 시절 부모님, 앉아계시는 두 분

어느 마라토너의 이야기

　며칠 전 지인의 권유로 '어느 마라토너의 이야기' 라고 시작되는 동영상을 보게 되었다.

　"이 이야기는 어느 독일인이 자신의 홈피에 올린 사연입니다."라는 자막으로 시작되는 이 동영상은 인천의 어느 중학교에 근무하는 노수신 선생님이 학생들과 함께 토의 학습을 하기 위하여 독일인 슈테판 뮐러 씨의 글을 바탕으로 직접 더빙까지 하며 제작한 것이라 했다.

　독일인의 관점에서 만들어진 이 이야기는 잔잔한 멘트와 자료화면으로 시작된다. 영상을 보는 내내 목젖이 뻐근하도록 울컥한 감동이 있었다. 그 어느 때보다 우리 민족이 하나로 뭉친 힘을 발휘해야하는 위기상황이기에 꽤 여러 시간을 공들여 더빙 내용을 글로 옮겨보았다.

"여러분은 감동적인 이야기를 좋아하십니까? 그렇다면 이 이야기를 잘 이해하기 위해서 우선 지도를 펼치십시오. 그러면 여러분이 아마 알고 계실 중국과 일본 사이에 반도 하나가 놓여있을 것입니다.

바로 그 반도가 한국이라는 이름을 지닌 나라입니다. 이 이야기의 주인 공은 바로 이 조그만 나라의 어떤 마라토너의 이야기입니다. 지도에서 보 듯이 이 나라는 두 강대국 중국과 일본 사이에 끼여 있습니다

그럼에도 놀랍게 이 나라는 지난 이천년 동안 한 번도 자율성을 잃어 본 적이 없습니다. 한국인들은 나라라는 말보다는 민족이란 말을 사용하 기를 더 좋아합니다.

나는 어느 여름날 우연히 본 한 장의 사진 때문에 이 나라, 아니 이 민 족에 얽힌 엄청난 이야기를 접하게 되었습니다.

1936년 히틀러 정권시절 베를린에서는 올림픽이 개최되었습니다. 그 당시에 마라톤 경기에서 두 명의 일본인이 일등과 삼등을 그리고 이등은 영국인이 차지합니다. 하지만 그 시상대에 오른 두 일본인의 그 표정이라 는 것이, 그건 인간이 지을 수 있는 가장 슬픈 표정이었습니다. 정말 불가 사의한 사진이 아닐 수 없었습니다.

왜 두 사람은 그런 슬픈 표정을 지으며 시상대에 올라가 있는 것일까 요? 옛날과 마찬가지로 현재에도 가장 인간적인 종교인 유교의 영향 하 에 있던 이 나라, 아니 이 민족은 죽음을 미화하고 폭력을 사용하기를 좋 아하는 이웃 일본인들을 왜놈 또는 일본 놈이라고 불렀습니다.

그런데 불행하게도 이 자의식 강하고 인간의 존엄성에 큰 가치를 두는 이 민족이 바로 이 왜놈에 의해서 정복을 당합니다.

다시 말하자면 식민지 지배를 받게 되는 것이지요.

그것은 강간이라고 밖에 달리 말할 수 없습니다. 바로 여기서 이 이야기는 시작됩니다. 그 당시 식민지의 대부분의 불행한 젊은이들은 엄청난 고통과 시련 속에서 개인의 꿈을 접고 살아야만 했습니다. 손기정과 남승룡, 이 두 젊은이도 예외는 아니었지요.

그래서 이 두 사람은 그 울분을 마라톤으로 표출할 수밖에 없었던 것입니다. 그리고 이들은 수많은 일본인의 경쟁자들을 물리치고 마침내 올림픽 경기에 참가할 수 있었습니다. 그들은 뛰고 또 뛰었을 것입니다.

그런데 그들은 달리는 동안 무엇을 생각했을까요?

"1위, 손기정! 일본!"

"3위, 또 일본! 남승룡!"

결국 그들은 우승을 해서 시상대에 올랐지만 그들의 가슴에는 태극기가 아닌 일장기의 붉은 원이 붙어 있었습니다. 그리고 그 시상대에도 일본의 국기가 계양되었습니다.

많은 나라의 국기가 혁명과 투쟁과 승리를 상징하거나 황제의 부귀를 의미합니다만 한국의 국기는 우주와 세상에서의 인간의 질서와 조화를 의미합니다.

그런데 그 두 젊은이의 얼굴 표정이라는 것이……. 두 사람은 얼굴을 푹 숙이고 있었습니다. 그들은 자신들의 한없는 부끄러움과 슬픈 얼굴을 아무에게도 보이고 싶지 않았던 것입니다.

그리고 일본의 검열 하에서 이 기사를 실었던 이길용 기자는 신문 사진에서 일장기를 지워버립니다. 그런데 이 행동은 숭고한 정신적인 종교인 유교에 어울리는 독특한 저항방식이 아니겠습니까? 그 후 일본정부는 신문사의 폐간을 결정합니다.

이런 야비하고 무지한 동시에 무식한 억압이 어디 있습니까?

하지만 이야기는 여기서 끝나지 않습니다.

마침내 이 민족은 해방을 맞이하게 됩니다. 그리고 6.25라는 끔찍한 전쟁을 치른 후 이 민족은, 일본인들이 그렇게도 게으르다고 손가락질했던 이 민족은, 한강의 기적으로 스페인이나 포르투칼보다 훨씬 더 부유한 국가를 만들어 냅니다. 그 후 이 나라의 수도 서울에서 올림픽이 개최되었습니다. 52년이 지난 후에 말입니다. 가슴에 태극기조차 달 수 없었던 이 나라, 아니 이 민족이 올림픽을 개최한 것입니다.

그리고 개회식 세리모니에서 성화 주자로 경기장에 들어선 조그만 소녀 마라토너의 손에서 성화를 받아든 사람이 바로, 그 당시 몹시도 슬프고 부끄러웠던 마라톤 우승자 손기정 씨였습니다.

손에 성화를 든 백발이 성성한 이 슬픈 마라토너는 마치 세 살 박이 아이처럼 기뻐하며 달렸습니다. 감독의 지시는 없었지만 이 이야기는 이처럼 기쁘기 그지없는 장면을 연출해내고 있었습니다. 그 당시 모든 한국인들은 이 노인에게, 아니 서로서로에게 그동안 말로 표현할 수 없었던 빚들을 갚을 수 있었던 것입니다.

드라마틱하게도 일본 선수단은 올림픽 경기도중 슬픈 소식을 접해야만 했습니다. 쓰러져 죽어가는 일본 천황에 관한 소식을 말입니다.

한국인의 종교는 인간 뿐 아니라 죽은 조상에도 경의를 표하는 종교입니다. 이 보이지 않는 힘이 역사적인 기적을 일으킨 것입니다.

나는 이 이야기를 여기서 끝내고 싶습니다.

이런 감동적인 이야기는 그대로 계속 보존되어야 하기 때문입니다.

하지만 한국인들은 납득하기 어려운 복수심이나 오기 그리고 거친 폭력과 같은 것이 아닌 놀라운 정신력으로 자신들이 오십년 전에 잃었던 금메달을 되찾았습니다.

서울에서 올림픽이 개최되고 사년 후 바르셀로나 올림픽에서 늙은 손기정과 비슷한 체구를 지닌 황영조라는 한 젊은 마라토너가 몬주익 언덕에서 일본인과 독일 선수를 따돌리고 월계관을 차지합니다.

경기장에서 한국 국기가 게양되었을 때, 황영조 선수는 한국 국기에 경의를 표하며 기쁨의 눈물을 흘렸습니다. 그런 다음 그는 관중석을 향해 달려가 손기정 선수에게 메달을 선물하며 깊은 경의를 표했습니다.

황영조 선수를 껴안은 손기정 선수는 아무 말이 없었습니다.

나는 이 이야기를 접했을 때, 인간에 대한 믿음으로 기쁨을 감출 수가 없었습니다.

한국인들! 아니 한국 민족과 같은 사람들은, 폭력과 거짓과 불화가 아닌 불굴의 의지로 고통을 극복할 수가 있었던 것입니다. 이 이야기는 슬픈 눈물로 시작하여 기쁨의 눈물을 흘리는 행복한 결말로 끝을 맺습니다.

이 한국인들! 아니 이 한민족은 역사상 그 어떤 민족도 그럴 수 없었던 인간의 존엄성을 그리고 국가와 민족으로서의 존엄성을 만방에 떨친 민족이 아닐까요?

도서관에 한 번 가보십시오. 그리고 시상대에 선 두 마라토너의 사진을 보십시오.

그 순간 여러분들은 이 세상에서 가장 행복한 사람이 될 것입니다.”

독일인의 이야기는 이렇게 끝을 맺고 있었다.

황영조 선수와 손기정 선수가 서로서로를 껴안은 채 말없이 눈물을 흘리며 감격하는 모습! 그는 이 모습을 보며 인간에 대한 믿음으로 기쁨을 감출 수가 없었다고 했다.

자신이 가르치는 학생들에게 우리 한 민족으로서의 정체성과 저력에 대한 긍지를 심어주고 싶었던 한 젊은 선생님의 절박한 마음이 내 가슴을 훑어 내리고 있었다.

나 또한 강단에 서서 학생들을 가르치던 교사가 아니던가!

한 사람의 훌륭한 스승은, 한 민족 전체를 위기에서 구해낼 수도 있다.

손기정 선수의 애국심은 그의 평생을 통하여 이미 우리들에게 산 교훈을 주고 있다.

손기정 선수는 자신의 인생을 기고한 글에서, 자신이 마라톤에서, 아니 인생 마라톤에서 우승을 할 수 있게 된 데는 김교신 선생님이라는 훌륭한 스승이 계셨기에 가능했다고 했다.

김교신 선생님을 처음 만난 것은 손기정 선수가 양정중학교에 다니던 시절이었다.

당시 지리를 가르치시던 김교신 선생님이 그의 담임이 되었는데, 그 분은 일제하의 억압 속에서 시들어가는 이 나라의 젊은이들에게 소망과 꿈을 심어주려 애쓰시던 정신적 지주였다.

그가 마라톤을 하게 된 계기도 선생님 덕분이었고, 베를린 올림픽에 참

가할 일본과 조선 전체 대표선수로 뽑히게 된 것도 선생님의 남다른 응원과 지지가 있었기에 가능하였다.

그 때 동경까지 따라나선 김교신 선생님이 달리는 제자를 위하여 자전거를 탄 채로 전 코스를 함께 돌며 격려했었다는 이야기는 너무나 유명하다. 손기정 선수가 스승 김교신 선생님을 회고하며 남긴 글 중 기억나는 일부이다.

"첫 눈에 환히 띄는 미인이 있고 볼수록 아름다운 미인이 있다. 전자의 경우는 곧 물러가 버리지만 후자의 경우는 일생을 함께 도모해도 그 아름다움이 더해 갈 뿐이다. 나는 선생님을 후자의 미인에 비교한다. 선생님은 중처럼 머리를 박박 깎고 언제나 흰 가운을 입으신 차림이었다. 그래서 얼핏 보면 의사도 같고 이발사 같기도 하였지만, 앞에서 말한 미인의 경우처럼 볼수록 의사도 아니고 이발사도 아니고 점점 더 높아 뵈는 그 어떤 분으로 변해가는 분이셨다. 교사에는 지식으로 가르치는 교사가 있고, 덕으로 가르치는 교사가 있다. 지식으로 가르치는 교사에게서는 지식만을 배우지만 덕으로 가르치는 교사에게서는 인생 그 자체를 배운다. 그러므로 후자의 경우는 무얼 배운다기보다 마치 어머니의 젖과도 같이 먹으면 곧 살이 되어 성장하게 된다. 이런 교사야말로 참 교사가 아니겠는가? 선생님은 바로 그런 분이시다."

독일인의 증언처럼 우리는 '나라' 라는 말보다 '민족' 이라는 진한 핏줄로 뭉칠 수 있었기에 기적처럼 다시 일어나 이 나라를 재건하였고, 세계 곳곳에 뿌리를 내리며 한민족의 지경을 넓혀가고 있는 것이다.

한스 큉 *Hans Kung*은 "가장 인간적인 것이 가장 신神적인 것이다."라고 했다.

그렇다 가장 인간적인 것이 가장 신적인 것이라면, 가장 신적인 것은 바로 인간으로서 가장 인간다운 정체성을 찾아 사는 것이다.

하늘과 땅이 맞닿아 있는 것처럼,

하늘과 바다가 맞닿아 있는 것처럼,

우리는 대한민국이라는 핏줄로 연결된 한 몸이요, 한 겨레요 한 민족이다.

지금 우리가 이렇게 대한민국을 연호하며 살 수 있는 것은,

이 땅에 평화를 찾아주기 위하여, 평안한 삶을 포기하고 사셨던 우리의 선진들의 값진 희생이 있었기 때문이다.

어떻게 해야 그분들의 얼, 아름다운 한민족의 혼, 우리의 위대한 정신 문화유산을 후손들에게 고스란히 물려줄 수 있을까!

뛰어라 황수관!
마라톤 영웅 황영조와 함께

닻 !!!

벌어서 남 주기 바쁜 세상

"곡성댁, 그 얘기 들었어요?"

"무슨 얘기요?"

"글쎄, 저 아래 살던 지동할머니가 엊그제 돌아가셨는데, 며느리들이 곡은 안 하고 돌아앉아서 할머니 베갯속을 뜯고 뒤지느라 야단이 났더라잖아"

"아니, 베개를 왜요?"

"지동할머니 자식이 7남맨데 서로 할머니를 안 모시려고 핑계들을 댔다잖아, 큰 며느리는 직장 다닌다, 작은 며느리는 애가 아프다 해가면서……"

"그래서요?"

"늘그막에 돌아갈 때 누울 자리도 없게 되자 할머니가 꾀를 낸 모양이야"

“뭔 꾀를요?”

“내가 죽기 전에 소원이 있는데, 우리 칠남매 어떻게 사나 차례로 돌아보고 세상 뜨고싶다고!”

“저런, 한 자리 지키고 눌러 앉아야 말년에 흉한 꼴을 안보는 건데”

“그 말도 맞는데, 내 얘기 좀 들어봐”

“예, 말씀하세요.”

“할머니가 둘째 아들네 집에 오셨는데 베개를 품에 꼭 끌어안고 오셨더라잖아”

“베개를요?”

“응, 베개를, 셋째네로, 넷째네로, 자식들 집에 옮겨 가실 때마다 베개를 품고 다니시니까, 며느리들이 생각하기를, 우리 시어머니 베갯속에 틀림없이 큰 돈이 있는 모양이다 하고는 서로 노인네를 모셔가려고 했다잖아”

“하! 하! 하! 그래서 돌아가시자 그 야단이 난거로군요!”

“그렇지!”

“그런데 그만, 베갯속에서 큰돈은커녕 메밀껍질만 우수수 쏟아지더라잖아, 깔! 깔! 깔!”

“세상에나! 그 할머니 참말로 꾀가 있네요, 베개 안고 다니며 자식들한테 대접 잘 받고 돌아가셨으니!”

“그러게나 말이야, 참말로 웃다가도 울 일이 아닌가!”

“한 부모 열자식은 키워내도, 열 자식 한 부모는 못 모신다더니……”

“그러게 말이야, 이젠 꼭 남의 이야기도 아니지 뭐……”

감쪽같이 자식들을 속이신 할머니나, 법석을 떤 자식이나, 누가 누구를 탓하랴!

사는 게 점점 각박해진 세상에 대고 삿대질을 하는 수밖에…….

그러면서 할머니들이 시도 때도 없이 날아오는 청첩장에 부고장에 부좃돈 때문에 살 수가 없다고 푸념이시다.

사람냄새가 나는 사연이 그리워지는 세상이다.

훈훈한 마음과 끈적한 정으로 우리를 감동시키는 작가가 있다. 바로 연탄 길의 저자 이철환 씨, 그의 글이 얼마나 좋은지, 짬짬이 참 여러 번도 읽었다.

어려웠던 시절, 처자식을 거느린 가장이었으면서 공부를 하느라 생계를 책임질 수 없었던 때, 나는 사람노릇을 하지 못하고 살았다.

누가 결혼을 해도, 회갑잔치 돌잔치를 해도, 차마 빈손으로 갈 수 없어 눈과 귀를 틀어막고 살 수밖에…….

형편이 좋아진 지금은 그 때의 안타깝던 마음을 생각해 축하할 일이나 위로할 일이 있을 때, 정말 힘껏 맘껏 부조를 하곤 한다.

그런데 언제부턴가 사람들이 하소연을 하기 시작했다. 주말마다 몇 건씩 겹치는 경조사비 때문에 살기가 어렵다는 것이다. 이리 떼어주고 저리 떼어주다 보면 벌어서 남 주기 바쁘다는 것이다.

"하! 하! 하!" 그러고 보니 우리가 좋은 일을 많이 하며 살고 있었던 거네!

사실 우리가 어렸을 때만해도 마을에 경조사가 있으면, 짚으로 엮은 계란 꾸러미를 들고, 집에 있는 찹쌀이나 밀가루를 담아 들고 가, 함께 음식을 장만하며 거들었다. 그에 비해 지금 부조하는 개념은 사뭇 달라지긴 했다. 십시일반 마음을 보태던 본래의 의미를 벗어난 것이다. 농담인지 진담인지, 어떤 이는 참석 못하는 이들을 위해 초대장에 아예 계좌번호를 적어서 보냈더라는 이야기도 들리니…….

"설마?……. 아무리 그렇게까지 했을까?"

이거야 웃어야 할지 울어야 할지 원!

왜 우리는 이렇게 풍요로워진 세상을 살면서, 자꾸만 가난하고 헐벗었던 시절을 그리워 하는 걸까? 그래도 그땐 서로를 생각하는 정이 있었고, 짐을 나눠지려던 마음이 있었기 때문일까!

아쉬움 탓인지 그리움 탓인지,

이철환 씨의 '축의금 만 삼천 원'을 읽으며 구수한 사람냄새가 나서 너무나 좋았다.

원문 그대로 옮겨놓으니 구수한 사람냄새 좀 맡아보시라!

몹시 추운 겨울이었습니다.

내 친구 형주의 생일이었습니다.

생일파티는 밤 11시가 넘어 끝났습니다.

형주와 함께 밤늦은 버스에 탔습니다.

버스에 탄지 30분 쯤 지났을 때 형주가 말했습니다.

"소변이 급해……."

종로 3가에서 내렸습니다.

무작정 큰 건물로 들어갔습니다.

화장실은 3층에 있었습니다.

사방이 어두웠습니다.

화장실 표시도 겨우 보였습니다.

화장실 앞 어두운 복도에 누군가가 웅크리고 앉아 있었습니다.

낡은 목도리를 머리까지 친친감은 여자가

추위에 몸을 떨면서 씀바귀 꽃처럼 앉아 있었습니다.

한겨울인데도 여름 슬리퍼를 신고 있었습니다.

그녀는 외투도 입고 있지 않았습니다.

두 눈을 꼭 감은 그녀는

누더기 같은 외투로 아기를 감싸 안고 있었습니다. 엄마 품에서 아기는
잠들어 있었습니다.

우리가 화장실을 나왔을 때도

아기 엄마는 눈을 꼭 감고 그 자리에 앉아 있었습니다.

형주는 아기 엄마 옆으로 조심조심 걸어갔습니다.

생일 선물로 받은 케이크를

형주는 아기 엄마 옆에 살며시 내려놓았습니다.

케이크 상자 위에 천 원짜리 몇 장도 올려놓았습니다.

아무 말 없이 계단을 내려왔습니다.

계단을 거의 다 내려왔을 때

누군가 급하게 계단을 내려오는 소리가 들렸습니다.

아기 엄마였습니다.

"저……. 이거 두고 가셨는데요."

케이크 상자와 천 원짜리 몇 장을 손에 들고
아기엄마는 선하디 선한 얼굴로 말했습니다.
시간이 잠시 멈췄습니다.
"저희 꺼 아닌데요."
형주는 당황스런 눈빛으로 조심조심 말했습니다.

건물 밖으로 나왔습니다.
거리의 네온사인이 붉은 눈을 치뜨고 나를 노려보고 있었습니다.
겨울바람 한 줄기가 지나갔습니다.
형주는 차비까지 몽땅 털어 아기 엄마에게 주고 왔습니다.
우리는 종로에서 집까지 걸어가야만 했습니다.
네 시간이 넘도록 걸었습니다.
형주는 양말만 달랑 신고 한 겨울 추운 거리를 걸었습니다.
여름 슬리퍼를 신고 추위에 떨고 있는 아기엄마 곁에
형주는 신발까지 벗어두고 왔습니다.

"형주야!……."
목이 메었습니다. 아무 말도 할 수 없었습니다.
형주는 소년처럼 웃으며 말했습니다.

"내…… 발…… 이…… 좀…… 적…… 잖…… 아…… . 하! 하!"

이 아홉 글자를 말하는 것조차도 내 친구 형주에게는 힘겨운 일이었습니다. 말 한 마디를 하려면 형주는 이끼 낀 돌다리를 수도 없이 건너야 했습니다. 말을 할 때 형주의 얼굴은 가장 슬펐습니다.

형주는 뇌성마비로 많이 아팠습니다.

세월은 물고기처럼 빠르게 지나갔습니다.

나는 서른 살이 넘었고 결혼을 했습니다.

결혼식 날이었습니다.

결혼식이 다 끝나도 친구 형주의 얼굴이 보이지 않았습니다.

이럴 리가 없는데……. 정말 이럴 리가 없는데…….

예식장 로비에 서서 형주를 찾았지만 끝끝내 형주는 보이지 않았습니다. 바로 그 때 형주 아내가 토막 숨을 몰아쉬며 예식장 계단을 급히 올라왔습니다.

"고속도로가 너무 막혀서 여덟 시간이 넘게 걸렸어요. 어쩌나 예식이 다 끝나버렸네……."

숨을 몰아쉬는 친구 아내의 이마에는 송골송골 땀방울이 맺혀 있었습니다.

"석민이 아빠는 오늘 못 왔어요. 죄송해요…….

석민이 아빠가 이 편지 전해드리라고 했어요."

친구 아내는 말도 맺기 전에 눈물부터 글썽였습니다.

엄마의 낡은 외투를 덮고 등 뒤의 아기는 곤히 잠들어 있었습니다.

"철환아, 형주다. 나대신 아내가 간다.

가난한 아내의 눈동자에 내 모습도 담아 보낸다.

하루를 벌어 하루를 먹고 사는 리어카 사과장사이기에

이 좋은날, 너와 함께 할 수 없음을 용서해다오.

사과를 팔지 않으면 석민이가 오늘 밤 굶어야 한다.

어제는 아침부터 밤 12시까지 사과를 팔았다.

온 종일 추위와 싸운 돈이 만 삼 천 원이다.

하지만 힘들다는 생각은 들지 않는다.

아지랑이 몽기 몽기 피어오르던 날,

흙속을 뚫고 나오는 푸른 새싹을 바라보며

너와 함께 희망을 노래했던 시절이 내겐 있었으니까.

나 지금, 눈물을 글썽이며 이 글을 쓰고 있지만, 마음만은 기쁘다.

아내 손에 사과 한 봉지 들려 보낸다.

지난밤 노란 백열등 아래서 제일로 예쁜 놈들만 골라냈다.

신혼여행 가서 먹어라.

친구여, 오늘은 너의 날이다.

이 좋은 날 너와 함께할 수 없음을 마음 아파해다오.

나는 항상 너와 함께 있다.

-해남에서 형주가-

편지와 함께 들어있던 만 원짜리 한 장과 천 원짜리 세장…….

뇌성마비로 몸이 불편한 형주가,

거리에 서서 한겨울 추위와 바꾼 돈이었습니다.

나는 웃으며 사과 한 개를 꺼냈습니다.

"형주 이놈, 왜 사과를 보냈대요. 장사는 뭐로 하려고……."

씻지도 않은 사과를 나는 우적우적 씹어댔습니다.

자꾸만 눈물이 나왔습니다.

새신랑이 눈물을 흘리면 안 되는데,

멀리서도 나를 보고 있을 친구 형주가 마음 아파할까봐,

엄마 등 뒤에 잠든 아가가 마음 아파할까봐 나는 꽉 물었습니다.

하지만 참아도 참아도 터져 나오는 울음이었습니다.

사람들 오가는 예식장 로비 한 가운데 서서

어깨를 출렁이며 나는 울었습니다.

형주는 지금 조그만 지방 읍내에서 서점을 하고 있습니다.

열 평도 안 되는 조그만 서점이지만, 가난한 집 아이들이 편히 앉아, 책을 읽을 수 있는 나무 의자가 여덟 개입니다.

그 조그만 서점에서 내 책 저자 사인회를 하자고 했습니다.

버스를 타고 남으로 남으로 여덟 시간을 달렸습니다. 교보문고나 영풍문고에서, 많은 독자들에게 사인을 해줄 때와는 다른 행복이었습니다. 정오부터 밤 9시까지 아홉 시간이나 계속됐습니다. 사인을 받은 사람은 일곱 명이었습니다.

행복한 시간이었다고 친구에게 말해주고 싶었습니다.

하지만 나는 마음으로만 이야기 했습니다.

"형주야, 나도 너처럼 감나무가 되고 싶었어. 살며시 웃으며 담장 너머로 손을 내미는 사랑 많은 감나무가 되고 싶었어……."

오늘은 가까운 친구들에게 사랑하는 사람들에게 여러분이 먼저 전화라도 해주시기 바랍니다. 고단한 삶을 살아가는 친구들에게 힘내라고……. 힘내라고…… 따뜻한 격려라도 해주시기 바랍니다.

가난한 친구를 둔, 가난하기만한 친구의 결혼식, 그리고 가난하고 애틋한 축의금!

"우야꼬! 아기먹일 분유 값을 보내주다니……"

친구를 향한 새신랑 이철환 씨의 그 애틋함이 너무나 절절해서 눈물이 났다. 새신랑이, 그것도 결혼식장 로비에서, 친구가 아내 손에 들려 보낸 사과를 꺼내, 우적우적 씹으며 어깨를 들썩대며 우는 모습이, 눈에 밟혀, 나도 그만 꺽꺽 울고 말았다.

이게 사람 사는 정이고 사람 사는 냄새인데…….

집으로 돌아오는 길,

나는 리어카에서 떨고 있는 형주 닮은 사과를 한 봉지 샀다.

그리고 사과장수 아저씨에게 사과를 내밀었다.

"아저씨! 이 사과 가져가셔서 가족들이랑 맛있게 드세요! 제가 사드리는 거예요."

"박사님!……."

환하게 웃는 사과장수 아저씨를 두고 부지런히 사방을 둘러보며 돌아왔다.

무심코 지나쳤던 사랑하는 내 이웃들,

그들을 가슴에 담아오기 위해…….

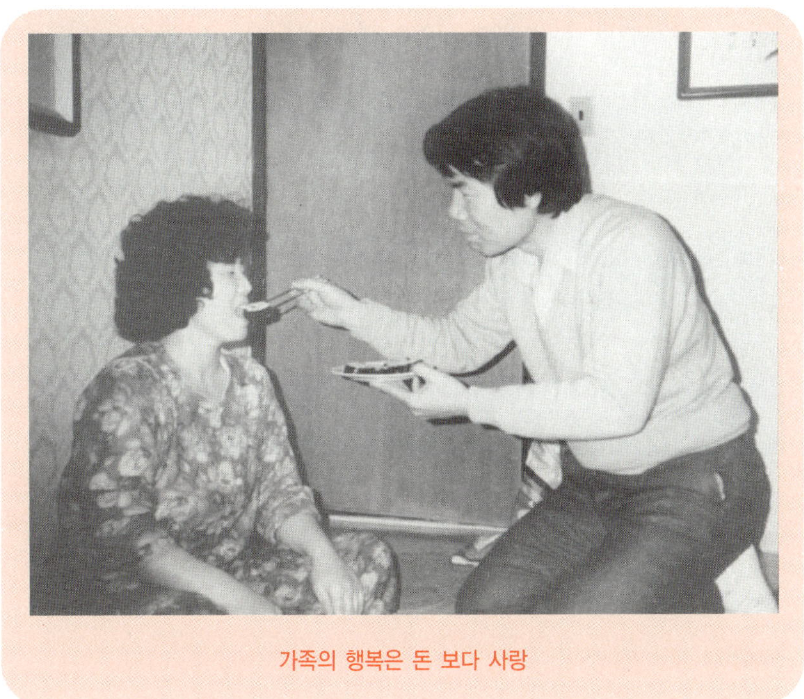

가족의 행복은 돈 보다 사랑

똥 퍼! 우웨~ 변소마다 냄새가 다른 것은
소화기능 때문인가 보다! 하! 하! 하!

함께 가면 되는 것을

참으로 오랜만에 배를 타보았다.

여수에서 시원하게 파도를 가르며 1시간 반 쯤 달려가자 여수시 남면이라는 섬에 도착했다.

남면 중학교에서 주민들을 모아놓고 신바람 건강 강연을 하는데, 그날따라 장대비가 쏟아짐에도 불구하고 얼마나 많은 사람들이 모여 들던지 정말 감사한 마음으로, 섬에 고립된 채 질병에 노출되어 사시는 주민들의 건강생활을 위하여 신바람 나게 강연을 하였다.

강연은 은혜 중에 마쳤는데…….

이 장마 비 때문에 내일 있을 일에 차질이 생기면 어떻게 하나 염려가 내려앉는다.

왜냐면 우리 일행이 여수에 온 목적은 남면에서 30여분 배를 타고 들어가면 수항도라는 섬이 나오는데, 그곳에 홀로 사시는 어려운 독거노인의 집을 고쳐주려고 뜻을 함께한 몇몇 자원봉사자들이 휴가를 내서 동행하였기 때문이다.

무심한 장마 비는 밤이 늦도록 그칠 줄을 모르고 쏟아 붓는다.

또 다시 서울에서 이 먼 거리까지 온다는 것은 쉽지 않은 일이기에, 우리 자원봉사 일행은 모두 기도하는 심정이었다.

"내일 좋은 날씨 주셔야 합니다. 다들 어려운 시간을 내서 왔습니다."

"제발, 내일은 비가 오지 않도록 하늘 문을 닫아 주십시오."

마음이야 간절했지만, 아무래도 쏟아지는 폭우가 금방 걷힐 것을 기대하기는 어려운 지경이었다. 사실 이 장마 중에 풍랑을 뚫고 남면까지 도착한 것만도 기적이라고들 했으니까……

잠자리에 들었지만 새벽 3시경에 잠에서 깼다. 평소에는 단잠을 자는 시간이었다. 먼 길을 이동하여 피곤하였지만 날씨가 걱정이 되어 잠을 설친 모양이다. 나는 벌떡 일어나 창문 밖으로 손을 내밀어보았다.

세상에 이게 웬일인가! 하늘에 구멍이라도 난 것처럼 무섭게 쏟아 붓던 비가 서서히 멈추고 있지 않은가!

나는 너무나 기뻐 자다 말고 감사기도를 드렸다.

내일 노동을 하려면 잠을 좀 자두어야 하겠기에 다시 잠자리에 누웠으나 도무지 잠이 오지 않는다. 기뻐서, 너무나 좋아서 잠을 설치는 게 얼마만인지!

이튿날 아침이 되자 하늘은 꾸물꾸물했지만 비는 확실히 그쳐 있었다.

다행히 파도도 잠잠해져 있었다. 모두들 신이 나서 노래를 부르며 배에 올랐다.

　남면에서 30여분을 달리자 수항도라는 조그마한 섬이 나타났다.

　거기가 바로 우리의 목적지다.

　이 섬에는 집이 두 채가 있는데 모두 쓰러지기 직전이었다고 한다.

　다행히 한 채는 미국 하나로커뮤니티교회와 얼바인 침례교회의 아름다운 손길로 깨끗하게 단장이 되었는데, 남은 한 채가 미처 수리를 못하여 다 허물어져 가고 있다는 소식을 듣고, 우리 봉사단이 자원하여 나섰던 길이다.

　도착해 보니 과연 어떻게 이런 곳에 사람이 살 수 있을까 싶을 정도의 폐가가 보인다. 그곳에 80세 된 곽후방 할머니가 살고 계셨는데, 허리 병이 너무 심하여, 네 발로 기어 다니며 간신히 연명하고 계셨다.

　수도가 들어오지 않아 빗물로 식수를 하고, 전기불이 없어서 등불로 밤을 밝히고 있었다. 너무나 안타까운 상황이었다.

　우리는 연장들을 풀고 집안 곳곳을 고치기 시작했다. 비지땀을 흘리면서 얼마나 열심히 일을 하는지! 정말 모두 신바람이 났다. 간밤의 염려와는 달리 하루 종일 한 방울의 비도 내리지 않았다. 하늘엔 뭉게구름들이 둥실거리며 그늘을 만들어 주고 있었다.

　열심히 일을 하다 보니 할머니가 마루 한 귀퉁이에서 연신 눈물을 훔치고 계시질 않는가!

　"할머니! 왜 울고 계세요?"

　"…… 흑……. 흑 ……. 너무 고맙고 감사해서 그러지라, 시상에나, 여기가 어디라고 이 먼디까정 높으신 양반이 오셔서 걷어 부치고 집을 고쳐 주신다요! ……. 흑……. 흑"

"하! 하! 하! 할머니 울지 마세요. 저는 이렇게라도 할머니를 도울 수 있어서 얼마나 기쁜지 몰라요"

"시상에나, 이렇게 유명하고 바쁘신 양반이 직접 오시다니……."

"할머니 댁엔 전기가 안 들어와서 TV도 못 보실텐데 어떻게 저를 아세요?"

"박사님이야 원체 유명한 분이 아닙디여? 면서기들이 아주 칭찬이 자 자하던디……."

이야기를 들어보니, 황수관 박사와 신바람 봉사단이 할머니 댁을 수리 하러 온다니까, 면에서 직원들이 발전기를 가지고 와서 필자가 강연하는 모습을 보여드리고 간 모양이다.

"할머니! 황수관 박사가 얼마나 유명한지 아세요?"

"나가 어찌 안다요? 세상과 담쌓고 사는 늙은이가……."

"저희들이 이제 황수관 박사님 나오는 장면을 틀어드릴테니께 한번 보 시쇼이!"

"할머니! 이렇게 바쁜 양반이 사실 돕고 싶으면 인편에 돈이나 보내주 면 그만일텐데 직접 온다고 안하요?"

"그 양반이 그렇게 유명한 사람이다요?"

"그러지라 ……. 얼마나 바쁘냐면, 앞으로 5년 치 강연스케줄이 꽉 잡 혀 있다더라니께……."

"시상에 그런 양반이 오신다요?"

"그러니께 참 훌륭한 일 아니요!"

할머니가 고맙다며 옥수수를 삶아 내오신다.

선한 땀을 흘린 뒤의 그 맛이란, 진정 천상의 맛이었다.

"박사님! 실물로 봉께 더 잘 생겼어라⋯⋯.."

"하! 하! 하! 실물이나 화면이나 똑같습니다. 할머니."

"시상에! 이런 아들 낳은 부모는 참말로 오지겄소이!"

그 때의 감격이라니! 이렇게 오지낙도! 이런 곳에 사람이 살까 싶은 곳에 계신 분들까지 나를 알아보시다니! 정말 이름값 얼굴값하기 위해서라도 더 열심히 더 성실하게 살아야 하지 않겠는가!

공사를 마치고 땀에 젖은 몸을 씻고 있는데, 함께 간 봉사단원이 싱글거리며 작은 문패 같은 것을 입구에 박고 있다.

"아니, 그게 뭡니까?"

"하! 하! 이거요? 이거 박사님 아시면 야단치실 것 같은데⋯⋯. 박사님 마음이 너무 귀해서 제가 하나 만들어 왔으니 너무 꾸지람 마십시오."

가까이 가서보니 실없는 일을 했다.

"신바람박사 황수관 장로가 헌금하여 고친 집"

"아니! 이거⋯⋯. 허참! 이거⋯⋯. 안 할일을 하셨습니다 그려⋯⋯."

"분명 우리가 선행할 때는 오른 손이 하는 일을 왼손이 모르게 해야 하는 법인데⋯⋯."

사실 유명세를 타는 처지에 있다 보면, 정말 순수한 마음들이 왜곡될 때도 있다.

그럴 때마다 안타깝기 짝이 없다. 일전에 국민 여동생 문근영 양의 선행을 폄하시켜 네티즌들의 원성을 샀던 일이 있었다. 얼마나 마음고생을 했던지, 순하고 여린 기부천사가 수척해진 모습으로 화면에 비춰질 때, 정말 내일인양 마음이 아팠다.

　그러나 행여 오해를 산다 해서 이일을 멈출 수는 없지 않은가!

　어차피 우리는 함께 기대며 살아야 하는 것을!

　어떤 이는 인생人生을 이렇게 풀이했다.

　사람 인(人)자는 두 사람이 서로 기대고 서 있는 형상을, 날 생(生)은 소 우(牛)자와 한 일(一)자가 합쳐진 것으로, 소가 외나무다리를 건너듯 조심 조심 정도를 걸어가야 하는 것이라고,

　어차피 우리는 함께 가야하는 것을 …….

　돌아오는 배에서 수항도를 바라다보았다. 자연경관이 실로 한 폭의 그림처럼 아름답다. 쪽빛 바다 위에 신록이 우거진 푸른 숲! 거기에 파란 지붕을 이고 서 있는 할머니 댁 위로 둥실둥실 뭉게구름이 걸려 있다.

　아무리 말려도 기어이 부두까지 배웅 나오신 할머니가, 우리가 보이지 않을 때까지 연신 손을 휘저으며 눈가를 훔치신다.

　연로하신 할머니를 혼자 두고 돌아오는 길,　돌아가신 아버님이 간 저리게 그리워지는 것은 왜일까! 좋은 일 했다고 기뻐하시며 껄껄 웃으시는 모습이 생시처럼 눈에 밟힌다.

　"허! 허! 허! 우리 아드님! 참 자알 했습니데이…….."

　"아드님! 좋은 일을 하다보면, 자꾸 좋은 일이 생기는 법입니데이……!"

주는 기쁨이 받는 기쁨보다 큽니다

필자는 몇 년 전 몽골에 다녀왔다.

한국 감리교단에서 세운 후레대학교에서 특강을 하고, 몽골 현지인에게 4차례 강연을 한 후 선교사님의 안내로 '대암 이태준 선생 추모기념공원'과 '연세친선병원'을 방문하면서, 참으로 격세지감을 느꼈다.

우리나라도 사실 불과 100여 년 전만 해도 다른 나라의 원조를 받아 병원을 건립했을 만큼 어려운 나라였는데…….

지금은 이렇게 몽골에 대학교를 세워주고, 병원을 세워주고, 많은 선교사님들을 파송하여 도울 수 있는 나라가 되었으니 얼마나 감사한 일인가!

필자가 몸담고 있는 세브란스병원은 한국의료계의 역사와 함께 지금까지 걸어왔다.

1885년 4월 10일, 미국인 선교의사 알렌 *Allen*에 의하여 우리나라 최초의 서양식 병원인 광혜원이 세워졌고, 곧 제중원으로 이름을 바꾼 후 1894년 갑오개혁 때 제중원의 운영권이 미국 북장로회 선교부로 넘어가면서, 제중원은 미국 선교단체의 후원을 받아 한국 최초의 서양 의학교육기관인 제중원 의학교의 문을 열었다.

에비슨 *Avison* 선교사는 한국의 안타까운 상황을 보다 못해 미국으로 들어가 한국에 병원을 세울 기금을 마련하기 위하여 카네기홀에서 호소하였다.

"여러분! 지금 한국에는 제대로 시설을 갖춘 병원이 단 하나도 없습니다. 그래서 많은 사람들이 아주 간단한 수술이나 약물 치료로 나을 수 있는 병인데도 진료를 받지 못하여 죽어가고 있습니다. 여러분의 관심과 후원이 많은 사람을 살릴 수 있습니다. 여러분의 정성을 모아주십시오!"

에비슨 선교사의 눈물어린 호소에 감동된 한 청년이 선뜻 그 자리에서 당시엔 큰돈인 만 불(한화 천만 원)을 기부하여 병원을 세우게 되었다. 이 때부터 병원의 이름은 제중원 대신 기증자의 이름을 딴 세브란스병원으로 바뀌게 되었다.

지금 비록 세브란스는 가고 없으나, 그 이름은 영원히 남아, 예나 지금이나 질병으로 고생하는 많은 사람들에게 도움을 주고 있으니, 이 얼마나 귀하고 복된 일인가?

당시 지어졌던 병원 건물은 100여 년이 지나 거듭 증축 개축을 하였으나 워낙 낡고 노후 되었고, 시설 또한 구식인데다 병실도 터무니없이 모자라, 설립 100주년을 맞는 2004년에 새 세브란스 병원을 완공하기로 계획하고 의과대 교수들이 모여 회의를 거듭하였다.

"돈은 얼마나 모였습니까?"

"한 푼도 못 모았습니다."

"아니 2천억이나 드는 공사를 시작하는데 한 푼도 없다니……. 왜 못 모았습니까?"

"누가 돈을 내놓아야 모으지요!"

나는 회의 내내 생각에 잠겼다. 시간은 계속가고 뾰족한 수는 없고, 회의를 진행하시는 부총장님이 진땀을 빼고 계셨다.

"그래! 지금 세브란스 같은 청년이 필요해! 아무도 없다면 나라도 해야 안 되겠나! 만약 내가 먼저 2억을 낸다면 나 같은 사람 천명만 있으면 병원이 지어질 것이요, 만약 10억을 낸다면 2백 명만 있어도 될 일이 아닌가!"

생각이 거기에 이르자 더 머뭇거릴 이유가 없었다.

나는 당장 부총장실 문을 두드렸다.

"부총장님! 저부터 2억을 내겠습니다."

"예에! 아니 황교수, 내가 황교수 형편을 다 아는데 그 큰돈을 어떻게 낸단 말이오?"

"이 일에 기폭제가 되도록 1억은 착공 때 내고, 나머지 1억은 2004년 완공 때 내겠습니다. 그리고 10억을 모금하도록 노력해 보겠습니다."

"아니 황교수, 당신은 연세대학교 졸업생도 아닌데, 너무 무리하는 것 아니오?"

"부총장님, 저는 연세대학교의 은혜를 입은 사람입니다. 내일 죽는다 해도 제 퇴직금 2억 500만원이 나올 터이니 2억은 학교에 내고 500만 원만 퇴직금으로 받으면 됩니다.”

내 표정이 사뭇 비장하였던지 부총장님께서 눈물을 글썽이며 내 손을 잡아 흔드신다.

“황교수, 고맙소! 참으로 고맙소!”

“부총장님, 대신 제가 돈을 낼 때까지 이 일을 비밀로 해주십시오. 부탁합니다.”

집으로 돌아온 나는 가족들을 모아놓고 가족회의를 했다.

“여보! 새 세브란스 병원을 짓는데 누군가 먼저 밀알이 되어야 했어요. 그래서 내가 2억을 기증하기로 했소! 당신 허락이 필요해요.”

“어~억? 2억?” 아내는 놀라다 못해 기절하기 직전이다.

“그래요, 2억이요, 우리에게는 큰돈인줄은 알지만…….”

“여보! 돈을 내는 것은 좋은 일이지만 지금 우리 수중에 그만큼 큰돈이 어디 있다고요?”

“그걸 몰라서가 아니라, 사실 연세대학교는 우리 학교이고 세브란스 병원은 우리 집이나 마찬가지 아니오? 그런데 이런 중요한 시기에 모른 척할 수는 없지 않소? 그래서 퇴직금을 모두 바친다는 각오로…….”

“그래, 다른 교수들도 모두 그렇게 내기로 했나요?”

“아니오, 아직은……. 그렇지만 나부터 내면 다른 교수들도 안 내겠나? 연세대학교 졸업생도 아닌 나를 교수로 채용해 준 학교인데, 어려울 때 나부터 보태야지…….”

“좋아요! 그럼 1억만 내세요. 1억도 5천만 원 모아놓고 낸다고 말하세요.”

“미안타! 이미 말을 하고 왔으니 약속을 지켜야지!”

"나도 애들 가르치고 먹고는 살아야할 거 아니에요!"

우리 부부가 이 문제를 놓고 티격태격하는 중에 갑자기 연세대학교에 재학 중이던 아들 녀석이 한마디 한다.

"아빠! 정말 존경해요, 아빠가 너무 너무 자랑스러워요, 아빠 평생에 2억을 다 못 내시면 나머지는 제가 내겠어요."

아들 녀석이 강력하게 발언을 하고 울먹이며 자기 방으로 들어가자 아들의 엄마가 당장 기가 죽을 수밖에…….

"아이고~ 그래, 부전자전父傳子傳이다! 부전자전이야!"

이번에는 아버님을 찾아뵙고 말씀드렸다.

"그래, 다 잘 될 거다. 그러나 너무 서두르지는 말아라!"

"네, 아버님! 잘 알겠습니다."

"그런 귀한 일을 하다니 내 아들이 정말 자랑스럽구나!"

그런데 이게 웬일인가! 다음 날 신문에 대문짝만하게 기사가 났다.

"연세대학교 황수관 교수, 새 세브란스병원 건립에 2억 기증!"

내 방에 찾아온 기자들이 질문 공세를 편다.

"황교수님은 연세대학교 몇 회 졸업생입니까?"

"아니 신문들 안 보십니까? 신문에 초등학교 선생했다고 했잖아요?"

"우리 기자들은 신문 볼 시간이 없습니다."

나는 부총장님이 야속해 당장에 물었다.

"제가 돈을 내기 전에는 알리지 말아달라고 부탁드렸잖습니까……."

"돈보다 황교수의 마음을 알리고 싶었어요. 이런 사람도 있다고 말할 수밖에 없었다니까"

집에 돌아오자 기자들이 집까지 와서 기다리고 있었다.

"어떻게 2억을 내실 겁니까?"

"아파트도 전세이시던데……."

마치 심문을 받는 기분이 아닌가!

"이거 잘 못하면 사기가 되는 것쯤은 아실 테지요?"

이미 내 연구실과 아파트를 돌아보고 다 알아본 모양이었다.

잠실의 13평짜리 아파트에 살다가 건너편의 35평짜리를 분양받아 놓고 완공을 기다리며 전세를 살 때였으니 기자들의 상식으로는 이해가 안 되었던 모양이다.

"네, 잘 알고 있습니다. 연세대학 교수와 세브란스 건강증진센터 부소장의 자리가 저에게는 과분하지요. 그래서 저는 퇴직할 때 받을 2억 500만원 중 500만원만 갖고 나와도 감사한 사람입니다."

그제야 기자들의 눈빛이 부드러워진다.

"황교수님의 뜻이 잘 이루어지시기 바랍니다."

이렇게 모두 마음을 모아 100주년이 되는 2004년에 새로 병원을 건립, 준공하였다. 새로운 병원건물을 완공하고 나자, 병원 측에서 당시 세브란스 병원건립을 위해 헌신하였던 분들을 초청하여 그 높은 뜻을 함께 기리자는 취지에서, 100주년 기념행사를 갖기로 하였다.

"우리 100주년 기념행사에는 처음 병원 건립을 위해 헌신하셨던 분들을 초청하여 그 높은 뜻을 함께 기념했으면 합니다. 먼저 세브란스 씨 소식을 알아보십시오."

"세브란스 씨는 이미 고인이 되셨고 그의 후손들의 소식을 들었습니다. 그러니 이 행사에 세브란스 씨의 후손들을 초청하기로 하십시다."

그 다음에 처음부터 지금까지 100년 동안 꾸준히 세브란스병원을 후원해주신, 북장로교회의 관계자들을 초청하려고 목사님께 전화를 드렸다.

"목사님! 저희가 병원 건물을 새로 지어놓고 100주년을 맞이하여 감사한 분들을 모시고 행사를 하려고 합니다. 부디 참석해 주십시오."

"고맙습니다만, 우리는 갈 자격이 없습니다. 사실 그 돈은 세브란스 家에서 저희 교회를 통하여 지금껏 후원하고 계셨답니다."

세상에, 세브란스 씨가 살아생전 계속 후원하고 돌아가시자, 그 뒤를 이어 세브란스 2세가 계속 보내고, 또 그의 3세가 이어서 후원을 해왔던 것이다. 이런 사실을 병원의 관계자들까지도 까맣게 모르고 있었던 것이다.

처음 세브란스 병원을 짓고 사람들이 세브란스 씨에게 물었다.

"잘 모르는 나라를 위하여 어떻게 그렇게 큰돈을 내게 되었습니까?"

"받는 기쁨보다는 주는 기쁨이 더 크기 때문입니다."

그 후 세브란스 병원에서는 그의 숭고한 정신을 기리는 뜻에서, 몽골의대와 자매 결연을 맺고, 몽골친선병원을 설립하였고 벌써 13년 째 계속 병원에 의료진과 운영비를 지원하고 있다.

그동안 몽골친선병원은 11개 진료과목을 진료하는 종합병원으로서의 위상을 갖추고 연간평균 82,000~85,000명의 환자를 진료하는 수준으로 발전하였으니, 실로 격세지감이 아닌가! 몽골 친선병원 방문을 마치고, 이태준 선생 기념공원을 둘러보면서 감회가 새로웠다.

기념비에 새겨진 내용을 읽어보니 세브란스병원과 몽골과는 참 인연이 깊다는 생각을 하게 되었다. 선생께선 세브란스 의대를 졸업하고 안창호 선생이 만든 '청년학우회'에 가입하여 독립운동을 하던 중 중국 남경으로 망명하였다고 한다.

김규식 선생의 권유로 이곳 후레 *Huree*에 와서 병원을 개설하고 화류병 퇴치에 앞장서며 조국의 해방만을 애타게 기다리다 몽골에 묻히신 대한의 의사요, 애국지사인 이태준 선생의 생애!

"받는 기쁨보다 주는 기쁨이 더 크다."는 세브란스 씨의 숭고한 마음은 이태준 선생의 삶 속에도 면면히 이어지고 있었다.

자신의 전 생애를 주는 기쁨으로 몽골 땅에 바치신 이태준 선생의 값진 희생!

세브란스 씨와 이태준 선생의 생애 속에 흐르는 숭고한 정신은, 선생을 기리기 위하여 추모공원을 조성하고 계속 관리를 해오는 세브란스의 후예들에게도 도도히 흐르고 있었다.

"주는 기쁨이 받는 기쁨보다 큽니다."

평양 과학기술대학교

필자는 2008년 11월 3일자로 연변과학기술대학교 겸임교수로 발령을 받았다. 그동안 해외동포들에 대해 남다른 정을 갖고 지내던 터에다, 특히 중국에 사는 조선족에게는 남다른 애착을 갖고 있었던 데는 그럴만한 이유가 있다.

일제치하 때 우리 아버님께서는 꿈을 가지고 고향을 떠났다. 그분이 나라 잃은 설움과 허기진 배를 움켜쥐고 혈혈단신子子單身 만주로 가셨을 때 만주에는 많은 동포들이 뿌리를 내리기 위해 고생들을 하고 있었다. 아버지는 거기서 우리 동포들과 한족들에게 농사짓는 방법도 가르쳐주고, 가마니 짜는 법도 가르쳐주고, 한국의 문화에 대해서 좋은 소개를 하고 지내셨다고 한다. 그러다 더 큰 꿈과 보다 나은 생활을 위해 일본으로 가는 기차를 타셨다.

그 때 아버님이 그대로 만주에 정착을 하셨다면 나 또한 조선족이 되어 살지 않았겠는가!

감회에 젖어 연변에 도착하니, 눈이 펄펄 내리고 있었다. 거기다 바람은 또 어찌나 거센지 옆 사람 말소리가 잘 안 들릴 정도였다.

"이야! 바람세다. 연변엔 원래 이렇게 바람이 센가요?"

마중 나오신 교수님께 묻자

"신바람 박사님이 오시니까 바람이 신바람이 났나봅니다." 하신다.

연변에는 한족이 23만, 조선족이 24만 명이 살고 있는데 조선족의 인구가 더 많아 조선족 자치구가 되었다. 연변과학기술대학교 겸임교수 발령장을 받고 특강을 하는데 정말 가슴 벅찬 감동이 있다.

"여러분! 지금은 제가 여러분을 해외동포라고 부르고 있습니다만, 사실은 저도 여러분과 같이 조선족으로 살 운명이었습니다."

"……?"

"왜냐면, 우리 아버지가 청년시절 일제치하를 벗어나 꿈을 펼쳐보겠다고 여기 만주에 와서 살았기 때문입니다."

"아아 ~~"

"그 때 만약 아버지가 일본으로 가시지 않았다면 저도 여러분과 같이 이 자리에 앉아 있지 않겠습니까?"

"와아! 짝! 짝! 짝!" 동포들은 동질감으로 환호하고 있었다.

"여러분! 타국살이 얼마나 고단하셨습니까? 힘들수록 건강이 재산입니다. 건강은 건강할 때 지키라는 말이 있습니다. 먼저 일주일에 5번 이상, 하루에 1시간 이상 숨이 조금 차도록 운동을 하십시오. 그리고 항상 마음을 편하고 즐겁게 가지고 살면 우리 몸에서 유익한 아드레날린 NK세포, 엔돌핀이 팍팍 분비되어 건강하게 됩니다. 중국 속담에 '웃음이 없는 얼굴로는 상점 문을 열지 말라' 는 말이 있습니다. 이래 보니 여러분들의 얼굴에는 웃음꽃이 환하게 피었습니다. 모두 돈 많이 버시기 바랍니다."

"와 ~ 아!"

강연을 마치고 과학기술대학교가 세워지기까지의 이야기를 들었다.

이 학교의 설립자이신 김진경 박사님도 필자처럼 그의 선친께서 만주에 건너와 생활을 하셨다고 한다. 우리 동포들이 모진 고생을 하는 것을 보고 안타까워 "아는 것이 힘이다. 문맹을 깨우쳐야 나라의 힘을 기를 수 있다."는 생각으로 연변에 중학교를 세우고 학생들을 가르치셨다고 한다.

그 때 김진경 박사님은 엄마와 함께 서울에 살고 있으면서, 방학 때 한 번씩 아버지를 뵈러 오곤 했는데, 그 때만 해도 베이징까지 비행기를 타고 와서, 베이징서 연변까지 무려 56시간씩 기차를 타고 이동하였다고 했다. 56시간 기차를 타고 수십 번을 오가면서 그는 단단히 다짐했다고 한다.

"내가 힘 있는 사람이 되어 불쌍한 우리 동포들에게 도움을 주며 살자."

그는 열심히 공부하여 영국에 가서 박사 학위를 받고 돌아오게 되었다.

"고생하는 동포들에게 가장 필요한 것이 무엇일까?" 그는 자신과의 약속을 지키기 위해 고민하였다.

"맞다! 교육이다! 아버님의 뒤를 이어 그들이 마음껏 공부할 수 있도록 힘을 써보자!"

김진경 박사님은 백방으로 뛰어 연변에 과학기술대학교를 설립하였고 지금 많은 졸업생을 배출하였다. 거기다 더 감사한 것은 졸업생들이 지금 중국 각 분야의 요직에서 두각을 드러내며 활동하고 있다고 한다.

이에 그치지 않고 김진경 박사님은 평양에도 과학기술대학교를 설립하였단다. 정말 대단한 일 아닌가!

베이징 공항에 도착하니 남희철 교수님이 마중을 나와 계셨다.

"황박사님! 반갑습니다. 총장님께서 직접 마중을 나오셔야 했는데, 지금 중요한 일로 연변에 안 계셔서 제가 모시러 왔습니다."

평소 김진경 박사님을 존경하고 좋아하였기에 그 분을 만난다는 마음에 설레임을 가지고 왔는데, 그분을 직접 만나지 못한다니 너무나 서운하였다.

"아, 그러세요? 어디를 가셨는데요?"

이 말을 하는 순간 전화벨이 울린다.

"여보세요, 황박사님! 이거 마중을 못해드려 정말 죄송합니다."

"총장님! 반갑습니다. 못 나오신 것은 괜찮습니다만, 많이 뵙고 싶었는데, 지금 어디십니까?"

"하! 하! 하! 저는 지금 평양에 있습니다."

"예에? 평양에요?"

"네, 평양과학기술대학교 설립문제로 와 있습니다."

"히야! 평양에 계신 분하고 직접 통화를 하다니, 생전 처음 있는 일입니다. 하! 하! 하!"

"하! 하! 그러세요? 실은 오는 12월 5일에 평양과학기술대학교 개교식이 있습니다."

"저런! 정말 귀한 일을 하셨습니다."

"네, 그래서 드리는 말씀인데 이번 개교식에 황박사님께서 꼭 참석해 주십시오."

"네? 그럼 제가 평양에 가는 겁니까?"

"네, 제가 초청장 보내드리겠습니다."

"어유! 이거 정말 고맙습니다."

평양에 가게 된다니 몇 년 전 있었던 일이 주마등처럼 스쳐지나간다.

어느 날 신문을 보고 있는데, 북한 어린이들이 굶어 죽어가고 있다는 내용과 함께 정말 보기에 처참할 정도로 바짝 마른 아이들의 사진이 실려 있었다.

"세상에! 우리는 너무 먹고 살이 쪄서 다이어트 한다고 야단들인데, 연명할 식량이 없어서 저 어린 것들이 죽어가고 있다니 이게 웬 말인가!"

나는 서재에 들어가 무릎을 꿇고 기도하기 시작하였다.

"하나님, 이 어린 것들이 무슨 죄가 있습니까? 이 아이들을 봐서라도 북한을 불쌍히 여겨 주세요."

사진 속의 아이들이 눈에 밟혀 몇날 며칠 심란하기 짝이 없었다.

"어떻게, 이 아이들을 도울 방법이 없을까?"

"이거야 원······.아무리 돕고 싶어도 북한과는 왕래조차 안 되니, 무슨 좋은 방법이 없단 말인가!"

그러던 중 '새로미'라는 쌀의 광고모델을 하게 되었다. 나는 새로미 쌀 모델료를 북한의 어린이들에게 보내줘야겠다고 마음을 먹고 여기저기 방법을 수소문하고 있었다.

"조부장! 이번 새로미 쌀 광고료는 쌀로 받아 북한 어린이들에게 보내
도록 해봐!"

"박사님, 자꾸 그러시면 우리는 어떻게 살림을 해요?"

"남한에는 굶어죽는 아이들은 없잖아, 우리가 밥을 굶는 지경도 아니고"

백방으로 줄을 대봐도 개인적으로는 보낼 길이 없다는 연락이 왔다.

"그 어린애들이 오늘 아침도 밥을 못 먹고 굶고 있을 텐데……."

휑한 눈으로 기자를 바라보던 아이들의 눈빛이 따라다녀 따신 밥이 넘
어가질 않는다. 그렇게 애를 태우던 어느 날 안기부라고 하면서 전화가
걸려왔다.

"조사할 것이 있습니다. 내일 찾아뵙지요."

'조사? 내가 뭘 잘못했나? 강의 도중 뭘 잘못 말했던가?'

무슨 일인지 영문을 몰라 밤새 뒤척이다 아침 일찍 연구실에 나가보니
안기부 직원이 벌써 와서 기다리고 있었다.

"북한에 누구 친한 사람 없습니까?"

"글쎄요……. 갑자기 아무도 생각나지 않는데요."

"북한과 관련되는 일이라면 좋은 일이든지 나쁜 일이든지 다 얘기해 보
세요."

"글쎄요……. 특별한 사람도, 특별한 관계도 없는데요, 과거 일입니까?
현재 일입니까?"

"언제가 되었든 상관없어요."

"음……. 아! 얼마 전에 신문에서 북한의 굶어죽어 가는 아이들의 사진
을 보고 쌀을 보내고 싶어 비서에게 알아보라고 시켰는데 그 일이 잘 안

된다고 하더니……. 혹시?"

그러자 안기부 직원이 갑자기 벌떡 일어나, 인사를 한다.

"박사님! 존경합니다. 그러셨군요. 사실 우리 직원들도 모두 박사님을 좋아합니다." 하는 게 아닌가! 얼마 후 이번에는 청와대에서 전화가 왔다.

"대통령께서 황박사님 때문에 감동 받고 계십니다."

"에……. 그게 그렇게 되었나요……."

"대통령께서 지시하셨습니다. 황박사님의 뜻을 북한에 전하라고요."

"그……. 그거 벌써 처리됐는데요."

사실 그 때까지만 해도 나는 김대중 대통령과 직접 만난 일이 없었고, 아직 햇볕정책을 펴기 전의 일이기도 했다.

계속 수소문을 하다가 당시 연세대학교 의과대학에 함께 있던 미국인 인요한 교수가 북한 어린이들을 위해 해마다 서너 차례씩 결핵 의약품을 보낸다는 소식을 듣고 부랴부랴 그 편에 보내고 난 뒤였다.

그런 해프닝이 있고난 몇 년 후의 일이다.

남원에 강연을 가기위해 비행기를 탔는데 바로 옆자리에 앉은 분이 나를 보고 반색을 한다.

"황박사님! 정말 반갑습니다. 인요한 교수를 기억하십니까?"

"인요한 교수님요? 물론 잘 알지요. 그 분 한국말도 잘하고 좋은 일도 많이 하는 분이지요."

"실은 바로 얼마 전 서강대학에서 열리는 '최고 경영자 과정'에서 인교수님의 강의를 듣게 되었는데, 그분께서 강의 도중에 황박사님 말씀을 하시더라고요."

“그러셨어요?”

“네, 황박사님이 국회의원 떨어지신 걸 유감스러워 하시던 걸요.”

“그야…… . 뭐…… .”

“인교수님이 그러시더라고요. ‘여러분, 황수관 박사 아시지요? 그 분이 국회의원 떨어진 것도 아시지요? 저는 사실 마포를 좋아했고 마포 주민들을 좋아했는데 이제 나는 마포가 싫어졌어요. 여러분도 아시잖아요, 그 분이 좋은 일 많이 하시는 거…… . 실은 얼마 전에도 황박사님이 제게 북한 어린이들을 위해 써달라고 돈을 보내주셔서 X-Ray 찍는 시설이 되어 있는 렌트겐 차를 샀어요. 북한에는 병원이 없는 곳이 많아요. 저는 이 차를 가지고 병원이 없는 곳의 북한 어린이들을 위해 사용하고 있어요. 황박사님은 돈을 보내주면서도 생색도 안내고 비서를 통해 보내왔지 뭐에요. 저는 그 돈을 받고 막 울었어요. 나는 누가 뭐래도 황박사님이 좋아요. 사실 이런 분이 정치를 해야 정치판도 바뀔 텐데…… .’ 그러셨어요.”

“뭐 그렇게까지…… 당신은 귀한 일을 더 많이 하시면서…… .”

“박사님, 그날 우리는 인요한 교수가 보여주는 비디오를 보면서 얼마나 울었는지 모릅니다. 결핵에 걸린 채 치료도 제대로 받지 못하고 죽어가는 아이들을 보면서 다들 울었지요. 황박사님! 다음번에 나가실 때는 저도 적극 밀어드리겠습니다.”

마포에 살고 계시다는 그 분의 말씀에 계면쩍게 웃었던 기억이 난다.

그런데 이제 평양에도 과학기술대학교가 생기다니…… .

모쪼록 이 학교가 졸업생을 많이 배출하여 북한 동포들의 삶에 큰 도움이 되기를 빈다.

적어도 그들이 끼니만 굶지 않게 되어도 한시름 놓으련만……. 김진경 박사님처럼 훌륭한 분이 계시다는 사실이 자랑스럽고 뿌듯하다.

정말 우리 민족의 역사에 길이 남을 귀한 분이 아닌가!

그나저나…….

'초청장을 보내주신다고? 평양이라……!'

'근데 어디서 뭘 타고 가야 하나!'

젊은이들이여! 청춘의 꿈을 이루세요.

3부

딱 하루만
주어진 것처럼

도전하는 자만이 웃을 수 있습니다.
꿈은 크게! 목표는 분명하게! 그리고 최선을 다하십시오!
안강중·고등학교 모교 방문

말 한 마디가 인생을 바꾼다

어느 날 교회에서 집회를 마치고 내려와 성도들과 인사를 하고 있는데, 웬 아저씨가 다가와 90도로 절을 한다.

"황박사님, 정말 고맙습니다. 박사님 덕분에 저희 아들이 서울대학교에 합격을 하였습니다."

"네? 제 덕에 서울대학교에 합격을 하였다니요? 그게 무슨 말씀이시지요?"

이야기를 들어보니 5년 전, 그 남자분의 교회로 필자가 간증집회를 나갔을 때였다. 그분에게는 중학교 다니는 아들이 하나 있었는데, 그만 엄마가 병으로 세상을 떠나게 되었다. 한창 예민한 사춘기에 엄마를 여읜 충격을 이기지 못해선지 착하고 성실하던 아이가, 도무지 마음을 못 잡고, 공부도 안하고 학교도 슬슬 빼먹고 방황을 하여 아빠가 애를 태우고 있었다고 한다.

야단도 쳐보고, 달래도 보았으나 소용이 없어 고민하고 있을 때, 마침 필자가 자기 교회에 간증을 하러 온다는 소식을 듣고, 반 협박하여 아들과 함께 집회에 참석했다고 했다.

그 날 필자는 가난하고 어려운 여건 속에서 굴하지 않고 노력하여 농고 출신 촌놈이 오늘날 연세대학교 교수가 될 수 있었다고 간증을 하였는데, 이 아이가 감동을 받았던 모양이다. 강연을 마치고 필자는 교회 로비에 앉아 사인을 해주고 있었는데, 이 아이도 사인을 받으려고 줄을 섰던 모양이다.

그 때 필자가 일어나 "큰 꿈을 가져라! 연세대학교 교수 황수관" 이라고 사인을 해주며 이 아이를 꼭 안아주었던 모양이다. 이 녀석이 얼마나 좋았던지 사인용지를 코팅을 해서 책상머리에 붙여놓고는 그 때부터 마음을 잡고 공부를 하더니 급기야 서울대학교에 합격을 했다는 것이다.

"박사님 말씀 한마디에 이 아이의 인생이 바뀌었습니다."

라며 필자에게 거듭 거듭 인사를 하는데, 어찌나 기특하고 대견하던지 그만 내가 감동이 되어

"축하한다, 열심히 공부해라 내가 등록금 대줄게"했더니

"박사님, 제가요 서울대학교에 장학생으로 붙었어요."하는 게 아닌가!

나는 속으로 "그거 잘되었다." 싶었는데,

"장학생은 장학생인데 반톱 장학생이에요." 하는 게 아닌가! "하! 하! 하!"

"그래, 그럼 그 학비 반을 내가 내줄게" 하니 좋아서 어쩔 줄을 모른다.

말 한마디의 위력이 얼마나 큰가를 절감하는 순간이었다.

아이를 품어 안고 정말 간절히 기도해주었더니, 이 아이가 막 흐느껴

우는 게 아닌가!

"박사님, 박사님이 이렇게 안아주고 기도해주셔서 감사해요."

"저도 박사님처럼 꼭 훌륭한 사람이 될 거에요."

나도 참 대견한 생각이 들어

"그래 참 장하다, 너 열심히 공부해서 서울대학교 교수가 되어 볼래?"
했더니 "네" 하고 시원시원 대답하는 게 아닌가!

그러고 몇 년 후에 그 아이에게서 소식이 왔는데, 세상에 이게 웬일인가!

"박사님! 제가 이번에 졸업우수상을 타고 졸업을 합니다."

라는 게 아닌가!

"저런! 아주 잘했다. 정말 장하다."

축하를 해주고 그 애는 군에 입대를 하였는데, 그 뒤로 다시 연락이 와서 필자에게 묻는다.

"박사님! 미국의 대학교에서 서로 저를 데려가겠다고 연락이 오는데, 예일대학교가 좋아요? 일리노이 대학교가 좋아요?"

"어! 예일? 일리노이? 글쎄…. 나도 안 가봐서 잘 모르겠는데 하! 하! 하!"

얼마 후 아이는 좋은 조건으로 일리노이 대학교에서 물리학을 전공하며 박사과정을 밟기로 했다고 연락해 왔다.

여러분도 아시겠지만, 일리노이대학은 노벨상 수상자를 무려 13명이나 배출한 명문 중의 명문이 아니던가!

"저……. 그런데요 박사님! 컴퓨터가 필요한데 좀 사주셔요." 하고 부탁을 해온다

"컴퓨터? 그래 내가 사주마."

나는 기꺼이 100만원을 보내주었다. 그 아이를 생각하면 너무나 자랑스럽다. 그 아이 이름이 바로 박성진이다.

컴퓨터를 사라고 돈을 보내주면서, 정말 그 돈이 아깝지 않았다.

왜냐면? "하! 하! 하!" 그 아이가 졸업하고 취직하면 빈손으로 안 올 것이기 때문이다. 첫 월급 타서 고마운 분께 빨간 내복을 사드리면 오래오래 건강하게 산다던데…….

"우리 성진이가 넥타이를 사오려나? 빨간 내복을 사오려나?"
"성진아! 내는 빨간 색깔 내복은 절대 안 입는데이 하! 하! 하!"

언어의 위력

'입술의 30초가, 가슴에 30년이 된다.' 는 말이 있다.

어쩌면 인간의 운명은 말에 의해 만들어진다고 해도 과언이 아닐 것이다. 말은 살아 움직이는 생명 에너지로서 행동을 유발하는 힘이 있는데, 우리가 뱉은 말은 바로 뇌에 전달되고, 뇌에 박힌 말은 즉시 척추를 지배하고, 척추는 행동을 지시하여 결국 사람은 자신이 뱉은 말대로 행동하게 된다.

아메리카 인디언 금언에, "당신이 생각하고 있는 것을 만 번 이상 반복하면, 당신은 그런 사람이 되어간다."는 말이 있다. 자신의 생각을 말로서 스스로에게 각인시키는 효과를 말한다. 우리는 흔히 유명한 말, 감각적인 언어를 "아무개의 어록"이라는 표현으로 입에 올린다. 일례로 전설적인 복싱선수 무하마드 알리의 어록은 말이 주는 각인효과의 대명사처럼 회자된다.

"나비처럼 날아서 벌같이 쏘겠다."

"소련 탱크처럼 밀고 가서, 프랑스 미꾸라지처럼 빠져 나오겠다."

실제 그는 자신이 선포한 말처럼 승리하곤 했는데, 이에 대해 훗날 그는 이렇게 회고한다.

"나의 승리의 절반은 주먹에 있었지만, 나머지 절반은 말에 있었다."

꼴지가 진짜 1등이 된 사연

위기를 모면하기 위하여 순간 기지를 발휘하여 거짓말을 했다가 진짜로 자신이 한 말처럼 된 사람이 있다. 그는 바로 경북대 총장을 지내신 박차석 총장이다.

모 대학 총장은 어릴 때 공부보다는 노는데 더 관심이 많았던 개구쟁이 소년이었던 모양이다. 그의 부모님은 유난히 향학열이 높으셔서 중학교 1학년 때 어린 아들을 떼어 대구시내로 유학을 보내주셨다고 하는데, 까까머리 차석이는 유학까지 왔음에도 공부는 뒷전이었던 모양이다.

한 학기를 마치고 방학이 되어 집에 돌아가게 되었는데, 이를 어쩌면 좋은가! 노는데 정신이 팔려, 그만 반 전체 68명 중에 68등을 했지 뭔가! 아들이 잘되기를 바라시는 부모님께서 어려운 중에 대구까지 유학을 보내주셨는데, 그만 꼴찌를 했으니, 어린 마음에도 차마 성적표를 그대로 가져다 드릴 수가 없었던 모양이다.

꾀를 내어 성적표에 적힌 '68등'을 지우고 '1등'으로 고쳤다. 시치미를 떼고 부모님께 성적표를 보여드렸더니, 아버지가 "우리 아들이 1등을 했다.” 고 동네방네 자랑을 하고 다니시는 게 아닌가! 동네 어른들은 “장하다 부럽다 한턱내라”며 축하를 해주셨고 아버지는 진짜로 돼지를 잡아 동네잔치를 벌이셨단다. 아무리 어린 소견이지만 양심에 가책이 되어 다음 학기 때는 정말 열심히 공부하여 진짜 1등을 하게 되었다나!

그런데 진짜 1등을 한 후에 알고 보니, 아버지는 자신이 꼴찌한 성적표를 고쳐가지고 왔다는 사실을 이미 알고 계시면서도 그렇게 잔치를 베푸셨다는 게 아닌가!

그는 후일 자신을 믿어주고 잔치를 열어주셨던 아버지께 미안해서라도 더 열심히 공부를 하게 되었다고 한다.

“당신은 살면서 지금까지 운이 좋았다고 생각합니까?”

일본 마쓰시다 전기의 창업자 마쓰시다 고노스케松下幸之助는 신입사원을 뽑을 때 반드시 이런 질문을 한다고 한다.

“당신은 살면서 지금까지 운이 좋았다고 생각합니까?”

그는 이 답변에 “네, 저는 지금까지 운이 좋았습니다.”라고 대답하는 사람을 뽑았다고 한다.

사람들이 마쓰시다 고노스케 씨에게

“당신은 왜 운을 중요하게 생각합니까?” 라고 묻자

“그 이유는 ‘나는 운이 좋습니다.’ 라고 대답하는 사람의 심층의식 속에는 ‘내 힘만으로 된 것이 아니라는 감사하는 마음’ 이 구축되어 있어서 항상 주변에 대한 감사하는 마음이 있다고 생각해서입니다.” 라고 대답했다.

실제로 면접 때 "나는 운이 좋았습니다."라고 대답한 사원들이 과장으로 승진 될 무렵에는 뛰어난 업무능력을 발휘하여 마쓰시다 전기회사가 황금기를 맞이하였다고 한다.

우리는 흔히 '운' 이라는 단어를 어떤 숙명적인 힘쯤으로 생각하지만, '운' 이라는 말은 우리에게 자기를 도와주는 어떤 분들에 대한 감사와 신뢰가 포함된 의미라고 할 수 있다.

스스로 "운이 좋다."라고 생각하는 그 사람의 마음에는 언제나 자신의 노력 위에, 자신을 도와주는 사람들에 대한 감사와 신뢰가 있기에, '잘 될 것이다.' 라는 믿음을 가지고 더더욱 자신 있게 일을 할 수 있는 것이다.

필자는 이러한 말의 자기 암시적인 효과를 믿는다. 필자 또한 아침마다 샤워를 할 때 거울에 비친 나를 향해 벌거벗고 인사를 한다.

"황수관 박사님, 안녕히 주무셨습니까? 오늘도 좋은 일이 많이 있을 겁니다."

"황수관 박사님, 정말 대단하십니다. 우리 오늘도 잘 해봅시다. 아자! 아자!"

물론 처음에는 기가차서 웃었고, 다음엔 같잖아서 웃었지만, 이렇게 매일 반복하면서 실제로 자신감을 가지고 활력 있게 하루를 시작하게 되었다.

사람은 자기가 가진 신념대로 만들어진다. 특히 자신이 하는 일에 대한 자부심과 긍지 그리고 확신을 가지고 박차를 가하게 되면 자기가 바라본 만큼의 효과를 보게 된다.

개그우먼 김미화 씨는 자기가 죽거든 묘비에 이런 말을 새겨 달라고 했다.

"웃기고 자빠졌다."

개그우먼으로서 평생을 웃기다가, 죽어서도 웃기고 싶은 일념, 이런 정신이면 무엇인들 못해내랴!

언어의 위력은 실로 대단하다.

실제로 미국에서는 자기의 직업을 나타내는 호칭 하나를 바꿈으로서 놀라운 효과를 본 사실이 보도된 바 있다.

수년 전 미국의 트럭 서비스 회사에서 있었던 일이다. 그 회사의 고위간부들은 운송계약의 60%가 잘못되어 있는 바람에 매년 25만 달러에 달하는 손실을 보고 있다는 사실을 알게 되었다. 이 회사는 그 이유를 밝혀내기 위해 에드워드 데밍 *Edwards Deming* 박사를 고용했다.

집중적인 연구 끝에, 이 실수들의 56%는 회사 일꾼들이 컨테이너를 제대로 식별하지 않았기 때문이라는 것을 알아냈다. 데밍 박사의 조언에 따라 간부들은 회사 전반에 걸쳐 질적 개선을 실행하기로 했고, 그 최선책은 일꾼들이 자신에 대해 생각하는 방식을 바꾸는 것이라는 결론을 내렸다. 그래서 그들을 '일꾼'이나 '트럭 운전사' 대신에 그들 스스로를 '장인 匠人'이라고 부르게 했다.

처음에는 모두들 그 이름이 이상하다고 생각했다. 직업에 대한 호칭 하나를 바꾼다고 해서 무엇이 달라지겠는가? 사실상 아무것도 바뀐 것이 없지 않은가? 그러나 얼마 지나지 않아 변화가 일기 시작했다. 그 말을 일상적으로 사용한 결과 일꾼들은 자신을 '장인'이라고 생각하기 시작했고, 한 달도 되지 않아 PIE사의 56%에 달하던 배송 관련 실수는 10%로 줄어들었다. 결국 연간 25만 달러에 달하는 비용절감효과를 얻게 되었다고 한다.

말 한마디, 호칭 하나, 격려의 마음이 세상을 바꾸는 위력을 생각할 때, 그야말로 나오는 대로 지껄이는 일은 절대 삼가야 할 일이 아니겠는가!

말은 그 사람의 마음을 드러낸다. 거칠고 경솔한 말을 하는 사람의 마음은 거칠고 경망하다. 유순하고 부드러운 말을 하는 사람은 그 마음이 온유하다. 평소에 거친 말과 생각나는 대로 내뱉는 사람은, 자신이 뱉는 말로 인해 자신의 운명을 망칠 수도 있다.

말은 곧 인격이다. 옛 성현의 말씀대로 삼사일언三思一言 '세 번 생각한 다음에 한 번만 말하는' 신중한 습관을 기르도록 하자.

탈무드에는 말이 주는 상처에 대해 이렇게 말한다.

"남을 비방하는 것은 살인보다 위험한 일이다. 살인은 한 사람밖에 죽이지 않지만, 비방은 세 사람을 죽인다고 한다. 즉 비방하는 자기 자신, 듣는 사람, 비방당하는 사람"

가까울수록, 친밀할수록 더 예의를 갖추어 말해야 한다. 부부사이에 있었던 사소한 다툼도 알고 보면 신경 거슬리는 상대방의 말 한 마디 때문이 아니던가!

복을 빌어주는 덕담, 격려해 주는 힘 있는 말, 용기를 북돋워 주는 칭찬의 말, 다독다독 보듬어주는 위로의 말로 우리 서로 행복해지자.

심각한 말더듬이에서 세계 최고의 기업가가 된 사람, 어머니의 격려 한 마디로 심각한 말더듬이에서 세계 최고의 기업가가 된 사람이 있다. 바로 세계적인 그룹인 미국 전기 기기 제조회사인 GE *General Electric*의 최고 경영자를 지낸 잭 웰치*Jack Welch* 이다. 그는 어려서 말을 심하게 더듬었다. 너무 심하게 말을 더듬어 친구들은 그를 '말더듬쟁이'라고 놀렸다. 말을 더듬기 때문에 책 읽는 것조차 싫어하는 소년에게 엄마가 말했다.

"네가 말을 더듬는 이유는, 생각의 속도가 너무 빨라서 그래, 생각의 속도가 너무 빠르기 때문에 입이 그 속도를 따라 주지 못해서 말을 더듬는 거야."

엄마의 격려에 힘을 얻은 소년은 친구들의 놀림에 더 이상 부끄러워하지 않았다. 오히려 생각의 속도만큼 말의 속도도 빨리 해야겠다고 다짐했다. 소년은 시간이 날 때마다 엄마와 책 읽기를 하였고, 꽃에 물을 주거나 강아지에게 먹이를 줄 때도 반갑게 인사를 하고, 오늘은 날씨가 어떻고 기분은 어떻다는 등 이야기를 나누었다. 이처럼 엄마의 칭찬과 격려를 먹고 자란 소년은 엄마 말대로 정말 큰 인물이 되었다. 대기업의 최고 경영자가 된 것이다.

물론 지금은 생각의 속도만큼 입의 속도도 빨라졌다. 더 이상 말더듬이가 아닌 것이다. 오히려 지금은 세계 각국을 돌며 미래 경영에 대하여 강의를 하는 명강사가 되었다.

존 맥스웰 *John Maxwell*은 "자신을 격려하는 길은 다른 사람을 격려하는 것이다"라고 말했다.

즉, 다른 사람을 격려하는 것은, 자신과 상대방을 모두 격려하는 것이고, 이러한 격려는 모두를 변화시킨다는 것이다. 칭찬 한마디, 따뜻한 마음을 담은 격려 한 마디, 끝까지 믿어주는 신뢰가 담긴 위로, 이러한 말의 위력은 그게 남을 향해서이든, 자기 자신을 향해서이건 놀라운 변화를 가져다준다.

유태 속담처럼 귀로 무엇을 듣고 눈으로 무엇을 보느냐는 자기 의지대로 되지 않는다. 그러나 입은 자기 뜻대로 할 수 있다.

자 여러분이여! 말! 말! 말! 말 한마디로 천 냥 빚을 갚자.

"이 일은 잘 될 수밖에 없습니다."

"나는 당신을 믿습니다."

"당신이 이렇게 해 낼 거란 걸, 우리는 처음부터 믿고 있었습니다."

평생 고향 경주를 지키며 후학양성에 힘쓰신 김상환 선생님은
초 · 중 · 고 12년 가르침을 주신 은사님이시다.

야간, 야간, 야간대학원을 다녀 박사가 되었어요.

절대 포기하지 마라!

어느 날 모르는 이에게서 편지와 함께 호주 행 왕복항공권이 날아왔다.

생명의 은인이신 황수관 박사님!

저는 파리 크라상 신규사업팀에 근무하고 있습니다.

박사님께서 저희 회사에 강연을 오셨을 때 과장급 이상 강의라 저는 직접 참석 못하고, 문밖에서 박사님의 목소리를 듣고 있었습니다.

이렇게 제가 박사님께 편지를 쓰는 까닭은 박사님이 제 생명의 은인이기 때문입니다.

저는 1999년 5월에 호주에서 유학중에 여자 친구가 딴 남자와 결혼한다는 소리를 듣고 왕복비행기 티켓만 달랑 들고 귀국해서 한 달음에 문제를 해결하고 다시 호주로 돌아가려고 했습니다. 그러나 일이 순조롭지 못해서 아직까지 비행기 표를 항상 몸에 지니고 다닙니다.

그러던 중, 하루는 사는 것이 너무나 힘들어서 죽을 각오로 밤새 소주 5병을 마시고 만취상태로 운전을 하여 부산에 갔습니다. 하지만 가는 도중 제 앞에서 차사고가 나서 사람들이 죽는 것을 보고, 교통사고로 죽는 것은 너무 무섭다는 생각이 들었습니다.

그래서 음독자살을 하려고 부산 시내의 한 여관에 들어갔다가, 거기서 우연히 박사님의 TV강연 중에서 "절대 포기하지 말라!" 는 말씀을 듣고, 제 잘못을 크게 뉘우쳐 지금껏 열심히 새 인생을 살고 있습니다.

이 편지 속에 호주 왕복비행기티켓을 동봉합니다.

박사님 편하신 시간에 여행이나 하십사 하고요.

다시 한 번 제 생명을 구해 주심에 진심으로 감사드립니다.

절대 포기하지 말라!

이 편지를 읽는 순간 내 몸에 전율이 지나갔다. 그 날 나는 한 점의 그림을 보고 그 감동을 전하였던 것이다.

그 무렵 나는 묘한 그림 한 점을 보게 되었다. 처음엔 "저게 뭐지?" 하는 생각으로 스쳐 보냈는데, 느낌이 이상하여 뜯어보고 또 뜯어보게 되었다.그림 속에서는 황새 한 마리가 개구리를 머리통부터 삼키고 있었다.

"뭐, 황새가 개구리를 잡아먹고 있구만…….."

그런데 그림 속에 뭔가 이상한 점이 있었다. 황새에게 머리통을 삼켜버린 개구리, 그런데 그 개구리의 앞다리가 황새의 주둥이 밖에 걸린 채, 황새의 목을 조르고 있는 장면이 그려져 있었다.

자세히 뜯어보니 목이 졸린 황새는 개구리를 삼킬 수도 뱉을 수도 없는 상태에서 숨이 막혀 눈을 부릅뜨고 죽어가고 있는 게 아닌가!

"세상에, 머리통이 삼켜진 상태에서도 포기하지 않고 황새의 목을 조르고 있다니!"

그리고 그림 옆에는 이런 문구가 쓰여 있었다.

"Never give up!"

"절대 포기하지 말라!"

나는 한동안 이 그림에서 눈을 뗄 수가 없었다.

"Never give up!" 이는 그 유명한 정치가 처칠경의 연설이 아닌가!

처칠경 *Churchill*은 어려서 아주 심한 말더듬이였다고 한다. 그로인해 그는 매우 소극적이었고 성적도 부진하여 옥스퍼드 대학교에 낙방하고 말았다. 그런 그가 장애를 극복하고 훗날 자신이 고배를 마셨던 바로 그 대학에 유명인사가 되어 초청 연설을 하게 되었다. 그 자리에서 처칠경이 똑같은 문장을 일곱 번 반복하여 외치고 내려왔을 때 온 회중이 기립하여 우레와 같은 박수를 보냈다고 한다.

"Never give up!" "절대 포기하지 말라!"

"Never give up!" "절대 포기하지 말라!"

"Never give up!" "절대 포기하지 말라!"

"Never give up!" "절대 포기하지 말라!"

"Never give up!" "절대 포기하지 말라!"

"Never give up!" "절대 포기하지 말라!"

"Never give up!" "절대 포기하지 말라!"

그 또한 자신이 외친 말처럼 어떤 위기에서도 절대 포기하지 않았던 것이다. 머리통이 황새 모가지 속에 삼키어진 상황에서도 결코 포기할 줄 모르는 개구리의 집념! 처칠의 말처럼 "긍정적인 사람은 위기 속에서도 기회를 보지만, 부정적인 사람은 기회 속에서도 위기만 본다."

당신은 지금 무엇을 보고 있는가! 살아 있으면 다 살아가기 마련이다.

그러니 여러분이여! 아무리 힘들어도

"절대! 절대! 포기하지 마시십시오!"

"조금만 더 참으십시오. 살아있으면 다 살게 됩니다!"

"절대 포기하지 마세요! 위기는 또 다른 기회입니다!"

"산다는 것은 참 소중한 것입니다. 살면서 굽이굽이 고비와 문제들을 만나지만, 어느 땐 하늘과 땅이 맞닿아 버린 듯 절망하고 넘어지기도 하지만, 지나고 나면 옛말하며 웃을 날도 반드시 옵니다. 조금만 더 참고 이겨내십시오!"라고 강연하는 것을 듣고 마음을 바꾸었다고 했다.

"박사님! 죽으려고 했던 각오로 한 번 살아보자고 마음으로 바꾸고 보니 세상에는 감사할 일이 너무나 많이 있더라고요."

편지를 읽는 동안 온 몸에 전율이 지나갔다. 나도 모르는 사이 한 사람을 죽음의 자리에서 생명의 자리로 구하고 있었다니, 이 어찌 감사하지 않을 수 있으랴!

어떤 사람인지 참 재미난 걸 정리해 놓았기에 소개한다.

제목 "맨주먹의 CEO 이순신에게 배워라!"

집안이 나쁘다고 탓하지 말라!

나는 몰락한 역적의 가문에서 태어나 가난 때문에 외갓집에서 자랐다.

머리가 나쁘다 하지 말라!

나는 첫 시험에 낙방하고 서른둘에 겨우 과거에 급제했다.

좋은 직위가 아니라고 불평하지 말라!

나는 14년 동안 변방 오지의 말단 수비 장교로 돌았다.

윗사람의 짓이라 하지 말라!

나는 불의한 직속상관들과의 불화로 파면과 불이익을 받았다.

몸이 약하다고 고민하지 말라!

나는 평생 동안 고질적인 위장병과 전염병으로 고통 받았다.

기회가 주어지지 않는다고 불평하지 말라!

나는 나라가 위태로워진 후 마흔 일곱에 제독이 되었다.

지원이 없다고 실망하지 말라!

나는 논밭을 갈아 군자금을 만들었고 스물세 번 싸워 스물세 번 이겼다.

윗사람이 알아주지 않는다고 불만을 갖지 말라!

나는 끊임없는 임금의 오해와 의심으로 모든 공을 빼앗긴 채 옥살이를 해야 했다.

자본이 없다고 절망하지 말라!

나는 빈손으로 전쟁터에 돌아와 열두 척 낡은 배로 133척을 막았다.

옳지 못한 방법으로 가족을 사랑한다 말하지 말라!

나는 스무 살 아들을 적의 칼날에 잃었고 또 다른 아들들과 함께 전쟁터로 나섰다.

죽음이 두렵다고 말하지 말라!

나는 적들이 물러가는 마지막 전투에서 스스로 죽음을 택했다.

이 글을 읽으면서, 어지간한 고생쯤은 이순신 장군 앞에서야 감히 명함도 못 내밀겠다는 생각을 했다. 누구나 살다보면 막다른 길목에 놓일 때가 온다. 나 또한 여러 번 죽고 싶을 만큼 힘든 시절이 있었다.

지금으로부터 46년 전 필자가 18살 때의 일이다. 안강농고를 졸업하고 사범학교에 시험을 친 후 결과를 기다리고 있었다.

시골 농고에서 똥 푸고 돼지 키우고 고추 심고 마늘 심는 것을 배운 실력으로 대학에 들어간다는 것은 사실 하늘의 별따기 보다 어려운 일이었다. 혼자서 사범학교에 들어가려고 독학을 하였는데 결과는 차점자로 낙방을 한 거다.

합격자 발표 후 미등록자가 있어서 면접을 오라고 하여 가보니 나 말고 또 한 학생이 와서 기다리고 있었다.

그 학생과 내가 동점 차점자라는 것이다. 세상에 그렇다면 둘 중의 하나는 또 낙방의 고배를 마셔야하는 것이 아닌가! 그렇게 두 학생이 면접을 보았다. 결과는 너무나 잔인했으니!

나는 한 해에 두 번의 쓴잔을 마셔야 했다. 차라리 부르지나 말든지….

나는 결국 가난한 농부의 아들로 이렇게 살아야 하는 걸까?

이 가난을 대물림하지 않을 방법은 대학교에 진학하는 길 뿐이라는 희망을 가지고 살던 나는 그 때 처음 차라리 죽고 싶다는 생각을 했다.

코를 석자나 빠뜨리고 다니는 아들을 두고 볼 수 없으셨던지 하루는 아버지가 부르신다.

"수관아!"

"예, 아버지"

"너 대학에 꼭 들어가고 싶나?"

"예에……."

"그럼 독한 맘먹고 산에 들어가 공부해볼래?"

그 당시 친척 아저씨뻘 되시는 분이 단양군 적성면의 산중에서 움막집을 짓고 화전을 일구며 살고 있었는데 거기 들어가 두문불출 입시준비를 하라는 말씀이다.

"아버지! 그럴게요. 아주 머리 깎고 들어앉아 내년에 꼭 대학에 들어갈 겁니더."

단양시내에서 적성면까지가 20여리, 다시 적성면에서 움막까지가 20여리, 깊은 산중에 들어가 세상과 담을 쌓고 보낸 시절이 있다.

팔팔한 젊은 놈이 위궤양이라니!

집안마다 건강에 대한 가족력이 있다. 평소 부모님이나 형제 중에 어디가 주로 취약한지를 살펴 그 부분을 보강하며 살면 건강하게 오래 살 수 있다.

우리 집안은 대체로 위가 약한 체질이다. 실은 필자의 아버님도 70세에 위암판정을 받고 수술을 받으신 후 93세까지 장수하셨다.

나도 어려서부터 뭘 먹으면 잘 체하고 복통이 심해 오목가슴에 뜨겁게 달군 기왓장을 대고 살곤 하였다. 결혼한 후 아내가 쑥이 위장병에 좋다는 소문을 듣고, 일 년 내내 쑥떡을 해놓고 아침에는 밥 대신 쑥떡을 먹으면서 위장병이 다 나았지만, 위가 안 좋은 가족력을 고려해 늘 과식하지 않으려 식욕을 다스리며 산다.

각설하고, 이 위장병이 문제가 되어 나는 젊은 날에 죽고 싶을 만큼 힘든 경험이 있었다.

남자는 필히 군대를 갔다 와야 된다고 생각했던 나는 신체검사를 하고 낙심하지 않을 수 없었다. 한창 팔팔한 젊은 놈이 위궤양으로 판정이나 군대에 못 간다는 게 아닌가!

세 차례나 거듭 재검사를 하였음에도 결국 군대에 가지 못하였다. 부모님은 놀라서 그 뒤로 위장병에 좋다는 약은 다 구해서 먹이셨다. 그렇게 점점 건강을 회복하고 있을 무렵 보안대에서 사람을 뽑는다는 소식을 들었다.

평소 군대에 가지 못한 것이 못내 아쉽던 나에게, 보안대란 정말 꼭 해보고 싶은 일이었다. 나는 그 길로 원서를 냈다. 경상북도에서 백여 명이 시험에 응했고 3~4명 뽑는 1차 시험에 거뜬히 통과하였다. 2차 시험을 치러 서울에 올라갔다. 면접과 영어회화, 체력테스트, 모두 나에게는 자신 있는 과목이었다. 그런데 2차에서 고배를 마시고 말았다.

"이상하다……. 지금은 위장병도 거의 다 나았는데 왜 떨어진 걸까?"

다시 일 년 동안 공부해 시험을 쳤고 역시 1차 시험에 통과하였을 때다.

평소 잘 알고 지내던 교장선생님께서 소문을 듣고 칭찬을 하신다.

"황선생, 대단하오, 보안대 시험이 상당히 센데 거기 합격을 하다니!"

"아직은 모릅니다. 작년에도 2차에 가서 떨어졌습니다."

"그래요? 왜 떨어졌지? 아하! 빽이 없어서 떨어졌고마!"

"빽이요? 그래야 붙는 겁니까? 저는 빽이라고는 없는 데 어쩌지요?"

"보소, 황선생, 내가 시키는 대로 하소!"

교장선생님이 발 벗고 나서주셨다. 그 교장선생님과 내가 이렇게까지 서로를 아끼는 데는 남다른 사연이 있었다.

어느 날 길을 가는데 교장선생님이 아들을 자전거에 태우고 씩씩거리며 어딘지 가고 계셨다. "왜 저리 화가 나셨을까?" 생각하며

"교장선생님, 어디를 그리 급히 가십니꺼?"

인사를 드리자 급히 자전거를 세우시며

"황선생, 내 지금 경찰서 가는 길이라……." 하신다.

"예? 경찰서는 왜 가시는데요?"

"아, 이노무 자슥이 공부하라고 학원에 보냈더니 공부는 안하고 빵집이나 드나들더니 기집아를 건드려서 그 집에서 난리가 났다 안카나! 내 도저히 속이 상해 이 자슥을 경찰서에 집어넣으러 가는 길이라"

얼마나 속이 상하셨으면, 당신 손으로 귀한 아들을 경찰서에 집어넣으러 하셨을까!

"교장 선생님, 경찰서 간다고 해결이 되겠습니까? 차라리 제가 데려가는 것이 안 낫겠습니까?"

"황선생 집으로 데려간단 말이요?"

"예, 저의 집에는 고등학교 다니는 동생들이 안 있습니까? 열심히 공부하는 분위기에 가면 저도 안 좋아지겠습니까?"

"정말로 그리 해줄랍니까?"

"예, 제가 한 번 힘써 보겠습니다."

그 후로 아이는 정말 맘을 잡고 공부하더니 공군2사관학교에 들어가 조종사가 되었다. 이렇게 자식을 나눠가진 연유로 우리 사이는 깊고 끈끈한 정이 있었다.

교장 선생님은 발 벗고 나서서 당시 안기부 차장을 지내던 김치열 씨의 사촌 형님을 내게 소개해 주었고, 사촌 형님이라는 분은 졸지에 나의 처 이모부가 되어 김치열씨에게 줄을 대 주었다. 복숭아 한 상자를 들고 찾아가니 김치열 씨의 부인께서 내 합격증을 보며 혀를 차신다.

"초등학교 교사가 더 편할 텐데……. 여기 오면 고생이에요."

"합격만 하면 열심히 하겠습니다."

나는 빽이 생겼다는 든든한 마음으로 2차 시험을 치러갔다.

"어! 이 친구 작년에 왔던 친구네?"

"그래? 이 친구 실력이 대단한 모양이군, 누구 아는 사람 없나?"

"김치열씨를 잘 압니다."

사촌 형님이 시킨 대로 확실하게 대답을 했다.

"어? 김치열 씨를 잘 안다고?"

놀라서 서류 여기저기에 체크를 한다.

'이번에는 따 놓은 당상이다…….'

자신 있게 대구에 내려오니, 학교에서 벌써 소문을 듣고 축하인사를 한다.

"우리 황선생이 보안대로 가게 되었습니다. 여러분도 모두 축하해 주시고, 우선 황선생 하던 일은 장선생께서 맡아 주시기 바랍니다."

교장 선생님이 큰 소리로 광고를 하신다.

보안대 직원도 찾아와 인사를 차린다.

"우리와 함께 일하게 되셨습니다. 어떻게 그 어려운 관문을 통과하셨습니까? 축하합니다."

"우와! 황 선생님 부럽습니다."

동료 교사들의 부러움을 한 몸에 사고, 약간 우쭐해진 마음이 없지 않았다. 자, 이제 이사 갈 일만 남았다. 그런데 세상에 이게 웬일인가!

8월 24일 합격자 발표일이 되어 올라가보니 또 떨어졌지 뭔가!

"아이고! 어무이요, 이게 무신 일입니꺼? 와 이리 나는 되는 일이 없습니꺼?"

혼자서 통곡을 해도 시원찮았다.

"이번엔 분명히 합격인데……. 면접도 영어회화도 체력테스트도 잘 치렀는데……. 거기다 김치열 씨 빽도 있었는데……."

동네방네 좋은 데로 간다고 소문이 다 났고, 이미 내가 할일을 동료 선생들이 맡아주기까지 했는데……. 정말이지 눈앞이 깜깜했다.

"이제 사람들 얼굴을 어찌 보나?"

"이렇게 우세스러운 꼴로 살 수가 있겠나?"

차라리 죽는 길이 상책이라는 결론에 이르렀다. 그러나 내 어찌 부모님 앞에 먼저 갈 수 있으며, 어린 동생들은 누가 맡아 공부시킨단 말인가! 하물며 기독교인으로서 자살은 있을 수 없는 일 아닌가! 이 후부터 자살하는 사람들의 심정을 백분 이해하게 되었다.

어떤 이는 6. 25때 5촌 아저씨와 6촌 형이 공산당에게 끌려간 사건 때문에 연좌에 걸려서 떨어진 게 아니냐며 혀를 찼고, 어떤 이는 아직도 위궤양이 완치가 안 되어 병력 때문에 떨어진 게 아니냐며 안타까워했다.

지금까지도 그 때 왜 떨어졌는지 정확한 이유를 모르고 있다. 그러나 확실히 아는 것은 그 때 떨어진 것이 오히려 복이 되었다는 사실이다. 만약 내가 보안대에 들어갔다면, 지금처럼 내가 연세대 교수가 될 수 있었을까?

인생은 길게 놓고 바라다보아야 한다. 그 안에 역설적 진리들이 있기 때문이다.

살다보면 누구나 넘어지고 자빠진다. 누구나 실패도 하고 실수도 한다.

다만 넘어졌을 때 그걸 딛고 일어난 사람은 실수로 끝나지만, 넘어진 자리에 그대로 주저앉은 사람은 실패자가 된다. 누구에게나 힘겹고 지루했던 뒤안길은 있다. 그 마음을 절절하게 표현해 놓은 도종환 님의 시 한 편을 소개한다.

가지 않을 수 없던 길 – 도종환

가지 않을 수 있는 고난의 길은 없었다.
몇몇 길은 거쳐 오지 않았어야 했고
또 어떤 길은 정말 발 디디고 싶지 않았지만
돌이켜보면 그 모든 길을 지나
지금 여기까지 온 것이다.

한번쯤은 꼭 다시 걸어 보고픈 길도 있고
아직도 해거름마다 따라와

나를 붙잡고 놓아주지 않는 길도 있다.

그 길 때문에 눈시울 젖을 때 많으면서도
내가 걷는 이 길 나서는 새벽이면 남모르게 외롭고
돌아오는 길마다 말하지 않은 쓸쓸한 그늘 짙게 있지만
내가 가지 않을 수 있는 길은 없었다.

그 어떤 쓰라린 길도
내게 물어오지 않고 같이 온 길은 없었다.

그 길이 내 앞에 운명처럼 파여 있는 길이라면
더욱 가슴 아리고
그것이 내 발길이 데려온 것이라면
발등을 찍고 싶을 때 있지만
내 앞에 있던 모든 길들이 나를 지나
지금 내 속에서 나를 이루고 있는 것이다.

오늘 아침엔 안개 무더기로 내려 길을 뭉텅 자르더니
저녁엔 헤쳐 온 길 가득 나를 혼자 버려둔다.

오늘 또 가지 않을 수 없던 길
오늘 또 가지 않을 수 없던 길

도종환 님의 독백처럼 우리는 수없이 많은 갈래 길을 지나쳐 걷는다.

운명처럼 떠밀려 저항할 수 없었던 길, 흔적조차도 남기고 싶지 않은 후회 막급한 길도 있다. 아무려나, 정말 중요한 것은, 살아 있으면 살길이 생기더라는 것이다.

알고 보면, 지금 잘 안 되어 속이 상했던 일이, 그 때 안 된 것이 차라리 더 잘된 일일 수도 있더라는 것이다.

'자살'을 바꾸면 '살자'가 된다.

세상에 죽기보다 더 힘든 일이 또 있으랴!

죽을 각오였다면, 그 각오로 일어서자!

지금은 비록 놓쳐버린 기회지만 그 기회는 반드시 다시 주어질 것이다.

위기는 위험한 기회요, 포기는 배추를 셀 때나 사용하는 용어요, 실패는 성공하기까지의 과정일 뿐이다.

사랑하는 여러분이여!

"Never give up!"

"절대 포기하지 맙시다!"

좋은 책이 좋은 사람을 만든다

마중지봉 麻中之蓬 이라는 고사성어가 있다.

"구부러진 쑥도 삼밭에서 나면 꼿꼿하게 자란다." 즉 내 주변에 어떤 사람들이 함께 하느냐에 따라서 내 인생의 각도가 달라진다는 뜻이다.

나는 이 말을 독서습관에 비유하곤 한다. 사람이 어떤 책을 접하고 읽느냐에 따라서 그의 인생이 달라지기 때문이다.

독일의 문호 마르틴 발저는 "사람은 자기가 읽은 것으로부터 만들어진다."고 말했다.

책이란 저자의 지식과 경험을 모두 동원하여 써낸 것이므로, 저자가 평생을 걸려 쌓아올린 지식들을 순식간에 전수한다 해도 과언이 아닐 것이다. 거기다 다양한 분야의 다재다능한 실력자들이, 심혈을 기울여 기술한 책을 접하는 것은 그만큼 다각적인 간접경험을 쌓는 기회가 된다.

그만큼 책의 소중함을 알기에 필자는 조카들이나 손자에게 선물을 해야 할 경우 꼭 책을 선물해준다. 책에 사인을 해서 주면 아이들이 아주 좋아한다.

아이들에게 "우리 할아버지 할머니는 돈만 생기면 내게 책을 사주었다."는 좋은 추억을 심어주시기 바란다. 고모도 이모도 항상 우리 집에 올 때는 책을 가져왔었다는 아름다운 추억이 있는 아이를 만들어 주라.

학벌을 가지고 인생을 사는 사람보다는 항상 책을 곁에 두고 사는 사람이 승자가 된다.

학벌을 자랑하는 사람은 학벌만 있고 속에 든 게 없으니, 늘 교만하여 목에 기브스를 하고, 아랫사람에게 거드름을 피우고, 권위를 내세우니 따르는 사람이 없지만, 책벌레처럼 늘 책을 가까이 두고 사는 사람은 속이 꽉차있어 겸손하고 다정하여, 따르고 추종하는 무리가 많다. 그러니 정말 인생의 성공자는 학벌을 자랑하는 자가 아니라, 책을 많이 읽어 내면의 성숙을 이룬 사람이라 할 수 있다.

조선 시대 실학의 완성자였던 정약용은 후학들에게 자신의 독서 경험을 이렇게 말했다고 전해진다.

"오로지 주역 한 권의 책만을 책상에 두고 밤낮으로 마음을 가라앉혀 탐구했더니 계해년 늦봄부터는 눈으로 보는 것, 손으로 만지는 것, 입으로 읊는 것, 마음으로 생각하는 것, 붓으로 쓰는 것에서 밥상을 대하고, 뒷간에 가고, 손가락을 튕기고, 배를 문지르는 것에 이르기까지 어느 하나 주역이 아닌 것이 없었다. 그리하여 그 이치를 환히 깨달았다."

일전에 목욕을 갔을 때의 일이다. 서너 살 쯤 먹어 보이는 남자아이가 냉탕 온탕을 오락가락하며 놀고 있었다. 조금 있으니 몸에 온통 문신을 한 체격 좋은 청년 두 명이 탕 안으로 들어오는 게 보였다.

그런가보다 하고 씻고 있노라니, 혼자 첨벙대며 놀던 꼬마 녀석이 손을 내밀고 뒤뚱거리며 청년들에게 다가가는 것이었다.

"응, 저 녀석이 왜 저러지?" 하고 바라보고 있는데, 그 꼬마 녀석이 대뜸 청년들의 몸에 그려진 문신을 만지면서 이렇게 묻는 거였다.

"아저씨! 아저씨는 왜 몸에 낙서를 했어요? 낙서하면 엄마한테 혼나는데?"

그러자 무색해진 청년들이

"응, 응, 저리가……. 얼른 아빠한테 가……."

하며 슬슬 피하는 것이었다.

"하! 하! 하!"

꼬마 녀석의 눈에 문신은 몸에 낙서를 해 놓은 것으로 보였던 모양이다.

사람은 아는 만큼 볼 수 있고, 아는 만큼 들을 수 있으며, 아는 만큼 깨달을 수 있다. 때문에 자기만큼의 수준에서 사물을 보고 판단하며 그대로 행동하게 된다.

그런데 문제는 무엇이든 저절로 알아지는 것은 없더라는 사실이다.

그 아는 만큼의 실력은 바로 독서를 통해서 얻을 수 있으므로, 우리가 건강을 위하여 올바른 식습관과 꾸준한 운동으로 몸을 만들듯, 건강한 정신 에너지를 위해 좋은 독서 습관을 가질 필요가 있다.

우리는 글을 쓰는 것을 최고의 두뇌활동행위하고 하는데, 사실 쓰는 것

못지않게 독서 또한 대단한 두뇌활동 행위이다. 글을 쓴다는 것은 수많은 책을 읽고 체계적으로 적립시킨 생각들을 뽑아내어 쓰는 것이므로, 독서가 우선된다는 이야기다.

영상매체를 통하여 보고 듣는 학습행위도 있지만, 책을 읽는 행위가 가장 두뇌활동이 활발하다고 한다. TV를 시청하는 상태에서 뇌의 활동량을 조사해 보니 두뇌활동이 거의 멈춰있었다는 실험결과가 발표된 바 있다.

우리는 많은 것을 경험하고 체험하면서 안목과 실력을 키워나가게 된다. 가급적 직접 가보고, 직접 듣고 직접 생활해보는 여행이 좋은 줄은 알지만, 경제적으로나 시간적으로 많은 제약이 따르기 때문에 어려울 때가 많다. 그러나 독서는 단 몇 천원의 투자로, 가만 앉아서 필요한 정보나 지식을 편하게 얻을 수 있으니 얼마나 유익한 일인가!

좋은 책을 선별하여 읽어라.

이렇게 우리가 읽는 것으로부터 인생이 만들어진다면 우리는 좋은 책을 선별하고 선택해서 읽어야 한다. 이는 좋은 책은 좋은 생각을 낳고, 좋은 생각은 좋은 사람을 만들기 때문이다.

'톰소여의 모험' 작가인 마크 트웨인 *Mark Twain* 은 "좋은 책을 읽지 않는다면 책을 읽는다고 해도 문맹인 사람보다 나을 게 없다."고 말했다.

사실 세계사 속의 걸출한 지도자들이 갖는 공통점이 있다면 그들은 하나같이 훌륭한 독서가라는 점이다. 물론 책만 많이 읽으면 모두 세계사의 거인이 된다는 말은 아니지만, 독서가 우리의 성숙에 필수적인 요소임은 자명한 일이다.

독서에서 가장 중요한 것은, 영적성숙에 도움을 주는 좋은 책, 중요한 책을 잘 선별하여 여러 번 읽는 것이다. 좋은 책은 좋은 생각을, 좋은 생각은 좋은 사람을, 좋은 사람은 좋은 일을 하며 살게 된다.

이미 수천 년 수백 년을 거치면서 시대와 지역과 언어를 초월하여 검증된 책들을 우리는 '고전' 古典이라고 부른다. 오랜 세월을 지나오면서 시간과 역사 앞에 테스트를 거친 고전을 읽는 것이야 말로 아주 유익한 독서 습관이라 할 수 있다.

사람마다 책을 읽는 다른 이유가 있겠지만, 필자가 책을 읽는 이유는 어제보다 오늘 조금 더 나은 사람이 되기 위해서다. 독서의 중요한 의미는 책 속에 있는 것이 아니라, 책을 읽고 우리가 얼마나 변화하고 성숙하느냐에 있다. 그러므로 어떤 책을 선택한다는 문제는 자신의 미래와 변화를 선택하는 것이기도 하다.

필자가 어렸을 때만해도 책이 너무나 귀했다.

그런 중에 지금까지 감명 깊게 기억되는 책은 바로 애이브라함 링컨 Abraham Lincoln 대통령의 일대기가 적힌 책이었다. 지금은 제목 조차 가물거리지만 링컨 대통령의 일대기를 읽으며 어린 마음에 '나도 이담에 링컨 대통령처럼 되리라' 하는 큰 꿈을 품었었다.

링컨의 집은 아주 가난하여, 비가 많이 오면 지붕에서 비가 줄줄 새는 통나무집에 살았다고 한다. 링컨은 어려서부터 책 읽기를 좋아하여 남의 집에서 책을 빌려다 읽곤 했다.

한 번은 자고 일어나니 밤새 내린 비에 빌려온 책이 젖어버렸지 뭔가!

링컨은 책 주인에게 야단맞는 것보다 아까운 책이 젖어버린 것을 더 안타까워했다. 이튿날 책 주인을 찾아가 사과를 하고 책값으로 일을 해주었다고 한다.

그는 환경에 굴하지 않고 매년 자기 키 만큼의 책을 읽었다. 그런데 링컨의 키가 얼마나 큰가 하면 197cm나 된다고 했다.

어린 마음에도 "와! 197cm 쌓일 만큼의 책을 읽으려면 보통일이 아니겠구나." 하고 각오를 단단히 했던 기억이 난다.

링컨의 독서 습관은 평소 책을 읽다가 좋은 문장이나 감동적인 부분의 글이 나오면 반드시 메모해 두었다가 시간 날 때마다 읽고 또 읽어 자기 것으로 만들었다는 글을 읽고, 나도 링컨처럼 해보자 하고 시작한 것이 지금까지 좋은 메모습관으로 남아있다.

링컨은 제대로 학교 교육은 못 받았지만 문학서적과 법률서적 읽기를 유난히 좋아해 뛰어난 변호사가 될 수 있었다.

그가 "원수를 사랑하라."는 성경을 읽고 '흑인도 우리 백인과 똑같은 형제' 라고 생각하고 노예 해방운동을 실천하였다는 대목을 읽고

"나도 이 다음에 어려운 사람들을 도와주는 좋은 일을 해야겠다."고 다짐했었다.

특히 "한 권의 책을 읽은 사람은 두 권의 책을 읽은 사람의 지배를 받게 된다."는 말씀은 내게 큰 교훈이 되어, 어디로 이동하든 내 손에서 책이 떠나지 않게 되었다.

지금도 링컨 대통령 하면 제일 먼저 떠오르는 생각은 '정직한 대통령' 이라는 단어다.

링컨은 22살 때 일리노이 주 뉴살렘에서 잡화상 점원으로 일하고 있었다고 한다. 어느 날, 링컨이 저녁 늦게 장사를 마치고 하루 동안의 수입을 결산하는데, 몇 번이나 계산을 해보아도 셈이 맞지 않는 것이었다.

"왜 6센트가 남는 것일까?"

그는 의아해 하며 그날 가게를 다녀간 손님들의 얼굴을 떠올렸다. 한 사람씩 주고받은 금액을 따져보다가 단골손님인 앤디 할머니에게 거스름돈을 덜 준 것을 알게 되었다.

"그래, 맞아! 앤디 할머니께 거스름돈을 덜 드렸구나!"

그는 가게 문을 닫고 그 늦은 밤에 멀리 떨어진 앤디 할머니 댁으로 찾아갔다.

"앤디 할머니! 오펏 상점의 에이브입니다. 죄송합니다. 제가 착각을 해서 거스름돈 6센트를 덜 드렸습니다." 숨을 헐떡이며 링컨이 6센트를 내밀자 앤디 할머니는 깜짝 놀랐다.

"이보게 청년! 이 6센트 때문에 이렇게 밤늦은 시간에 먼 길을 걸어 왔단 말인가?"

"6센트가 아니라 1센트라도 당연히 와서 돌려드려야지요."

"그래도 그렇지, 다음에 내가 가게에 들르면 그 때 줘도 될 것 아닌가?"

"아닙니다. 오늘 잘못은 오늘 바로 잡아야지요."

"자네는 정말 소문대로 정직한 청년이로군! 자네는 반드시 큰 인물이 될 걸세."

링컨은 정직하고 똑똑한 청년으로 많은 사람의 칭찬을 받으며 "정직한 에이브"라는 이름으로 불리었다고 한다.

1834년 링컨은 그의 나이 26세 때 일리노이 주 의회 의원 선거에 출마했다. 당 선거본부에서 그에게 2백 달러의 선거 자금을 지원해 주었다. 1834년 당시 링컨에게 2백 달러는 엄청나게 큰돈이었지만 선거를 치르기에는 턱없이 부족한 액수였다.

대부분의 정치가들은 정해진 선거 비용 이외에도 선거에 당선되기 위해 추가로 많은 돈을 사용했고, 이것은 마치 관행처럼 여겨졌었다.

마침내 주 의회 선거는 끝이 나고, 링컨이 주 의회 의원으로 당선되었다. 그러자 링컨은 그가 받았던 200 달러의 선거지원 자금 중에서 75센트를 뺀 199달러 25센트를 당 선거본부로 되돌려 보냈다.

돈과 함께 봉투 속에는 다음과 같은 편지가 들어 있었다.

"선거 연설회장을 위해 사용한 비용은 제가 지불했습니다. 그리고 여러 곳의 유세장을 돌아다니는데 드는 교통비는 제 말을 탔기 때문에 전혀 들지 않았습니다. 다만 나와 함께 선거 운동을 하는 사람들 가운데 나이 드신 분들이 '목이 마르다.'고 해서 음료수를 사서 나누어 드렸습니다. 음료수를 사 드린 비용으로 75센트가 들었습니다. 그 영수증을 여기에 동봉합니다."

링컨의 '75센트의 명세서'는 그를 정직한 청백리 정치인의 대명사로 만들었고, 세월이 흐를수록 더 큰 지지와 존경을 얻게 했다.

좋은 책과의 만남은 나의 운명을 바꾸어 놓았다.

그 당시 나 또한 가난한 농부의 아들로 태어났지만, 환경에 굴하지 않고, 좋은 책을 많이 읽고, 꿈을 가지고 정직하게 살면, 링컨 대통령처럼 훌륭한 사람이 될 수 있다는 자신감을 얻게 되었다. 그 후 링컨 대통령은 나의 모델링이 되어 지금까지도 나를 이끌어주는 정신적인 스승이 되어 준다.

정독하는 습관을 가져라.

우리는 이 시대를 전자언어의 시대요, 정보언어의 유통시대라고 말한다. 요즘 젊은 친구들이 독서하는 것을 보면, 침대 위에 노트북을 펴놓고 배를 쭉 깔고 엎드려 읽고 있다. 공항의 한쪽 벽에 노트북을 꽂아 놓고 바닥에 철퍼덕 앉아 다운받은 책을 읽는 모습도 종종 보게 된다. 이제 화장실에 갈 때도 노트북을 들고 들어간다. 맨바닥에 엎드려 책을 보거나 신문을 들고 화장실로 가던 우리네와는 또 다른 문화다.

책 한 권이 귀해서 닳고 해지도록 읽던 우리 때와 달리, 지금은 가히 책의 홍수시대라고 할 수 있다. 장경동 목사님이 가끔 설교 중에 "세상에서 제일 무서운 사람은, 바로 책을 딱 한 권만 읽고 따지는 사람이다." 라는 말씀을 하신다. 공감하는 부분이다.

끊임없이 독서의 중요성을 설명하는 이유도, 그 사람이 읽는 책의 정도에 따라 그 사람의 실력은 물론이요 성품과 나아가 인성까지도 달라지기 때문이다. 독서는 읽는데서 그치지 않고 내면의 변화를 일으키며, 그 변화는 행동이 되어 드러난다.

필자는 경험상 되도록 많은 책을 다독多讀하기를 권한다. 그러나 다독을 하되 정독하기를 권하고, 정독을 하되 끊임없이 반복하여, 책의 내용이 내 안에서 녹아 흡수될 때까지 읽기를 권한다.

독서백편의자현讀書百遍義自見이라는 말이 있다. "뜻이 어려운 글도 자꾸

되풀이하여 읽으면 그 뜻을 스스로 깨우쳐 알게 된다."말이다.

후한 말기 헌제 때 동우董遇라는 사람이 있었다. 그는 유난히 학문하기를 좋아해 일을 하면서도 책을 손에서 떼지 않고 정진한 끝에 황문시랑이라는 벼슬에 올라 경서를 가르치게 되었으나, 조조의 의심을 받아 한직으로 쫓겨나고 말았다.

그러나 각처에 동우의 명성이 알려지기 시작하면서 그에게 가르침을 받으려고 찾아오는 사람이 많았다.

그러나 동우는 가르침을 달라는 사람들에게

"나에게 배우려 하기보다 집에서 그대 혼자 책을 몇 번이고 자꾸 읽어보게. 그러면 스스로 그 뜻을 알게 될 걸세."하고 거절하였다고 한다.

그러자 어떤 사람이 "책 읽을 겨를이 없다."며 가르침을 청하자,

"사람이 세 가지 여가만 있으면 책을 충분히 읽을 수 있다."고 답했다.

옆에서 듣던 사람이 "삼여三餘, 곧 세 가지 여가가 무엇인가?"를 묻자,

"겨울은 한 해의 여가이고, 밤은 하루의 여가이고, 오랫동안 계속해 내리는 비는 한 때의 여가"라고 말했다.

책을 읽음에 있어서 어떤 핑계도 통하지 않으며, 한 번 잡은 책은 그 뜻을 이해하고 저자의 의도를 완전히 흡수하여 내 것으로 만들 때까지 읽어야 한다는 말일 것이다.

얼마 전 인터넷에 우수한 성적으로 대학에 진학한 여고생의 글이 올라와 있었다.

"어떻게 이렇게 모든 과목에 골고루 우수한 성적을 낼 수 있었느냐?"고 기자가 물었다.

"독서백편의자현, 저는 본래 수학을 싫어하고 잘 못하였는데, 안 풀리는 문제가 풀릴 때까지 두 시간이고 세 시간이고 그 문제를 붙잡고 씨름하다가 결국엔 대학 수학 수준의 문제까지 푸는 실력이 되었습니다. 독서백편의자현이 저의 학습 방법입니다."

책은 우리들에게 또 다른 세상을 보여주는 눈이요, 색다른 인생을 경험하는 공간이다. 되도록 많은 책을 다독多讀하는 것이 좋기는 하지만, 단순히 유익한 정보를 취하기 위한 것이 아니라면, 많은 책을 제트기 같은 속도로 읽어 치우며 독서량을 과시하지 말라.

그렇게 가십거리나 흥미위주의 책들을 잡독雜讀하는 것보다는 반드시 읽어야할 필독서를 여러 번 읽고 또 읽어 내 안에 흡수시키는 것이 더 유익하다.

좋은 양서를 잘 선별하여 읽기를 작정했다면, 그 책을 통하여 전달하려하는 저자의 의도와 교훈을 완전히 통달하여, 의문이 없을 때까지 읽는 진지하고 바른 독서습관을 갖도록 하라. 다독多讀이나 속독速讀보다는 우리의 사고에 귀한 통찰력을 주는 고전이나 양서를 선별하고 정독하여 자신의 정신적 체질을 삼기를 권하는 바이다.

한 가지 더 권하고 싶은 것은 엄마나 아빠가 아이들과 함께 책을 읽고 그 책에 대하여 토론을 해보라는 것이다. 그렇게 할 때 부모와 아이에게는 깊은 감정의 교류가 일어나며 책을 정독하는 좋은 습관이 생기게 된다.

책을 통한 정서적 교감은 가족 간의 소중한 경험을 만들어준다.

필자도 아이들이 어렸을 때 위인전을 읽게 하고 함께 책에서 얻은 교훈을 나누곤 하였는데, 그 때 아이들의 눈으로 바라보는 기발한 생각과 착상들로 인해 박장대소하곤 했었다.

균형 있게 배분하라.

우리가 건강을 위하여 골고루 음식을 섭취하듯, 독서에서도 균형을 잡는 일이 중요하다.

로이드 존스 *Lloyd Jones*는 유익한 독서의 습관을 이렇게 권장한다.

"균형 있는 독서를 하시오. 균형이 깨진 독서처럼 거짓된 지식을 낳는 것도 없습니다."

그는 독서에서 균형이 중요함을 깨달은 뒤로 독서의 원칙을 정했다고 한다. 하루의 반나절을 신학서적을 읽었으면, 남은 반나절에는 경건서적을 읽었으며, 하루의 얼마간을 다른 분야의 공부를 하였으면, 그만큼의 시간에 신학공부를 하여, 항상 뜨거운 가슴과 냉철한 사고를 유지하려고 노력했다고 한다.

독서를 지도하는 전문가들도 되도록 여러 분야의 책을 읽도록 지도하라고 권한다. 우선 인생의 나침반 역할을 하는 책, 다시 말해 위인전이나 성공한 사람들의 자서전등을 읽고 앞으로의 자신의 비전과 인생 진로를 결정하는데 도움을 받도록 하는 것이다.

필자도 어린 시절 읽었던 위인전을 통하여 어떻게 사는 것이 사람답게 멋지게 사는 것인가를 어렴풋이 깨닫게 되었다.

그 다음 자기계발을 해주는 책을 읽히라, 사람의 능력은 무한하며 자신의 의지와 노력여하에 따라 무궁무진 발전할 수 있다. 끊임없는 자기계발로 남과 다른 독특성과 창의적 사고로, 차별화된 삶을 살게 되기 때문이다. 그리고 사고의 확장을 가져다주는 전문서적을 읽히라.

필자는 초등학교 교사시절부터 연세대학교 교수가 되기까지 다양한 분야의 책들을 섭렵하였다. 특히 운동장에서 체육을 가르치며 궁금했던 인체의 신비들을 파고들다가 결국 스포츠 의학에 대한 공부를 하게 되었고 그 과정에서 여러 가지 놀라운 실험과 비밀들을 알게 되면서 남모르는 환희를 느끼곤 하였다.

사람은 배울수록 자신의 무지를 깨닫게 된다. 책 또한 읽을수록 더 갈증을 느껴 탐닉하게 된다. 끊임없는 독서와 지적활동은 삶의 질을 높여주는 자양분이다.

책을 많이 읽지 않는 사람일수록 소위 베스트셀러에 치중하는 경향이 있다. 물론 많은 양의 책이 팔렸다는 것은 그 시대의 이슈와 세태를 대변해 주는 그럴듯한 이유가 되기도 하지만, 사실 영웅처럼 군림하는 연예인들조차도 광고의 효과로 만들어지고 있다는 것을 감안할 때, 베스트셀러가 곧 양서良書라고 할 수는 없겠다.

균형 잡힌 자기성장을 원한다면 하루의 일정시간을 책을 읽고 묵상하는데 배분하라. 따라서 자기성찰과 성숙을 추구한다면 자신의 독서목록을 검토해 보고 지금보다 더 많은 고전을 읽고 묵상할 것을 권면한다.

사람은 무엇을 보느냐, 즉 무엇을 읽느냐에 따라 인생의 판도가 달라질 수 있다. 무엇보다 독서는 사고의 확장을 가져다주기 때문에, 잘못된 선지식이나 고정관념들이 깨지게 되고, 부정적이고 소극적이었던 사람이 긍정적사고와 적극적인 언어를 사용하게 된다.

사막을 여행하는 아버지와 아들이 있었다.

며칠을 계속 사막을 걷다보니 물이 떨어져 죽게 되었다. 타는 듯한 갈증을 느끼며 아들이 아버지에게 불평을 늘어놓았다.

“아버지, 이제 물도 떨어지고 우리는 여기서 목말라 죽을 거예요.”

“아들아! 조금만 더 힘을 내서 걷자 곧 인가가 보이겠지”

둘이 한참을 가다보니 무덤이 하나 있었다. 이를 본 아들이 절망하며 말했다.

“아버지, 이 사람이 여기 묻힌 것처럼 우리도 여기서 죽게 될 거예요.”

그 때 아버지가 아들을 바라보며 타이르듯 말했다.

“그렇지 않다, 무덤이 있다는 것은 누군가 그를 장사지내줬다는 거다. 시체가 아니라 무덤이 있다는 것은 아주 희망적인 일이지.”

우리는 책을 통해 배우고, 배운 것을 통하여 변화한다. 이러한 발상의 전환은 인생에 커다란 변화를 가져다준다.

적재적소에서 시의 적절하게 풀어내는 재치 있는 말이나 유머감각은 그 사람의 이미지를 격상시키는데 큰 몫을 차지한다. 그러나 이는 하루아침에 이루어진 것이 아니라 꾸준히 책을 읽고 부단히 변화를 시도한 끝에 얻어진 부산물이다. 많은 책을 골고루 읽는 것, 이러한 독서 습관은 여러 작가의 다양한 의도를 짚어낼 수 있는 좋은 훈련이 되어 학교 공부를 할 때도 큰 도움이 된다.

도서관을 이용하라!

좋은 책을 선택하고 효과적으로 책을 읽을 수 있는 곳으로 나는 도서관을 추천한다.

토머스 제퍼슨 *Thomas Jefferson*은 "모든 지식의 힘은 도서관 창으로부터 들어온다."고 말했다.

20세기 대표작가 루이스 보르헤스 *Luis Borges*는 "천국은 도서관처럼 생겼을 것이다."고 말했다.

미국과 영국 전역에 2,500개의 도서관을 지은 철강 왕 엔드류 카네기 *Andrew Carnegie*는 "도서관은 이유 없이 아무것도 주지 않는다. 그곳은 오직 스스로 돕는 자를 도우며, 큰 뜻을 품은 자에게 책에 담긴 귀중한 보물을 안겨 준다."고 말했다.

필자는 결혼 후에도 계속 야간대학교와 야간 대학원을 다니며 학업에 정진하고 있었다. 단칸 셋방에 아내와 세 아이들 거기다 어린 동생들까지 함께 살다보니, 집에서 공부한다는 것은 거의 불가능했다.

나는 이 때 학교 도서관이나 지역 도서관을 자주 이용하곤 하였다. 도서관 책장마다 가득 차 있는 책들을 보면, 밥을 안 먹어도 배고픈 줄을 모를 정도로 포만감을 느끼며 행복해지곤 했다.

처자식을 부양해야 하는 가장임에도 공부에만 미쳐있던 내게 아내는 늘 마음을 써주었다.

"여보! 당신에게 필요한 책을 사드리지 못해 죄송해요. 대신 당신 학교 사무실에는 책이 많으니까 거기서 마음껏 공부하세요. 집에는 못 들어와도 괜찮아요."

그 때의 아쉬움이 아직도 남아서일까? 나는 지금도 책을 사면 아주 특별한 경우를 제외하곤 책을 함부로 접거나 줄을 치거나 하지 않고 소중히 다루며 아끼는 습관이 있다.

가끔 젊은 엄마들이 아이들 교육문제를 상담해 올 때마다 나는 학습지 한 두 권 더시킬 시간에 아이들과 함께 도서관에 다니라고 권한다.

실제 지진아였던 사람이 엄마와 함께 도서관을 드나들며 실력을 키워 성공한 사람이 있다.

소아과 의사 벤카슨 *Ben Carson*은 어릴 때 친구들에게 "멍청이, 낙제생, 바보"라고 불릴 정도로 뒤처지는 아이였다고 한다. 친구들 사이에서 왕따를 당하는 아들을 보다 못해, 어머니는 벤카슨을 데리고 국립도서관에 다니면서 일주일에 두 권의 책을 읽고 독후감을 쓰게 했다고 한다.

그 이후로 벤카슨은 자신감을 얻어 세계 최초로 샴쌍둥이 분리 수술에 성공한 훌륭한 의사가 되었다.

어려운 시절 내가 아이들에게 해줄 수 있던 유일한 외출은 함께 도서관에 가는 것이었다. 도서관을 내 집처럼 드나들며 아이들이 균형 잡힌 독서를 하도록 지도해주고, 무엇보다 부모가 책 읽는 모습을 보이는 것처럼 좋은 교육은 없을 것이다.

아이들과 함께 책을 읽고, 함께 사발면도 사먹고 간식도 먹으면서 그날 그날 읽었던 책에 대하여 서로 토론하다보면 자기도 모르는 사이 논리적이고 체계적인 사고와 지적 능력을 갖추게 된다.

미국 대통령으로 당선된 버락 오바마 *Barack Obama*의 논리적이고 감동적인 연설에 대하여 이론이 분분하다. 그 중 사람들이 으뜸으로 꼽는 것이 바로 토론문화이다. 미국의 교육방법 중에서 토론하는 방식을 학습하는 훈련은 자기의 사고를 논리적으로 피력하는 능력을 길러주고, 반면 다른 사람의 의견을 경청하는 자세를 배우게 하여 나와 다른 사람의 의견을 인정하고 용납하는 사회성을 길러준다.

주변에서 자기 아이가 한국에서는 공부를 잘했는데 유학을 가더니 바닥을 친다고 하소연하는 부모들이 있다. 이렇게 된 가장 큰 요인은 그 아이가 한국에서 늘 주입식 수업, 수동적인 학습을 했기 때문이다. 떠 먹여주는 과외 수업방식은 그때그때 보는 시험은 잘 치를지 모르나 긴 안목으로 볼 때 아이의 학습능력을 도태시킬 수 있다.

필자는 형편상 아이들을 학원에 보내거나 과외를 시킬 수 없었다. 다만 내가 할 수 있었던 교육은 아빠가 늘 공부하는 모습을 보여준 것뿐이다.

단칸 셋방에 살 때, 도서관을 다녀와 저녁을 먹고 나면 나는 다시 앉은뱅이책상을 벽에 붙이고 앉아 공부를 했다. 그러면 나를 따라서 큰애는 동쪽 벽을 보고 앉고, 작은 애는 서쪽 벽을 보고 앉고, 막내는 남쪽 벽을 보고 앉아 다 같이 공부를 하니 저절로 면학분위기가 만들어졌던 것이다.

그 때 우리 아이들이 하던 말이 생각이 난다.

"아빠! 엄마는 왜 공부 안 해요?"

"응, 엄마는 말이지 돌아앉을 벽이 없어서 그래 하! 하! 하!"

아내는 그 때마다 이렇게 대답하곤 했다.

"명아야! 엄마는 아빠랑 너희들 뒤통수 보며 기도하고 있지, 우리 가족 모두 다 건강하고 지혜롭게 해달라고!"

부부는 둘이서 같은 곳을 향해가는 다정한 길동무

딱 하루만 주어진 것처럼

지혜로운 삐에로가 있었다. 그는 항상 왕 앞에서 우스꽝스런 몸짓으로 왕을 즐겁게 하였다. 그러던 어느 날 작은 실수를 하여 그만 왕의 진노를 사, 사형선고를 받게 되었다. 왕은 그동안 자기를 즐겁게 해준 삐에로에게 마지막 선심을 베풀기로 마음먹었다.

"너의 마지막 소원 한 가지를 들어주겠다. 그것은 바로 네가 죽는 방법을 선택할 수 있다는 것이다. 너는 어떤 방법으로 죽기를 원하는가!"

그러자 지혜로운 삐에로가 이렇게 간청하였다.

"폐하! 저는 늙어서 죽기를 원하옵니다."

왕은 삐에로의 뛰어난 지혜에 감탄하여 늙어서 죽도록 선처를 베풀었다고 한다.

우리 인생들이 지혜로운 삐에로가 택한 방법처럼, 저절로 늙어서 죽기까지 장수하기란 쉽지가 않다. 도처에 도사리고 있는 위험과 원인모를 질병들에 노출되어 뜻하지 않게 중도에 끝날 수도 있기 때문이다.

필자도 지금까지 살아오면서 죽을 고비를 수도 없이 넘겨왔다.

정말 "아차!" 했던 순간들을 부지기수 피해 오면서, 비로소 깨달은 사실은 우리의 생명은 우리의 수중에 있지 않다는 사실이다.

우리는 누구나 죽음을 향해 가고 있다. 그러나 막상 오늘 그럴 수도 있다는 생각을 하는 사람은 거의 없다. 그런 마음으로 산다면 지금보다 훨씬 진지한 하루를 살게 되지 않을까!

어느 젊은 사형수가 있었다. 사형을 집행하던 날, 형장에 도착한 사형수에게 마지막으로 5분의 시간이 주어졌다. 28년을 살아온 사형수에게 마지막으로 주어진 최후의 5분은 비록 짧았지만 너무나도 소중한 시간이었다.

마지막 5분을 어떻게 쓸까? 사형수는 고민 끝에 결정을 했다.

나를 알고 있는 모든 이들에게 작별 기도를 하는데 2분, 오늘까지 살게 해 준 하나님께 감사하고 곁에 있는 다른 사형수들에게 한 마디씩 작별 인사를 나누는데 2분, 나머지 1분은 눈에 보이는 자연의 아름다움과 지금 최후의 순간까지 서있게 해준 땅에 감사하기로 마음을 먹었다.

흐르는 눈물을 삼키며 가족들과 친구들을 잠깐 생각하며, 작별인사와 기도를 하는데 벌써 2분이 지나 버렸다. 그리고 자신에 대하여 돌이켜 보려는 순간, "아! 이제 3분 후면 내 인생도 끝이구나!" 하는 생각이 들자 눈앞이 캄캄해졌다.

지나가 버린 28년이란 세월을 금 쪽처럼 아껴 쓰지 못한 것이 정말 후회되었다.

"아! 다시 한 번 인생을 더 살 수만 있다면" 하고 회한의 눈물을 흘리는 순간!

기적적으로 사형집행 중지명령이 내려져 극적으로 목숨을 건지게 되었다. 구사일생으로 풀려난 후 그는 사형집행 직전에 주어졌던 5분간의 시간을 생각하며, 평생 시간의 소중함을 간직하고 살았으며, 하루하루 순간순간을 생의 마지막순간처럼 소중하게 여기고 살았다고 한다.

그 결과 '죄와 벌', '카라마조프의 형제들', '영원한 만남' 등 수많은 불후의 명작을 발표하여 톨스토이 *Tolstoi* 에 비견되는 세계적 문호로 성장하였다고 한다. 그 사형수가 바로 도스토예프스키 *Dostoevsky*이다.

우리에게 주어진 오늘! 바로 지금 이 순간이 도스토예프스키에게 주어졌던 마지막 5분이라면?

수 없이 넘긴 죽을 고비

필자는 일본에서 해방되기 보름 전에 태어난 해방둥이다. 부모님은 해방이 되자 갓 태어난 나를 안고 현해탄을 건너 조국에 돌아왔다. 아버지는 그 때의 아슬아슬한 감격을 늘 이렇게 말씀하시곤 했다.

"떠나야 할 땐 즉시 떠나야 하는 법이라! 만약 그 때 고국으로 돌아갈까? 말까? 형제들 불러놓고 회의나 하고 있었다면, 아마 현해탄을 못 건넜을 거야, 그 때 귀국선을 탄다는 것은 말 그대로 피 터지는 상황이었거든!"

그렇게 현해탄을 건너 고향에 돌아왔는데, 너무 갓난아기를 배를 태워 와서일까? 어린 것이 그만 원인모를 병으로 열이 오르락내리락 백방으로 약을 써도 소용없더니, 결국 울기운도 없어 늘어졌더란다.

들여다보러 왔던 마을 어른들이 모두 혀를 차며 포기하라고 했을 때, 우리 어머니는 윗목에 밀어놓은 나를 부둥켜안고 당신의 생명과 맞바꾸는 절박한 기도를 하였다고 한다.

그 기도가 하늘에 사무쳤을까! 거의 숨이 끊어졌던 어린 것이 손가락을 미세하게 움직이기 시작하더란다.

이렇게 태어나자마자 죽을 고비를 넘기고 얼마 안 되어 6.25가 터졌다. 나는 겨우 다섯 살이었다. 지금도 6.25하면 다리가 몹시 아팠던 기억이 생생하다. 다섯 살 박이 어린 것이 이고지고 피란을 가는 부모님을 따라 대롱대롱 매달려 몇 날 며칠을 걷고 또 걸었으니 다리가 오죽 아팠겠는가!

사방팔방 끝도 없는 피란 행렬, 여기저기에 처참하게 나뒹굴던 시체들!

어떤 할아버지는 가슴에 구멍이 나서 틀어막은 솜에 피가 배어나고 있는데도 묵묵히 소달구지를 끌고 걸어가고 계셨다. 어린 마음에 그 모습이 어찌나 충격적이던지!

자기보다 더 큰 보따리를 이고 지고, 모두들 겁에 질린 막막한 눈빛으로 본능적으로 걷고 또 걷던 사람들!

더 이상 포성이 안 들리자 아버지는 양남 강변에 구덩이를 파고 우리 가족들을 쉬게 했다. 맨 밑에 내가 들어가고, 작은 누나, 큰누나, 어머니 순서로 엎드리게 한 후, 아버지는 보초를 서며 우리들을 보호했다.

폭탄이 떨어지더라도 처자식이 다치지 않게 하려는 생각이 아니시겠는가! 나는 맨 밑에 깔려 숨이 막혀 죽을 것만 같았지만 감히 불평을 할 수가 없었다.

피란길을 돌려 집으로 돌아와 보니, 온 동네가 폭격으로 쑥대밭이 되어 있었다. 통째로 집이 날아가 폐허가 된 곳, 지붕이 다 내려앉은 집, 절반만 남은 집!

다행히 우리 집은 천장 두어 군데만 구멍이 나서 온 가족이 감사기도를 드렸다. 피란 갔던 동네사람들이 하나 둘 돌아오면서 형들을 따라 마을 뒷산에 놀러 가보니 시체들이 지천으로 깔려 있었다. 처음엔 놀라서 도망을 쳤으나 나중엔 동네 형들과 함께 아군의 시체를 보면

"우리 군인이데이! 이리 모이그라! 우리 울어주자!"하고 안타까워했고, 적군의 시체를 보면 "저리 가라!" 하며 발로 차서 굴려버리곤 했다.

형들은 탄피를 주어다 엿을 바꿔먹고, 더 큰 형들은 시체의 허리에서 총알을 꺼내기도 하였다. 나는 시체를 만지는 형들을 보며 무서워서 가슴 졸이곤 했다.

다섯 살 어린 내가 겪어내기에 전쟁은 너무나 무서운 충격이었다. 집에 돌아온 뒤로 밤이 되면 몽유병 증세로 시달렸다. 자다가 벌떡 일어나 제법 떨어져 있던 외갓집 대청마루에 우두커니 앉아 있기도 하고, 어느 땐 우물가를 빙빙 돌고 있는 것을 붙잡아 오기도 했다.

어머니가 나를 흔들며 제발 정신을 차리라고 울곤 하셨다.

"수관아! 왜 그러니 응?" 하고 물으면,

"공산당이 총가지고 와요! 나를 죽이러 와요!"하고 대답해 놓고 다음날이면 아무것도 기억을 못했다.

마을에선 매일, 오늘은 누가 끌려갔네, 오늘은 누가 죽었네, 여기저기서 통곡소리가 끊이질 않았다.

그 때 마을 이장을 보던 우리 아버지가 공산당들의 타켓이 되었던 모양이다. 밤만 되면 공산당들이 마을로 몰려와 총을 들이대며 남자들을 잡아가곤 하였다. 아버지도 공산당들을 피하느라 밤만 되면 마을 뒤 콩밭에 숨었다가 온 몸이 이슬에 젖은 채, 아침 해가 밝아서야 집에 돌아오시곤 했다. 하루는 공산당이 아버지를 찾아내라며 총을 들이대고 어머니를 위협하였다.

"당신 남편이 어디 있는지 불지 않으면 이 집에 불을 질러 버리겠다!"며 으름장을 놓자 나를 업고 있던 어머니가 울면서

"이 갓난쟁이와 어린 것들을 데리고 어떻게 살라고 집을 태웁니까! 이 어린 것들을 봐서라도 제발 집에 불을 지르지 말아주세요!"라며 애원을 했다고 한다.

그 때 어머니 등에 업힌 내가 겁에 질려 우는 모습이 불쌍했던지, 다행히 집에 불을 지르지 않고 가더라는 이야기를 어머니는 두고두고 하셨다. 참으로 흉흉한 기억들이다.

그 후로도 나는 숱하게 많은 죽을 고비를 넘겼다. 참으로 위험천만한 순간을 피해 아슬아슬하게 살아난 일이 한 두 번이 아니다.

굵직하게 떠오르는 기억만도 수십 번이다.

몇 년 전에 가평으로 강연을 하러 가기 위해 새벽 5시 반쯤 기사를 데리고 길을 떠났다.

새벽 이른 시간에 길을 나선 참이니, 피곤하기도 하고, 또 늘 잠이 부족

하던 터라 뒷좌석에 기대 졸고 있었는데, 세상에 기사도 함께 졸음운전을 했던 모양이다.

나야 운전을 안 하니까 졸아도 되지만, 운전사는 졸면 안되는 게 아닌가? 그런데 이 사람이 깜빡 깜빡 졸면서, 갓길로 갔다가, 2차선으로 갔다가, 1차선으로 갔다가, 급기야 중앙선을 넘어서 1차선을 갔다가 2차선을 갔다가 다리 난간을 들이 받아버렸다.

얼마나 세게 받았던지 다리 난간이 부러지고 우리가 탄 차는 개울가로 굴러 떨어졌다. '쾅' 하고 부딪히는 소리에 깜짝 놀라 깨어보니, 세상에 이게 웬일인가? 내가 차와 함께 뒹굴고 있는 게 아닌가!

"아이고! 내가 죽는구나, 사람이 이렇게 죽는구나."

하는 생각이 들었다. 심한 충격 속에서 정신을 차려보니, 내가 살아있는 게 아닌가! 아차, 싶어 앞에 탄 운전사를 살펴보니 움직이지 않고 가만히 있는 게 아닌가?

이 사람이 죽었구나 싶어서 운전사를 막 불렀더니, 대답을 한다.

"너 왜 그렇게 가만히 있었노? 난 네가 죽은 줄 알았데이"

"저는 박사님이 돌아가신 줄 알고 어떻게 해야 할지 아무 정신이 없어서 이러고 있었어요."

"그래! 어디 다친 데는 없나?"

"괜찮습니다. 크게 다친 데는 없는 것 같습니다. 박사님은 어떠세요?"

"그래, 나도 크게 다친 데는 없는 것 같다. 둘 다 살았으니 다행이다. 어서 차 밖으로 나가보자!"

그런데 얼마나 세게 부딪히고 굴렀던지, 차문이 다 찌그러져서 도무지

문이 열리지를 않는다. 얼마를 실랑이를 해서 차문을 열고 나와 보니, 그 때서야 밖이 훤해지고 있었다.

언덕으로 기어 올라와 서로 상태를 보니 내 머리에는 온통 유리 파편이 박혀있고, 운전사는 눈이 반텡이가 되어 있었다. 우선 손수건을 꺼내 운전사의 얼굴에 묻은 피를 닦아 수습을 해주고, 병원에 가서 치료를 받고 돌아오면서, 그 때 깨달은 것이 있다.

"아하! 사람이 이래 죽는구나, 이렇게 갑자기 부르시면 과연 나는 죽을 준비가 돼 있는가?"

하늘을 우러러 보면서 "내가 죽을 준비가 되어있나?" 보니까 전혀 안되어 있다.

"아하! 그래서 나를 살려주셨구나!"

그 뒤로 나는 매일같이 죽을 준비를 하는 마음으로 살고 있다.

"언제라도 부르시면 하늘나라에 갈 준비를 하고 살아야지!"

그 날 이후로 나는 주머니에 노란색 종이를 가지고 다닌다. 바로 유서와 장기기증서다. 문득문득 손에 남은 그 때의 흉터를 바라볼 때마다, 다시 기회를 주신 것에 감사하는 마음으로 살고 있다.

사고 난 후 응급치료를 하고 집에 돌아갔더니 우리 집사람이 깜짝 놀라며 "당신 왜 이렇게 다쳤느냐?"고 물었다. 차가 굴렀다고 말하면 얼마나 놀랠까 싶어, 차를 파킹하다가 차 사이에 끼어서 살짝 다쳤다고 했다. 우리 집사람은 지금도 그렇게 알고 있다.

만약 오늘이라도 내가 죽는다면…….

제일 먼저 우리 집사람이 달려와서는, 먼저 지갑을 뒤져서 돈을 빼내고,

“하! 하 !하! 산 사람은 살아야하지 않겠는가?”

그 다음에 노란 종이를 찾아서 내 장기와 시신을 처리하게 될 것이다.

이렇게 십여 년 전에 기쁜 마음으로 장기를 기증하고, 시신을 기증하고 나니까, 얼마나 마음이 기쁘고 평안하던지, 지금도 장기가 없어서 죽어가는 사람이 얼마나 많은지 모른다.

어차피 마지막 길 갈 때, 다 기증해서, 한 생명을 살릴 수 있다면 얼마나 숭고한 일인가?

모쪼록 이 책이 동기가 되어 장기 기증자가 많이 나오기를 기대한다.

여러분도 기억하고 계시는 미국의 911 테러사건도 나와 무관하지 않다. 2001년 9월 11일 미국 쌍둥이 빌딩이 테러로 처참하게 무너지기 보름 전에 나는 그 빌딩을 방문하였다. 그 뿐 아니라 바로 옆에 있는 메리어트 호텔 스카이라운지에서 식사를 하기도 하였다. 호텔 스카이라운지 식당에 앉아있으면 건물이 빙글빙글 돌면서 빌딩 아래 경치를 감상할 수 있는데, 911사태로 전망대의 유리가 모두 폭파되었으니 만약 내가 9월 11일에 그 곳에 있었다면 어떻게 되었겠는가!

그렇게 절대 절명의 순간들을 피한 일은 부지기수다.

2002년 10월 12일 인도네시아 자카르타에서 집회를 한 후, 발리에서 오랜만에 3일간의 휴가를 즐기고 왔다. 그런데 귀국하자마자 발리의 ‘사리클럽’ 이라는 나이트클럽이 테러로 폭파되어 300여명의 사상자를 내었다는 뉴스를 들었다. 불과 하루 사이에 일어난 사고였다. 나는 그 순간 피할 길로 인도하신 하나님의 은혜를 절감하였다. 만약에 하루만 더 머물렀더라면, 만약에 내가 그 때 사리클럽에서 춤을 추고 있었다면 어떻게 되었을까!

한번은 이런 일도 있었다.

2000년 7월에 미국 테네시주의 내시빌이라는 곳에서 집회를 인도하려고 공항에 도착하니 시간이 12시쯤 되었다. 마침 그 교회 담임목사님이 마중 나와 기다리고 계셨다.

목사님과 함께 시내로 이동하는 중에 목사님께서 하시는 말씀이

"황박사님! 이렇게 매일 이동하면서 집회를 다니면 안돼요. 미국은 이동거리가 멀기 때문에 하루씩 일정을 잡고 이동하게 되면 피로가 누적되어 몸을 상하게 됩니다." 하신다.

"목사님! 이렇게 다녀도 평생 동안 얼마 못 다녀요. 하나님께서 사용해 주실 때 부지런히 충성해야지요."

"저런, 그렇게 사명을 가지고 하신다면 하나님께서 건강도 책임져 주시겠지요. 그런데 여기 엘고어 지방은 미국부통령의 고향이라서 볼거리가 많으니 점심식사 가볍게 하고 몇 군데 둘러보십시다." 하신다.

"아닙니다. 목사님! 저를 그냥 숙소에 넣어 주세요."

"아니, 왜요?"

"오늘 저녁 집회 준비를 해야 합니다."

"아니, 준비할 것이 뭐있습니까? 어제 집회 때 했던 것 그대로 하면 되지 않습니까?"

"목사님! 집회를 기도로 준비하지 않으면 은혜가 되지 않습니다."

목사님도 이해하셨다는 듯 나를 숙소에 넣어주고 돌아가셨다.

그런데 이게 웬일인가!

숙소에 들어가 여장을 풀자마자 갑자기 무서운 바람소리와 함께 바깥에서 '와 당 탕 탕!' 부서지고 깨지는 소리가 들리는 게 아닌가!

나는 이거 지진이 났나보다 싶어서 침대 밑에 납작 엎드려 간절히 기도하기 시작했다.

"하나님 아버지! 살려주세요. 저 집회하러 이렇게 먼 나라 미국까지 왔는데 집회 인도도 못하고 객사해서 되겠습니까? 죽어도 한국에 돌아가서 죽게 해주십시오."

한참을 기도하다보니 우당탕거리던 소리가 멈추고 갑자기 사방이 조용해진다. 대체 무슨 일이 벌어진 것인가? 궁금하여 밖에 나가보니 세상에 이게 웬일인가!

인근 지역을 토네이도가 강타하여 거대한 나무들이 뿌리째 뽑혀 나뒹굴고 집이 날아가고 자동차가 가로세로로 뒤집어져 있고, 차마 눈뜨고 볼 수 없는 참혹한 상황이 벌어져 있는 게 아닌가!

걱정이 되어 교회에 가보니 목사님 댁 마당에 있던 나무가 부러져 지붕을 덮치고 있고, 일대 모든 건물은 정전이 되었고, 실로 아수라장이 따로 없는 상황이었다. 목사님께서 가슴을 쓸어내리시며 하시는 말씀이

"황박사님! 그 때 박사님이 숙소에 들어가지 않고 관광을 하였더라면 우리는 모두 죽었을지도 몰라요." 하신다.

"세상에!"

또 이런 일도 있었다. 2004년 12월 26일 인도네시아 수마트라 섬 인근 해저에서 발생한 쓰나미! 이 엄청난 사건이 있기 전까지 우리는 대부분 쓰나미가 뭔지도 모르고 살았다.

2005년 5월 또 한 번 태국의 해변 마을을 쓰나미가 사정없이 휩쓸고 지나갔다는 뉴스를 접하면서 나는 모골이 송연해짐을 느꼈다. 쓰나미가 있기 불과 얼마 전, 그곳에서 집회를 인도하고 왔기 때문이다.

TV 화면을 보니 여기 저기 사체들이 나뒹굴고 졸지에 사랑하는 가족을 잃고 오열하는 이들을 바라보면서 어찌나 가슴이 아프던지!

"세상에, 내가 죽을 자리에 저들이 대신 죽었구나……."

"내가 죽을 자리에 저들이 대신 죽었어……."

너무나 애통하여 눈물이 주체할 수 없이 흘러 내렸다.

"어서 어서 저들의 삶의 자리가 복구되어야 할 텐데……."

나는 황급히 성금을 들고 신문사를 향해 달려갔다.

어려움을 당한 이웃들과 함께 슬픔을 나누는 우리의 민족성은 해외에서도 칭찬이 자자하다. 필자가 뉴올리언스에 집회를 가서 보니 공포의 허리케인이 휩쓸고 가 교민들이 어려움을 당하고 있었다.

이재민이 생겼을 때 다른 민족들은 집단 수용소나 공공기관으로 대피해서 구호의 손길을 기다리고 있었지만, 우리 동포들은 자기 집을 오픈해서 이재민을 따뜻하게 보살펴주고 그들이 평정을 찾을 때까지 서로의 필요를 나누어 썼다고 한다.

이런 훈훈한 정이 소문이 나자 세계 다른 민족들에게도 큰 감동과 귀감이 되었다고 한다.

동포들이 어려움을 당하는 것을 보고 차마 발걸음이 떨어지지 않아 이번 집회 때 받은 사례비와 가지고 갔던 여비를 몽땅 털어 뉴올리언스 수

재의연금과 교민교회 건축헌금으로 드리고 왔다.

돌아오면서 가족들에게 줄 선물을 하나도 준비하지 못했지만 작은 정성이라도 보태고 왔다는 생각에 어찌나 기쁘고 뿌듯하던지…….

즐거운 마음으로 인천공항에 도착해보니 세상에 이일을 어쩌면 좋은가! 귀여운 손주녀석들이 할아버지 오신다고 마중을 나와 있는 게 아닌가! 녀석들이 나를 보자마자 "할아버지, 선물 주세요." 하는데, 갑자기 가슴이 콱 막히는 것 같았다. 어찌나 미안하던지, 뽀뽀로 선물을 대신 할 수밖에…….

"얘들아! 지금은 이해 못하여도 훗날 너희들이 할아버지의 마음을 이해해주겠지……."

우리네 인생이란, 살면서 굽이굽이 사연이 쌓여간다.

돌아 보건데……..

인생이란 대로만 걷는 게 아니다. 오르막 내리막 숨이 찰 때도 많고, 뒷골목 어두운 밤길을 소망 없이 걷는 때도 있다. 때로는 지름길 놔두고 돌아온 듯 억울할 때도 있고, 막다른 골목에 몰려 막막할 때도 있다.

그러나 분명한 사실은, 영원히 끝나지 않는 오르막길도 없고, 영원히 내리막 막장만 있는 것도 아니라는 것이다. 정말 중요한 것은 우리가 끝까지 희망을 버리지 않는 것이다.

스페인의 철학자 호세 오르테가 이 가세트 *Jose Ortega y Gasset*는 "삶은 우리가 무엇을 하며 살아왔는가의 합계가 아니라 우리가 무엇을 절실하게 희망해왔는가의 합계이다."라고 했다.

'오늘 딱 하루만 주어진 것처럼'

오늘이 마지막 남은 딱 하루인 것처럼! 매일 매일의 마지막을 준비하며 산다면?

헬렌 켈러 *Helen Keller*가 어느 날 숲 속을 다녀온 친구에게 물었다.

"숲 속에서 무엇을 보았어?"

"글쎄, 뭐 별로 특별한 것이 없던데."

헬렌 켈러는 친구의 그 말을 이해할 수가 없었다.

"두 눈이 보이고, 두 귀가 들리는데 별로 특별한 것이 없었다니……."

보지도, 듣지도, 말하지도 못했던 헬렌 켈러는 만약 자신에게 단 사흘만이라도 볼 수 있는 기회가 주어진다면 그 때 무엇을 먼저 보고 느껴볼 것인지 미리 계획을 세웠다.

그리고 거기에 '내가 사흘 동안 볼 수 있다면 *Three days to see*'이란 제목을 붙여 발표하였다.

"첫째 날, 나는 친절과 겸손과 우정으로 내 삶을 가치 있게 해준 설리번 선생님을 찾아가 이제껏 손끝으로 만져서만 알던 그녀의 얼굴을 몇 시간이고 물끄러미 바라보면서 그 모습을 내 마음속에 깊이 간직해 두겠다. 그러곤 밖으로 나가 바람에 나풀거리는 아름다운 나뭇잎과 들꽃들 그리고 석양에 빛나는 노을을 보고 싶다.

둘째 날, 먼동이 트며 밤이 낮으로 바뀌는 웅장한 기적을 보고 나서, 서둘러 메트로폴리탄에 있는 박물관을 찾아가 하루 종일 인간이 진화해온 궤적을 눈으로 확인해 볼 것이다. 그리고 저녁에는 보석 같은 밤하늘의 별들을 바라보면서 하루를 마무리하겠다.

마지막 셋째 날에는 사람들이 일하며 살아가는 모습을 보기 위해 아침 일찍 큰길에 나가 출근하는 사람들의 얼굴 표정을 볼 것이다. 그러고 나서 오페라하우스와 영화관에 가 공연들을 보고 싶다.

그리고 어느덧 저녁이 되면 네온사인이 반짝거리는 쇼윈도에 진열돼 있는 아름다운 물건들을 보면서 집으로 돌아와, 나를 이 사흘 동안만이라도 볼 수 있게 해주신 하나님께 감사의 기도를 드리고 다시 영원히 암흑의 세계로 돌아가겠다."

헬렌 켈러가 그토록 보고자 소망했던 일들은 사실 우리에게는 그저 평범하고 지루한 일상이기도 하다. 대부분의 사람들은 보기위해 특별한 대가를 지불하지도 않고, 듣고 말하기 위해 값을 치르지도 않는다.

그러나 헬렌 켈러에게 이러한 일상은 바로 기적이었고 희망이었다.

헬렌 켈러는 이러한 소중한 일상들에 감사할 줄 모르는 우리를 향해 이렇게 외치고 있다.

내일이면 귀가 안 들릴 사람처럼 새들의 지저귐을 들어보라!

내일이면 냄새를 맡을 수 없는 사람처럼 꽃향기를 맡아보라!

내일이면 더 이상 볼 수 없는 사람처럼 세상을 보라!

또 한해가 가고 2009년 새해가 밝았다.

어린아이는 새해가 되면 한 살을 더 먹지만, 노인은 새해가 되면 한 살이 줄어든다.

그래서 늙은이는 자신이 두 번 다시 젊어질 수 없다는 사실에 촌음을

아끼지만, 젊은이는 자신이 늙는다는 사실을 까맣게 잊고 세월을 허비하
는지도 모른다.

오늘 딱 하루!

만약, 당신에게 오늘 딱 하루만 주어졌다면?

당신은, 오늘 하루를 어떻게 보내고 싶은가?

저 멀리 보이는 쌍둥이빌딩이 무너지기 얼마 전에
그곳을 방문했어요. 내일 일은 난 몰라요.

차이와 차별

예배를 드리고 나오다 보니 초등학교 1~2학년으로 보이는 이이들 서넛이 웅성거리며 말싸움을 하고 있었다.

"야! 양온유 너 나보다 어린 게 왜 반말 까고 그래!"

"내가 언제 오빠한테 반말했다고 그래?"

"방금 네가 나 쳐다보면서 그거 내거니까 내놔! 그리고 반말했잖아!"

"내가 언제 오빠보고 내놔! 그랬다고 그래? 내 친구한테 그런 거지!"

"네가 분명히 나쳐다보면서 말했잖아!"

"사람이 그럼, 눈이 두 개인데, 이쪽도 보고 저쪽도 볼 수 있지! 오빠 쪽을 힐끗 봤다고 오빠한테 말한 거야?"

"뭐! 이게 어디다 눈을 똥그랗게 뜨고 대들어!"

"그럼 사람 눈이 똥그라니까 똥그랗게 뜨지! 오빠는 눈을 네모나게 뜰

수 있어?”

“이씨!……. 이게!……. 너 죽어!…….”

“말로 하지 왜 주먹을 쥐고 때리려고 그래? 오빠 그럼, 전도사님한테 이른다!”

보아하니 남자애가 상급생인 모양인데 여자아이 군기 잡으려다 호되게 당하는 눈치였다.

“왜 여자들은 저렇게 술술술술 말을 잘 할까?”

주일학교 아이들의 말싸움을 보면서 어릴 적 내 모습이 떠올라 슬며시 웃음이 나왔다.

초등학교 교사시절 아이들에게 체육을 가르치며

“왜 더우면 땀이 나는 걸까?”

“왜 다른 사람이 하품하는 걸 보면 따라하게 되지?”

“왜 재채기할 때는 저절로 눈을 감게 되는 걸까?”

궁금증은 결국 나를 의대 청강생이 되게 하였고, 그 결과 나는 연세대학교 의과대학 교수가 되었다.

궁금한 김에 물어보자! 여러분! 말로 싸워서 남자가 여자를 당해내는 거 본 적 있는가? 아마 없을 것이다. 유사 이래 여자보다 말 잘하는 남자가 있다는 소리는 들어보지 못했으니까,

여자는 보통 남자보다 말이 빠르고 조리가 있다. 그 비밀은 무엇일까? 그 차이는 바로 뇌량에 있다. 그렇다면 뇌량이 무엇인가? 뇌량은 한 마디로 좌우 대뇌를 잇는 다리로서 우뇌와 좌뇌의 상호 정보교환이 이루어지는 곳이다. 그런데 뇌의 크기를 보면 일반적으로 남자가 여자보다 크다.

반면 뇌량의 끝부분은 여자가 남자보다 크다. 뇌량의 뒤편에 부풀어 오른 부분을 팽대부라고 하는데, 남자 뇌의 팽대부는 막대 모양이고 여자 뇌의 팽대부는 공처럼 둥근 모양이다.

즉 여자의 것이 남자의 것보다 압도적으로 발달되어 있는 것을 볼 수 있는데, 이 사실은 여자의 뇌가 남자의 뇌보다 좌뇌 우뇌 상호간의 협조가 좋다는 의미이기도 하다.

사실 필자도 말 잘하기로 둘째가라면 서러운데도, 순하고 얌전한 우리 집사람과 말로 싸워서 이겨본 적이 없었다. 그 이유가 뭘까?

언어 기능에 있어서 좌우 대뇌반구의 작용을 보면, 보통 남자보다 여자가 양쪽 뇌를 사용하는 능력이 뛰어나기 때문이다. 거기다 언어는 남자의 두뇌가 선호하는 기능이 아니기 때문에, 의사 표현을 할 때 떠올리는 단어에 자신의 감정과 경험을 동원하고, 전체적 분위기 파악 능력이 뛰어난 여성을 당해낼 수가 없는 것이다.

가끔 젊은 여성들이 필자에게 하소연 할 때가 있다.

"박사님! 왜 제 남편은 집에 오면 TV부터 켜는지 모르겠어요?"

"거기다 한 번 리모컨을 들고 앉으면 공연히 이리저리 채널을 바꾸어 대고 제가 옆에서 말을 해도 못 알아듣는 거 있죠."

"집에 오면 아기도 좀 봐주고 저하고도 좀 놀아주고 했으면 좋겠는데……."

"박사님! 뭐 좋은 방법 좀 없을까요?"

"방법? 하! 하! 하! 집에 가면 나도 그러는뎅……."

아내 된 여러분이여!

남자들이 리모컨에 집착하여 채널을 여기저기 돌리는 것은,

딱히 어떤 프로를 보려는 의지가 아니라 실은 '바위에 올라가 앉아 쉬고 있는 것' 이니 용서하시기 바란다. 적어도 TV를 보는 동안은 아무런 생각도 나지 않으니까!

남녀의 차이가 확연해지는 이유를 설명해 보겠다.

이는 바로 호르몬의 차이이기도 한데, 남성의 테스토스테론이 공간지능을 향상시킨다면 여성 호르몬인 에스트로겐은 그것을 억제한다. 자연 여성은 남자보다 테스토스테론의 수치가 훨씬 떨어진다.

그래서 두뇌가 여성적이면 여성적일수록 공간지능이 떨어지게 되는 것, 바로 이 때문에 대부분 여자들이 주차를 잘하지 못하고 또 지도를 잘 읽지 못하는 것이다.

반면 남성들은 에스트로겐의 수치가 여성에 비해 월등하게 낮기 때문에 한 번에 여러 가지 상황이 잘 파악되지 않고, 한 번에 한가지에만 몰입하게 되는 것이다.

일례로, 남편들에게 "자기야! 나 시장에 갔다 올게 아기 잘보고 있어" 하고 부탁하고 나가면 남편은 진짜로 아기를 쳐다보고 앉아 있다. 그러다 TV에서 극적으로 한 꼴 넣는 광경이 나오면 아기가 울어대고 난리를 쳐도 모르고 TV만 보다 결국 아내에게 딱 걸려 구박을 받는다.

그러나 여자들을 보라! 가스레인지에선 보글보글 된장찌개가 끓고 있다, 냉장고에 가서 두부를 꺼내 오는데 갑자기 전화가 걸려 온다, 그러면 무선 전화기를 어깨와 귀로 눌러 받으며 두부를 썰고, 그러다 아기가 울면 어느 새 아기를 달래 얼싸안고 나오며, 그래도 여전히 전화 통화를 하

고 있다. 이런 탁월한 감각과 풍부한 감성 탓에 전화기 한 번 붙잡으면 두 세 시간을 훌쩍 넘긴다.

"거 뉴스 좀 봅시다, 통 시끄러워서!" 하고 핀잔을 들어야 비로소

"호호! 우리 신랑이 한 마디 하네, 못 다한 얘기는 나중에 만나서 해요."

"아유! 여보! 스트레스 좀 푸느라고 그러는 건데 왜 소리를 질러요. 호! 호! 호!"

세상에! 무려 세 시간 통화하고도 못 다한 이야기가 있다는 거 아닌가! 이게 여자의 특성이다.

코뿔소의 무모한 사랑이야기를 아시는가?

코뿔소는 지독한 근시라고 한다. 그래서 가까이서 맘에 드는 숫놈 코뿔 소를 발견한 암놈 코뿔소는 시속 40km로 달려가 부딪혀 숫놈에게 애정 표시를 한다고 한다.

그러면 숫놈은 피를 철철 흘리면서

"아! 이 여자가 나를 사랑하는구나." 하고 감동한다나 …… .

말 안 듣는 남자, 지도를 못 읽는 여자

'바바라 피즈'와 '앨런 피즈' 부부가 써낸 「말을 듣지 않는 남자 지도 를 읽지 못하는 여자」라는 책이 있다. 제목이 벌써 심상치 않다.

실제로 이 책은 남녀의 공간지각 능력과 정서의 차이들을 재미있게 설 명해 주고 있다.

남자와 여자는 인류가 탄생되면서부터 역할을 분담하게 된다. 남자는

강력한 무력(武力)이 가장 큰 장점이고 이에 비해 여자는 출산이 가능하다는 장점을 가지고 있다.

이에 따라 남자는 인류가 탄생되면서부터 처자식을 부양하기 위하여 보금자리를 떠나 사냥을 하게 되었고, 남자들이 없는 동안 여자는 침입자로부터 새끼들을 보호하고 지키는 일을 하였다. 때문에 남자는 먹잇감을 찾아 멀리 원정 사냥을 나갔다가도 다시 자기 보금자리를 찾아와야 했으므로 자연히 공간지각능력이 발달하게 되었고,

여자는 외부의 침입자들로부터 새끼들을 보호하고 피신하기 위하여 주변 환경을 살피는 다중작업 능력이 발달하게 되었다고 설명한다.

흔히 겪는 일이지만, 여자들에게 길을 물어보면

"조금 더 내려가면 무슨 찻집이 있고, 거기서 조금 더 가면 무슨 옷가게가 있고……."

자기의 추억과 연관된 설명을 한다.

반면 남자들은 대충 설명만 듣고도 "아! 거기!" 하고 단번에 찾아 간다.

또 대형주차장에서 흔히 보는 장면인데, 내가 보기엔 공간이 충분한데도 차를 뒤로 뺐다 앞으로 뺐다 여러 번 반복하고도, 결국 차 엉덩이가 한쪽으로 삐죽 나오게 해놓고 내리는 걸 보면 틀림없이 여성이다.

여러분! 궁금하지 않은가?

왜 남자는 신문이나 TV를 볼 땐 아무것도 못 들을까?

왜 여자는 평행 주차를 그렇게 못할까?

왜 남자는 여자에게 거짓말을 하면 90% 들통이 날까?

왜 여자는 수다스럽고 남자는 과묵할까?

왜 남자는 포르노를, 여자는 로맨스를 좋아할까?

왜 남자는 섹스를 원하고 여자는 사랑을 원할까?

이 차이점만 잘 알아도 우리의 가정은 훨씬 조용하고 평화롭게 바뀔 것이다.

잠깐 설명한 것처럼 여자는 좌측엽의 발달로 언어능력이 뛰어나고, 남자는 우측엽의 발달로 공간지각 능력이 뛰어나다. 이러한 신체구조의 차이는 부부간의 생활 습관과 대화만 보아도 알 수 있다.

일례로 부부간 말다툼이 시작되면 처음에는 남자들이 제법 쌓였던 감정을 쏟아낸다. 선수 고지를 잡은 것처럼 보이는 것이다.

그러나 다음 순간 아내가 격사포를 쏘듯이 연애시절 때 묵은 감정부터 오늘날까지, 다른 것은 잘도 잊어먹으면서 잘못한 일은 어찌 그리 기억도 잘하는지, 조목조목 따지고 들이대면…….

"게임 오버다!"

거기다 아내가 훌쩍 훌쩍 울기까지 하는 날엔…….

"완전 KO 패!"

남자들은 괜히 이기지도 못할 싸움 시작만 해놓고

"거 그만둬요!"

"알았으니 그만 좀 해요!"

그래도 자존심은 있어서 큰 목소리로 윽박지르지만…….

내용인즉 말로는 당신 못 이기니 "내가 졌다."는 말씀이다.

필자도 거의 쉬는 날이 없도록 스케줄대로 움직이다가 어쩌다 집에 있는 날이면, 정말 아무 생각 없이 편히 쉬고 싶다.

모처럼 TV 앞에 앉아 뉴스라도 볼라치면, 아내가 TV 앞을 가리고 나서며 "나보다 뉴스가 더 보고 싶었었느냐?" 며 장난을 친다.

그리곤 "어제는 큰 손자가 어떻게 했고……. 오늘은 외손녀가 어떻게 했고……."

그동안 있었던 일을 미주알 고주알 수다를 떠는데,

여러분이여! 이 때 아내의 말을 귀담아 들어주는 남편, 그는 평화유지군이다. 그러나 멋모르고 "저리 비켜!" 한 마디 했다간 순식간에 전운戰雲이 감돌게 되고, 그 남편 결국 자폭하는 테러범이 되고 말 것이다.

차이를 알면 차별하는 마음이 없어진다.

지피지기知彼知己면 백전백승百戰百勝이라고 했다.

차이를 알면 차별하는 마음이 없어지고, 차별하는 마음이 없어지면 특별한 사랑이 싹튼다.

서로를 이해하고 배려하려는 마음으로 바라보자!

남자들은 왜 저렇게 반응하는 것일까? 남편은 부양의 의무가 있으므로 본능적으로 사실과 정보를 알기 위해 뉴스를 보고, 실제적인 해결책을 찾으려고 논평이나 좌담 프로를 즐겨 보고, 평상시 20개 정도의 단어로 아주 실제적으로 필요한 대화를 시도한다.

그러다보니 자연 그 어조가 아주 단호하여 상대를 제압 하려하고, 주변의 시선을 자기에게 집중시키는데 비중을 두기 때문에 과장과 허풍이 심한 경향이 있다.

그러니 어쩌겠는가!

아내들이여! "아하! 그런가보다." 하고 봐주자.

사실 남편들도 아내 못지않게 불만이 있다. 왜 내 아내는 나만 보면 수다를 떨자고 하는 걸까? 정말 집에 돌아오면 쉬고 싶은데 말이다.

그 이유는 아내는 대화를 친밀한 관계를 유지하는 징검다리로 생각하기 때문이다. 그래서 남편의 아주 세밀한 것까지 관심을 가지고 질문을 하는 것이다. 그리곤 대화를 통하여 자신의 감정을 표현하고 싶어 하고, 이해받고 싶어 하며, 공감대를 통하여 위로받고 스트레스를 풀려고 한다.

남편들이여! "그래서 그랬구나."하고 이제 잘 들어주자. 맞장구도 쳐주고, 고개도 끄떡여주고, 아주 아주 잘했다고 아낌없이 팍팍 칭찬도 해주자!

최근까지만 해도 사람들은 아이가 태어나면 그 마음이 하얀 종이와 같다고 믿었다.

부모와 선생이 그 위에다 선택사항과 선호사상을 써서 하나의 인격체가 만들어지는 것으로 알고 있었다. 그러나 이제 정확한 생물학적 증거가 입증되었다. 우리의 태도 선호사상 행동 등을 결정짓는 것은 우리의 호르몬과 두뇌회로라는 것이다.

이것은 우리의 생각과 행동이 후천적인 교육에 의해서가 아니라 자궁 속에서 부설되는 두뇌회로와 그 후의 호르몬 분비를 통해 결정된다는 것을 말해준다.

남자들은 흔히 냉장고 속의 치즈나 서랍 속의 물건을 찾지 못해 아내를 불러대지만, 여자들은 아주 짧은 순간에 쪽집게처럼 원하는 물건을 찾아낸다.

이러한 차이를 한 마디로 요약한다면, 바로 시야의 차이!

여자는 자기의 코를 중심으로 상하 좌우 45도로 퍼지는 광각시야, 즉 넓은 '주변시야'를 가진 반면, 남자는 마치 망원경을 들고 앞을 들여다 보는 것처럼 좁은 시각으로, 대신 멀리까지 내다볼 수 있는 일명 '장거리 터널시야'를 가졌기 때문이다.

여러분! 조물주께서 여자를 지으실 때 왜 남자의 갈비뼈를 취해 만드셨는지 아는가? 만약 남자의 머리뼈를 취해 만드셨다면, 여자가 남자의 머리 꼭대기 올라 앉아 오만방자할 것이 아니겠는가!

그럼 남자의 발가락뼈를 취해 만드셨다면? 남자가 여자를 하찮은 존재로 여기며 짓밟으려 할 것이 아니겠는가! 그래서 서로 동등한 위치에서 서로의 부족한 데를 보완하고 품어주며 살라고 갈비뼈를 취하여 만드신 것이 아닐까!

필자의 메일에 '마사지 부부'라는 제목의 글이 올라와 있었다.

그 내용이 공감이 가서 원문 그대로 실어본다.

"사람들이 살아가는 모습들은 어디서나 누구에게나 비슷하다. 한마디로 '마사지'다. '마'주 보고 '사'랑하며 '지'지고 볶는 것!

한때는 하루도 떨어져서는 못 살겠노라 하던 부부들이, 이제는 한시도 같이 못 살겠노라 아우성을 친다. 이러한 부부간의 갈등은 서로가 다르기에 일어난다.

사랑한다고 갈등이 없는 것이 아니고, 갈등이 있다 하여 사랑하지 않는 것도 아니다. 꼴도 보기 싫도록 밉다가도, 자고 나면 다시 좋아지는 것이 부부이다. 문제는 많은 부부들이 준비 없이 결혼한데서 문제가 생긴다.

서로가 모르기에 무심하게 되고 서투르고 미숙하여 문제가 일어난다."

유대인 어머니들은 결혼을 앞둔 딸에게 이런 편지를 꼭 보낸다고 한다. 딸이 행복한 부부생활을 누릴 수 있게 하기 위해서다.

"사랑하는 딸아, 네가 남편을 왕처럼 섬긴다면 너는 여왕이 될 것이다. 만약 남편을 돈이나 벌어오는 하인으로 여긴다면 너도 하녀가 될 뿐이다. 네가 지나친 자존심과 고집으로 남편을 무시하면 그는 폭력으로 너를 다스릴 것이다. 만일 남편의 친구나 가족이 방문하거든 밝은 표정으로 정성껏 대접하라. 그러면 남편이 너를 소중한 보석으로 여길 것이다.

항상 가정에 마음을 두고 남편을 공경하라. 그러면 그가 네 머리에 영광의 관冠을 씌워 줄 것이다. 가정을 집으로 비유한다면 기초는 두 사람의 세계관이다.

기둥은 부부이다. 대화와 이해라는 두 개의 창문이 있어야 세상을 바라볼 수가 있다. 또 보호라는 울타리와 봉사라는 대문을 잘 사용해야 한다.

행복은 멀리 있는 것도 아니고, 행복하기 위해 많은 수고가 필요한 것도 아니다. 행복한 부부는 서로를 격려하지만 불행한 부부는 서로를 공격하고 무시한다. 이기심과 무관심이 가정의 행복을 앗아 간다.

자식들을 출가시킨 후 부부는 오랜 시간을 함께 보내야 하는데 서로를 배려하지 않고는 행복한 인생이 될 수가 없다. 노년이 되어도 다투는 문제는 대부분 상대가 절실하게 원하는 것이 무엇인지를 알지 못하는데 기인한다.

사람은 나이가 아무리 들어도 꿈이 있다. 그 꿈을 이루기 위해 서로 역할분담을 나누며 협력해 나갈 때 행복하게 살아갈 수 있게 된다.”

그래서 결혼생활상담가들은 이렇게 조언한다.

“남녀가 결혼을 하여 한 이부자리에 누우면 눈에 보이기엔 두 사람 뿐이지만, 실상은 6명이 한 자리에 누워 있는 것이다. 남편의 부모와 아내의 부모와 그리고 부부”

성숙한 두 사람이 결혼을 하여 가정을 꾸린 것 같지만, 사실은 서로 다른 환경들과, 아직 다 자라지 못한 어린아이가 살고 있는, 과거 속의 서로와 결혼한 것이라는 말씀이다.

그러니 부부사이에 어찌 갈등이 없겠는가!

사랑하는 여러분이여!

모든 공동체 속에서 원만한 관계를 유지하기 바란다면, 먼저 남녀의 차이를 배우도록 하라! 서로 다른 것은 다를 뿐이지, 나와 다르다고 절대 그가 틀렸거나 나쁜 것이 아니다.

사람은 혼자일 때보다 둘일 때에 아름답다. 서로 다른 두 사람이 서로를 이해하며 사랑하며 이루어 나가는 조화는 더더욱 아름답다. 정말 행복한 결혼생활을 원한다면, 배우자의 자라온 환경과 특성을 이해하려 노력하라!

왜냐면, 사랑은 관심이요, 관심은 곧 이해와 포용을 수반하기 때문이다. 서로에 대한 깊은 이해와 배려와 용납은 가장 소중한 축복이다.

차이와 차별을 이긴 자! 그는 특별한 사랑을 얻게 될 것이다.

신바람 건강 10훈

우리는 흔히 인생을 자동차의 주행속도로 비유한다.

우리 인생이 30살에는 30km로 달려가다가, 40살에는 40km로 달려가고, 50살에는 50km로 달려가더니, 90살이 되면 90km로 날아간다고 표현한다.

우리 몸의 노화진행속도를 보다 더 감각적으로 표현한 이도 있다.

60에는 해年 마다 늙고, 70에는 달月 마다 늙고, 80에는 날日 마다 늙고, 90에는 때時 마다 늙고, 100에는 분分 마다 늙는다나!

필자는 우리 모두가 보다 건강한 인생을 살기를 바라는 마음으로 건강에 대한 많은 정보와 관리법, 그리고 건강을 유지하기 위한 체력단련법을 강의하며 지내왔다.

사람의 나이가 60살을 넘으면 생각하는 것이 원만하여 어떤 일을 들으면 곧 이해가 된다는 뜻으로, 이순耳順이라고 한다.

그러고 보니 나 또한 벌써 이순의 반열에 접어들어 해마다 늙는 나이가 되었다. 그러나 사람의 나이란 숫자에 불과하다. 나이 많은 젊은이가 있는가하면, 나이어린 노인도 있다.

그 사람이 어떤 생각을 가지고 사는가는 그 사람의 정신적 나이를, 그 사람이 평소 어떻게 건강관리를 해왔는가는 그 사람의 건강나이를 판가름해주기 때문이다.

나이가 든다는 것은 순리적으로 생각하면 참 아름다운 변화이기도 하다. 혈기 방자하고 무분별하여 좌충우돌, 몸과 마음을 함부로 굴리며 시행착오를 겪었던 젊은 시절보다, 무슨 일이든 여유를 가지고 바라보는 혜안慧眼과, 어지간해선 불뚝거리지 않는 평심平心과, 그리고 살면서 터득한 노하우의 폭발력들이 나이 들어감의 미학美學이 아닐까?

이어령 교수는 젊은이들의 시행착오를 개미의 움직임으로 비유하고 있다. 개미가 먹을 것을 구하기 위하여서는 수없이 헤집고 헤매느라 구불고불 복잡한 동선을 그리지만 먹을 것을 구한 후에는 직선거리로 집으로 향한다는 것이다.

이와 마찬가지로 젊은 시절에는 자신에게 맞는 직업이나 자신의 달란트 또는 취향이나 이성을 찾아 수없이 오락가락 시행착오를 거치지만 이러한 실패는 직선거리로 자신의 집을 찾아가기 위한 당연한 수고이며 값진 실수라는 말이다.

바라기는 여러분 모두가 신바람 나게 ‘9988’ ‘99세까지 88하게 살기’를 바라는 마음으로 신바람 건강 10훈을 소개한다.

1. 자연으로 돌아가라

먼저 자연 친화적인 환경으로 돌아가야 한다. 자연친화적이라는 말은 곧 조물주의 창조법칙으로 돌아가야 한다는 말이다. 현대인을 위협하는 각종 희귀병과 바이러스들의 원인은 사실 인간들이 생태계를 파괴한데서 기인한 질병들이다. 채식을 해야 하는 소에게 동물성 사료를 먹인 결과 광우병이라는 무서운 재앙을 불러왔다. 또한 인간의 순리를 거스른 쾌락들이 에이즈라는 무서운 결과를 초래했다.

우리가 매일 섭취하는 음식 속에 각종 방부제와 농약 잔유물 그리고 화학성분들이 함유되어 있다는 비극은 이제 먹거리에 대한 공포와 불신을 가져왔다. 되도록 가공식품을 피하고, 농약, 비료, 제초제를 사용하지 않은 유기농산물인 자연식품이 좋다는 사실이야 누구나 아는 상식이지만 그걸 실천하며 살기란 용이하지가 않다.

그러나 불가능한 것도 아니다. 나부터 실천하면 가능한 일 아닌가!

바라기는 되도록 인공첨가물이 들어간 인스턴트식품과 패스트푸드를 피하고, 우리의 산과 들에서 자란 야채와 나물 그리고 과일을 섭취하자. 부디 신토불이身土不二를 기억하라.

2. 잘 먹어라

히포크라테스 *Hippocrates*는 "음식으로 고칠 수 없는 병은 약으로도 못 고친다."고 했다.

밥이 보약이다. 하루 세끼를 다 찾아먹되 아침은 일꾼처럼, 점심은 황제처럼, 저녁은 거지처럼 먹어야 한다. 그중 반드시 지켜야할 사항은 아침을 꼭 챙겨 먹으라는 사실이다.

아침식사를 영어로 'Breakfast'라고 한다. 이 단어의 어원은 Break은 '깨트린다.', Fast는 '굶는다.'는 뜻에서 유래한다.

즉 아침이란 말은 "굶는 것을 깨뜨려라, 절대로 굶지 말라"는 뜻이다.

또한 음식을 골고루 먹되 과식을 하지 말아야 한다. 과식하면 암癌이 잘 온다고 한다. 암癌자를 풀이하면 입 구口자가 세 개 있고, 그 밑에 뫼산山자가 있다. 입이 세 개가 되도록 산같이 많이 먹으면 암이 온다는 뜻이다.

또 하나 소육다채少肉多菜하라. 이 말은 '고기는 적게 먹고 채소는 많이 먹으라.'는 말이다. 그리고 짜고 맵고 뜨거운 것을 피하라. 그 중에서도 뜨거운 음식을 피하도록 하라, 우리나라 국민이 식도암이나 위암환자가 많은 이유 중에 하나가 너무 뜨거운 것을 먹기 때문이라고 한다. 뜨거운 음식을 먹고 입천장이 데었다면 식도나 위는 안 데었겠는가!

식혀서 천천히, 약간 싱겁고 순하게 먹는 습관을 들이기 바란다.

3. 잘 자라

소번다면少煩多眠이란 말이 있다. 걱정근심은 적게 하고 잠을 많이 자면 건강해진다는 뜻이다. 잠을 잘 자는 것은 산삼을 먹는 것보다 낫다고 한다. 깊은 잠을 자고 산삼을 먹지 않은 사람이 산삼을 먹고 깊은 잠을 자지 못하는 사람보다 더 건강하다.

잠이 올 때는 밤이고 낮이고 무조건 자는 것이 좋다. 미국 사람들의 속담 중에 "좋은 차를 탄 순서대로 출근한다."는 말이 있다. 성공한 사람의 아침은 부지런하더라는 말이다. 이 말을 재해석하면 성공한 사람들 대부분은 수면관리를 아주 잘하고 있다는 뜻이기도 하다.

우리 몸은 12시간 마다 잠을 자도록 되어있다. 사람의 수면리듬은 보통 얕은 잠, 조금 깊은 잠, 깊은 잠, 그리고 꿈을 꾸면서 자는 깊은 잠인 안구가 빠르게 움직이는 Rem sleep의 단계로 나누어진다.

인간의 잠의 사이클은 보통 2시간 간격으로 반복된다. 깊은 잠은 보통 사람의 체온이 가장 낮을 때인 새벽 2시~4시 사이로서 이때 자는 깊은 잠 6시간 정도는, 8시간 자는 잠과 맞먹는 효과가 있다. 깊은 잠을 잘 때 우리 몸에서는 멜라토닌이라는 성분과 성장호르몬, 그리고 성호르몬이 증가되어 더욱 건강해진다.

그러므로 혹시 불면증이 있다면 이 증상을 빨리 개선하도록 하라. 불면증을 이기는 길은 우선 저녁식사 전에 가벼운 운동을 하고 따뜻한 물에 목욕을 한 후, 저녁식사를 가볍게 하고, 일찍 포근한 잠자리에 들어 아름다운 추억을 생각하며 잠을 청하라!

그리고 아침에 일어나면 마른수건으로 온몸을 마찰시켜 주거나 손바닥을 오므려서 온 몸을 두드리는 조타를 해주도록! 이렇게 하면 뇌에 충분한 혈액을 보내주게 되고 온 몸이 잠에서 깨어나 활동하게 된다.

또한 아침에 양치질을 할 때도 오른손잡이라면 왼손으로 칫솔질을 하여 자주 사용하지 않는 근육을 의식적으로 많이 움직여 주는 것이 우뇌와 좌뇌의 균형을 잡아주는데 도움이 된다.

그리고 아침에는 당분을 충분히 섭취해주는 것이 좋다. 우리의 뇌는 포도당에 의존하기 때문에 일어나자마자 적당한 당분을 보충해주면 뇌의 활동을 촉진하는데 도움이 된다.

막 잠에서 깨어난 아침시간은 우리의 두뇌가 가장 명석해지는 시간이다. 이때의 집중력과 판단력은 낮 시간의 3배에 달한다. 아침시간은 우뇌가 활발하게 작용하므로 창작력과 상상력을 추구하는 아이디어 회의를 하려면 아침 시간을 활용하는 것이 좋다.

건강하게 장수한 사람들 중에 야행성인 사람은 없다.

일본의 경우 1백세 이상 장수한 노인 중 90%가 밤 8시~9시 사이에 잠을 잤으며, 오전 5시 이전에 일어났다는 통계가 있다. 일찍 자고 일찍 일어나는 것, 이것이 장수의 비결이다.

4. 반드시 운동을 하라

우리 몸의 건강을 돕는 것으로는 식보食補, 약보藥補, 행보行補가 있다. 과거 우리 조상들은 먹을 것을 구하기 위하여 많이 움직이고 걸었기 때문에 행보에는 문제가 없었다.

그러나 먹거리가 부족하여 식보와 약보를 하지 못하여 장수하지 못하였다. 그런데 지금 현대인들은 완전히 반대다. 먹을 것이 풍성하여 식보와 약보는 지나칠 정도인데 행보가 부족해서 건강이 약화되고 있다.

소승다보少乘多步라는 말이 있다. 이는 '차는 적게 타고 많이 걸으라' 는 뜻이다. 요즘 우리가 타고 다니는 차가 어떤 차인지 아는가? 바로 영구차다. 남자들의 경우 규칙적으로 걷기를 하는 사람들이 성기능이 좋아졌다는 보고가 있다. 의사선생님이 병원에도 있지만 우리 몸에 있는 두 다리가 바로 의사다. 많이 걷되 조금 빠르게 속보로 걷기를 매일같이 규칙적으로 하도록 하라. 분명한 것은 우유를 받아먹는 사람보다 우유를 배달하는 사람이 더 건강하다는 사실이다.

건강하기 위한 운동의 원리를 아주 명확하게 설명하자면, 운동을 하되 숨이 조금 차도록 하고, 일주일에 4~5일, 하루에 30~60분정도를 하면 모르는 사이 건강해진 자신을 발견하게 될 것이다.

5. 담배를 끊고 술을 절제하라

담배 연기 속에 발암물질이 50종, 독성물질이 4,000종이 들어 있다고 한다. 담배는 마약 중의 마약이다. 담배가 함유한 니코틴, 타르, 일산화탄소등은 흡연자의 혈관 벽을 자극하여 고무풍선같이 부풀어 오르게 한다. 이때 유해한 독성물질이 혈전을 만들어 혈관을 타고 다니다가 뇌혈관을 막으면 뇌경색을, 심장혈관을 막으면 심근경색이 되는 것이다.

술도 몸에 해롭기 때문에 술을 꼭 먹고 싶으면 술 주酒자의 의미대로 먹기 바란다.

본래 술 주酒자를 풀이해 보면 물 수水변에 닭 유酉자로 되어 있다. 이는 닭이 물을 먹듯 술을 먹으라는 말이다. 닭이 물을 먹을 때 어떻게 먹는가? '물 한 모금 입에 물고 하늘 한번 쳐다보고, 물 한 모금 입에 물고 하늘 한번 쳐다보고' 아주 조금씩, 아주 천천히 먹지 않던가!

또 한 가지 닭 유酉자는 하루 시간 중 유시酉時를 가리키는 말이다. 이 말은 술을 먹되 유시, 곧 닭이 잠자리에 드는 시간인 저녁 5시~7시까지만 먹으라는 말이다. 술이란 과하면 독이 되고 적당하면 약이 된다. 조금씩 천천히 마시되 일찍 집에 돌아가 충분히 휴식을 취하기 바란다.

6. 목욕을 자주하라

소의다욕少衣多浴이란 말이 있다. 옷은 얇게 입고 목욕은 자주하라는 말이다. 목욕은 먼저 혈관을 열어주어 혈액순환을 원활히 한다. 그래서 각 조직에 산소와 영양물질을 잘 공급하고 조직에 생긴 노폐물과 탄산가스를 빨리빨리 제거해준다. 그리고 피부를 깨끗하게 해주어 피부암을 예방한다. 바람직한 목욕 법은 너무 장시간 탕 속에 있지 말고, 물을 충분히 마시는 것이 좋으며, 땀을 많이 흘린 경우 소금을 약간 곁들이는 것이 더 없이 좋다. 사우나 실에 소금을 둔 것은 바로 이런 이유 때문이다.

7. 많이 베풀어라

소욕다시少慾多施, 욕심을 버리고 많이 베풀라는 말이 있다. 욕심은 건강을 크게 해치게 되나 베풀게 되면 건강이 크게 좋아진다. 그 이유는 베푸는 마음을 가지게 되면 뇌 속에서 건강에 도움이 되는 호르몬인 세로토닌, 베타엔돌핀, 노에피네피린 등 10가지 이상의 호르몬이 동시에 분비되기 때문이다. 실제 죽을병에 걸린 사람이 자신의 소유를 모두 나누어주고 베풀었다가 뜻밖에 건강을 회복한 경우가 많다.

그 대표적인 인물이 바로 록펠러다. 록펠러는 그의 나이 53세에 세계적인 갑부가 되었지만 하루 세끼조차 마음 놓고 먹을 수 없는 중병에 걸리게 되었다. 그는 그 때 자신의 몸에 돈독이 올라서 죽게 되었다는 깨달음을 얻고 자신의 소유를 어려운 이웃과 사회에 환원하며 베푸는 삶을 살았다고 한다. 그 결과, 일 년을 넘기지 못할 것이라던 의사의 말과 달리 그는 98세까지 장수하였다.

8. 스트레스 관리를 잘하라.

몬트리올대학의 한스 셀리 *Hans Selye* 박사가 쥐를 가지고 스트레스가 쥐에게 미치는 영향을 실험하였다. 박사는 일주일동안 쥐들이 평화롭게 놀고 있는 곳으로 매일 고양이가 지나가도록 한 후, 일주일 뒤에 쥐의 위를 열어보니 쥐들이 모두 심한 위궤양에 걸려있었고 심한 경우 심장이 망가지고 위에 천공이 생긴 쥐를 발견하게 되었다고 한다.

고양이가 쥐를 공격하거나 한 것도 아닌데 이런 결과가 나타난 것이다. 스트레스가 이렇게 무서운 것이다. 또한 건강하게 장수하기를 바란다면 될 수 있는 대로 화를 내지 말아야 한다. 화내는 사람의 입김을 고무풍선에 받아 냉각을 시키면 액체로 바뀌는데 이 액체를 주사기에 담아 쥐에게 주사하였더니 쥐가 3분 동안 발작하다가 죽었다고 한다.

세계 여러 민족 중에 화병火病을 앓는 민족은 우리나라에 밖에 없다고 한다. 나도 건강하고 남도 건강하게 살도록,

"스트레스 주지도 말고 받지도 말자!"

9. 많이 웃어라

일소일소요, 일노일노笑—少, —怒—老란 말이 있다. 한번 웃으면 한번 젊어지고, 한번 화내면 한번 늙어진다는 말이다.

이 말은 지금 현대의학에 의해 입증되고 있다. 사람이 평균 하루에 한번만 웃어도 수명이 이틀이나 연장된다고 한다. 그러면 매일 웃으면 어떻게 될까?

우리 인간에게는 동물에게 없는 것이 몇 가지 있는데. 그중에 하나가

웃음보다. 동물은 웃음보가 없기 때문에 웃을 수가 없다. 그렇다면 왜 우리 인간에게만 웃음보가 있는가? 그것은 아마 많이 많이 웃고 건강하라고 조물주가 우리에게만 주신 특별한 선물인가 보다. 영어단어 중에 가장 긴 단어는 1.6㎞나 된다. 그것은 바로 Smiles, 웃음이다. S와 S사이에 1mile 이나 되는 거리가 있지 않은가! 1mile이 1.6㎞니까 이보다 더 긴 단어가 있겠는가!

스마일이 '미소 짓다, 웃다' 라는 단어인 것은 아마도 길게길게, 오래오래 웃으면서 건강하게 살라는 뜻에서 유래한 것인 듯!

웃는 것이 장수의 비결이라면 이보다 쉬운 일이 어디 있겠는가?

뭐 돈이 드는 것도 아니고, 시간을 따로 낼 필요가 있는 것도 아니고,

자 여러분이여! 우리 모두 일주일 내내 웃으며 살자!

월요일은 원래부터 웃고,

화요일은 화사하게 웃고,

수요일은 수수하게 웃고,

목요일은 목숨 걸고 웃고,

금요일은 금방 웃고 또 웃고,

토요일은 토실토실하게 웃고,

일요일은 일어나자마자 웃자!

저 보세요 저 보세요 국회의원 떨어져도 웃잖아요. "하! 하! 하! 하!"

10. 건강 체크를 잘하라

일 년에 한 번씩은 꼭 건강 체크를 하길 바란다. 우리 몸에 무서운 질병

일수록 소리 없이 고통 없이 진행되는 경우가 많기 때문이다. 오늘날 현대병으로 분류된 병일수록 소리 없이 우리를 잠식해 들어간다. 심장병, 고혈압, 당뇨병, 암, 동맥경화 등이 무서운 것도 우리 몸속에 진행되고 있음에도 아무런 자각증상을 느끼지 못한다는 사실 때문이다.

속이 더부룩해서 병원에 찾아갔더니 이미 위암 2기네, 3기네 하더라는 말을 종종 듣는다. 암이 몸속에 진행되어서 1cm 자라려면 무려 5~10년이 걸린다고 한다. 이때를 초기라고 하고 1cm 정도 자란 상태를 1기라고 하는데, 1기 이전에는 본인이 전혀 모른다고 한다.

그러니 정기적인 건강검진이 꼭 필요한 것이다. 대부분의 암은 초기에 발견이 되면 95% 이상 완치가 가능하다. 물론 인명재천人命在天이라 하여, 인간의 수명이 하늘에 달려있다고 하지만, 나는 이런 제안을 하고자 한다.

천명재인天命在人 이라. 하늘이 주신 명이긴 하나 그걸 관리하는 몫은 사람에게 달려있다. 평소에 건강관리를 잘하면 100수라도 할 수 있다.

건강! 건강할 때 잘 지키자.

사람은 저마다의 유전인자를 가지고 태어난다. 어떤 가족은 위가 안 좋은 가족병력을 가지고 태어나기도 하고, 어떤 가족은 심장이 약하거나 간이 안 좋은 가족력을 가지고 태어나기도 한다. 그러나 지피지기면 백전백승! 적을 알고 나를 알면 백번 싸워 백번 다 이길 수 있다.

자기 가족들의 기왕병력을 잘 관찰하여 평소 취약한 부위를 조심하고 관리하면, 유전적 요소나 환경요인들은 모두 극복할 수 있다.

내 나이 이순이 되고 거듭 깨달은 건강비결이란,

먼저 가족이나 친구들과 정신적 심리적으로 깊은 교감을 나누며, 육체적으로 스킨십을 자주하며 더 많이 사랑을 나누고, 사회적으로 이웃들에게 더 많이 베풀고 나누어 주며, 규칙적인 운동으로 몸을 단련하고, 언제나 감사하는 마음으로 신나게 웃고 사는 것이다.

모쪼록 신바람 건강 10훈으로 99세까지 88하게 무병장수하시길!

우리 신바람 가족 화목상을 받았어요. 너무나 행복했어요.
가정의 행복은 만들어야 되는 것 같아요.

4부

여행을
한다는 것은

영국 국회의사당 앞에서, 런던 템즈Thames 강변

여행을 한다는 것은

누군가 여행에 대해 이렇게 피력하고 있었다.

"여행을 한다는 것, 그것은 단순히 어딘가로 떠났다가 돌아오는 일이 아니다. 여행은 세계 속 어딘가에 존재하고 있는 나의 또 다른 얼굴을 찾아내는 과정이며 그 과정을 통해서 그 도시를, 그리고 그 도시의 누군가를 가슴에 품게 되는 인생의 소중한 선물이다."

필자는 감사하게도 전국방방곡곡 오지낙도에서부터 세계 각국의 아름다운 명소와 도시들을 여행할 기회가 많았다. 아마 아프리카를 빼고 안 가본 나라가 거의 없을 정도로 일과 여행을 함께 누리는 은총을 받았다.

해외에 나가보아야 비로소 애국자가 된다는 말이 있다. 여행을 통하여 깨닫는 교훈 중 하나는 한국인으로서의 자각과, 세계에 속한 자기정체성의 발견을 꼽을 수 있다.

미국 캘리포니아의 주도 새크라멘토 *Sacramento*에 강연을 갔을 때의 일이다. 이때가 마침 추석 전날이었다. 우리 교민들도 대대로 내려오는 풍습을 잊지 않고 집집마다 '송편을 빚는다, 전을 부친다.' 분주하게 지내고 있었다.

교민들과 식사를 하는 자리에서 한 분이 묻는다.

"황박사님! 이곳 샌프란시스코의 미식축구 팀 이름이 왜 'Forty Niners' 인지 아세요?"

"글쎄요, 왜 팀 이름을 숫자로 지었을까요?"

"이 숫자가 곧 이 도시의 역사이기 때문이지요."

"그래요, 어떤 역사인데요?"

"본래 새크라멘토는 잘 알려지지 않았던 곳이었는데, 1949년도에 어떤 사람이 시냇가를 지나가다 우연히 햇빛에 반사되어 번쩍이는 사금을 발견한 후로 유명해졌다고 해요."

"그래요"

"엄지손가락만한 사금덩어리가 사방에 널려있다는 소문이 나면서 엄청나게 많은 사람들이 몰려들었다지 뭡니까!"

"아하! 우리가 영화에서 봤던 그 서부의 개척자들이 총을 들고, 말을 타고, 금광을 찾던 그 광경이로군요."

"네, 그렇지요."

"그럼 49란 숫자는 바로 이 엄청난 금광을 발견한 해를 기념하기 위해서 지어진 이름인가보네요?"

"맞습니다. 이러한 역사로 새크라멘토는 금광도시로 유명해졌답니다."

"그럼! 이 도시 사람들 엄청난 돈을 벌었겠군요?"

"네, 돈을 많이 벌었다고 해요. 그런데 주목할 만한 사실은 그 때 대부분의 사람들의 말로가 좋지 않았다고 해요."

"아니, 왜요?"

"금광으로 일확천금을 번 사람들 중 대부분이 술과 도박으로 한순간에 돈을 날리든지, 아니면 금광 쟁탈전으로 서로 죽고 죽이느라 많은 사람들이 목숨을 잃었다고 해요."

"저런!"

"그러니 성공한 사람은 극소수일 수밖에요, 그나마 후대에 이름을 남기게 된 분들은 금광으로 번 돈을 가지고 병원을 건립하거나 자선사업을 한 분들이라고 해요."

"저런, 이기적인 사람의 종말과 이타적인 사람의 마지막이 참 많이 다릅니다 그려"

"네에"

집회를 마치고 요세미티 Yosemite국립공원을 관광하였다. 울창한 세쿼이아 숲의 기백과 협곡은 그랜드캐넌 못지않게 장관이었다. 짬을 내어 캘리포니아의 대평원을 가로질러 달리는 기분이란 말할 수 없이 널널하였다. 끝없이 펼쳐지는 기름진 평야는 이곳이 과연 미국 최대의 곡창지라는 말이 실감이 났다.

"박사님, 이 넓은 평야에 어마어마한 양의 유전이 매장되어 있습니다."

"야! 이 넓은 땅에 유전이 매장되어 있다는 말이지요!"

"뿐만 아니라, 이곳에서 생산되는 과일, 특히 오렌지 포도의 맛과 질은 최고를 자랑하지요.”

“그러게요, 한국에서도 캘리포니아 산 오렌지나 포도는 흔히 보았지요.”

“이곳은 일조량이 많아서 물 조절만 잘해주면 일 년 사모작까지 할 수 있습니다.”

“사모작을요?”

“네, 캘리포니아 산 건초는 세계시장을 석권한다 해도 과언이 아닌데요, 비행기로 씨를 뿌리고 물을 충분하게 공급하여준 뒤, 풀이 충분히 자랐을 때 물 공급을 끊어버리면 2주일만에 건초를 수확하게 되거든요, 그렇게 1년에 4모작을 하니 대단한 실력이 아닙니까?

“그렇다면 관개수로시설이 잘 갖추어져야 하겠네요?”

“네 맞습니다. 수백 km 밖의 강물을 끌어와 관개시설을 확충하였고, 거기다 과학적인 데이터로 프로그램화 시켜놓아서, 기후변화에 따라 물 공급이 자동조절 되고 있지요.”

“이야! 그러니 일일이 사람 손을 들여 농사지어 가지고는 경쟁력에서 당할 재간이 없겠습니다 그려.”

“박사님! 박사님도 캘리포니아산 쌀이 밥맛이 좋다는 이야기 들어보셨지요?”

“예, 국내에서 한때 떠들썩했지요. 쌀값 문제로다가”

“캘리포니아에서 아끼바리 쌀이 재배되게 된 유래를 아시나요?”

“어떤 사연인데요?”

“2차 세계대전 때, 미국과 일본이 맞서 싸우면서 일본군 포로들을 미국 본토에 수용했었다고 해요.”

“그래요?”

“네, 그 때 일본 포로들이 풀풀 날아가는 밥을 도저히 못 먹겠다고 찰진 밥을 먹게 해달라고 데모를 했던 모양이에요. 그런 쌀을 미국에선 구할 수가 없다고 하니까 포로들이 아끼바리 볍씨를 가져다주면 자기들이 시험재배를 하겠다고 우겨서 캘리포니아에서 아끼바리 쌀을 재배하게 되었다고 해요.”

“그런 역사를 가지고 있었군요.”

“그러니 사람이 역사를 거스르며 살 수 있나 보세요.”

“무슨 말씀이세요?”

“일본 포로들이 자기들이 자청하여 재배한 쌀 때문에, 결과적으로 그 후손들이 쌀값 파동에 시달리고 있으니 드리는 말씀이지요.”

“허허 참! 일본이야 자기네가 자청하여 지은 죄나 있지만, 우리나라는 고래싸움에 새우등이 대대로 터지는 격이 아닙니까?”

“기름지고 드넓은 평야에 비행기로 볍씨를 뿌리지요, 관개시설로 최적정 수준의 수분을 공급해주지요, 거기다 기계로 자동 수확을 하지요, 그러니 이 거대한 기업형 농법에 우리가 당할 재간은 없고 큰일입니다.”

나비 한 마리가 푸드득거린 날갯짓에 이역만리 먼 나라에 태풍이 분다더니, 이 경우를 두고 하는 말이 아닌가! 한미 FTA 협상문제로 온 나라가 떠들썩한 이때, 생각할수록 일본에 대한 묵은 감정이 밀고 올라오는 것을 어쩌랴!

그래도 교포들이 입을 모아 우리 민족의 위상을 전해주니 위로가 된다.

“황박사님! 미국 사람들, 우리 대한민국을 불가사의한 저력을 가진 나라로 주시합니다.”

“그래요? 왜지요?”

“사실 유대인을 이기는 나라는 우리 대한민국밖에 없다는 거 아닙니까?”

“어떤 점에서요?”

“유대인들의 애국심이야 이미 세상이 다 아는 사실이잖아요? 유대인들은 자신들의 모국에 전쟁이 나면 언제라도 참여할 자세를 가지고 삽니다. 그래서 직업을 구할 때도 언제라도 자리를 걷고 떠날 수 있도록 야채장사나 과일장사, 생선 장사를 주로 하지요.”

“아, 그래요?”

“네, 그런데 한국 사람들만 나타나면 유대인들이 꼼짝을 못하고 다른 곳으로 달아난다는 겁니다.”

“어째서요?”

“부지런하기로 치자면 둘째가기 서러운 우리 동포들이 꼭두새벽부터 물건을 떼어다 놓고 장사를 하는 통에 당할 재간이 없어서이지요.”

“그 사람들도 대단히 근면하잖아요?”

“그래도 게임이 안 되는 게, 유대인이 새벽 6시에 문을 열면 우리는 새벽 4시에 문을 열고, 유대인들이 밤 9시에 문을 닫으면 우리는 12시에 닫고, 그래도 안 되면 24시간 영업을 하니 그들이 혀를 내두를 수밖에요. 하! 하! 하!”

“저런! 정말 당할 재간이 없었겠는걸요. 하! 하! 하!”

캘리포니아를 여행하다 듣게 된 이야기가 많은 생각을 불러다 준다.

일본 포로들의 어이없는 밥맛타령이 화근이 되어 우리가 겪게 되는 이 어려움……. 누구도 거대한 역사의 수레바퀴를 거부할 수는 없다.

"아하! 여행을 한다는 것은, 세상 살아가는 이야기를 듣는 것이로구나!"

"지금의 내가 있기까지 유구하게 흘러온 사람들의 이야기, 그 사연은 오늘 역사가 되어 내게 영향을 끼치고 있는 것이로구나!"

여행이란 다른 사람들이 사는 모습을 통하여 내가 살아나갈 방법을 터득하는 것이다. 바라기는 여행을 할 때 되도록 그곳 사람들의 생활 속으로 들어 가보기를 권한다. 현지인들의 집에 들어가 며칠 민박을 하면 더 좋고, 거기다 현지에 사는 사람들의 가이드를 받으면 더 좋겠다.

대형버스 타고 가서 우르르 몰려가 사진이나 찍고, 또 우르르 몰려가 주는 대로 먹고, 이런 수박 겉핥기식 관광이 아닌 진짜 여행을 해보길 바란다.

어느 나라를 가보나 사람 사는 것은 비슷비슷하다. 다들 하루 세끼 먹기 위해 밥하고 빨래하고 채마밭을 가꾸고 피로를 풀기 위해 잠을 잔다.

주어진 시간 안에 마쳐야하는 여행일지라도, 그들의 애환이 무엇인지, 그들의 문화와 풍습이 무엇인지, 그들이 어떤 생각을 가지고 사는 지를 보고 듣는 것, 이것이 진짜 여행이요 생산적 경험이다.

사람은 아는 만큼 볼 수 있고, 본 만큼 자신 있게 말하고 행동할 수 있다. 그래서 여행의 경험은 삶의 반경과 기개를 키우고 지경을 넓히는 자산이 되어준다.

해외에 나갈 때마다 느끼는 것은, 이미 세계 곳곳을 차지하고 뿌리내린 우리 동포들이, 곧 우리의 국력이요, 우리 한민족의 저력이라는 뿌듯한 사실이다.

좁은 땅덩어리에서 뭐해먹고 사느냐고 한탄하지 말고, 우리끼리 옴짝달싹도 못하는 자리 차지하겠다고 치고받고 싸우지 말고, 넓고 넓은 세상을 향해 눈을 돌려보자!

사실 대한민국 국민이 사는 곳이 곧 대한민국 영토가 아닌가!

브하그완은 이렇게 말했다.

"여행은 그대에게 적어도 다음 세 가지의 유익함을 가져다 줄 것이다. 첫째로 타향에 대한 지식이고, 둘째로 고향에 대한 애착이며, 셋째로 그대 자신에 대한 발견이다."

친형처럼 의좋은 신호범(Paull Shin) 워싱턴주 상원의원,
조국 대한민국을 빛내고 있다. 입양아로 미국에 건너가시어….

인도의 타지마할

인도를 방문하여 보름동안 4개 지역의 도시에서 강연을 하게 되었다.

마지막 코스로 인도의 수도 델리에서 집회를 마치고, 그곳 목사님 내외 분의 안내로 우리 부부는 세계 7대 불가사이라고 하는 사랑의 금자탑 타지마할을 방문하게 되었다.

타지 마할 *Taj Mahall* 은 무굴 제국의 수도였던 아그라 *Agra* 남쪽, 자무나 *Jamuna* 강가에 자리 잡은 궁전 형식의 묘지다.

그 자태가 어찌나 아름답던지 전혀 시신이 묻힌 무덤이라는 생각보다는 호화로운 궁궐처럼 보였다.

인도사람들은 세상에서 가장 사랑하는 사람에게 꼭 한 가지 선물하고 싶은 것이 무엇이냐고 물으면 하나 같이 "타지마할"이라고 대답한다고 한다.

이 아름다운 무덤 안에는 한 남자의 전설적인 사랑이야기가 함께 묻혀 있다.

무굴 제국의 5대 황제였던 샤 자한 *Shah Jahan*은 그의 나이 15살 때, 14살 신부 뭄타즈 마할 *Mumtax Mahal*을 왕비로 맞이한다. 뭄타즈 마할은 그저 작은 키에 평범한 외모의 여인이었다.

그런 그녀가 어떻게 살렘에 있는 무수한 아름다운 여인들을 제치고 왕의 사랑을 죽어서까지도 독차지 할 수 있었던 것일까?

어느 날 아침 황제 샤 자한은 심한 갈증을 느끼며 잠에서 깨었다.

"아 목이 마르다!"

그 때 그의 침상에 시원한 냉수를 한 사발 가져와 불쑥 내미는 여인이 있었으니 바로 뭄타즈 마할이다.

"전하! 여기 시원한 냉수가 있으니 드시옵소서!"

이처럼 뭄타즈 마할은 남편 샤 자한의 주변을 세심하게 살피어 사소한 것 하나 불편함이 없도록 미리미리 챙기는 지혜롭고 영특한 여인이었다.

전설에 의하면 뭄타즈 마할은 외모가 뛰어난 절세가인은 아니었다고 한다. 그러나 그의 외모는 아주 품위가 있었으며 내면으로부터 풍기는 지적인 아름다움과 현숙한 품성은 매력을 발산하고 있었다.

그녀는 천성적으로 밝고 겸손하여 궁 안의 모든 사람들의 사랑을 받았다고 하는데, 특별히 해박한 지식과 지혜로 왕의 고민을 시원하게 해결하는 입안의 혀와 같은 존재였다고 한다.

샤 자한이 얼마나 뭄타즈 마할을 사랑하고 의지하였던지, 그들은 한 시도 떨어져 지내지 못할 정도였다. 오죽하면 전쟁터까지 남편을 따라 나설 정도였을까! 그녀는 남편을 위해서라면 목숨도 아끼지 않는, 진정한 사랑을 아는 헌신적인 여인이었다.

샤 자한 내외의 사랑이 얼마나 지극하던지 뭄타즈 마할이 죽기 전까지 17년간의 결혼생활 동안 무려 13명의 자녀를 출산하였고, 뭄타즈 마할은 14번 째 아기를 임신하고 있었다. 그런데 전과 다르게 뭄타즈 마할의 얼굴이 수척해지고 기운을 차리지 못하더니 끝내 몸져 눕고 말았다.

"이봐요 왕비! 기운을 좀 차려 보시구려"

"전하! 저는 아무래도 오래 살지 못할 것 같아요."

"그런 소리 마시고 나를 위해서 어서 기운 차리고 일어나시오."

"전하! 제가 죽거든 우리 아이들을 잘 키워주세요."

"왜 그런 마음약한 소리를 하오. 어린 것들을 생각해서라도 기운을 내세요."

"전하! 저에게 마지막 소원이 있습니다."

"그게 뭐요? 내가 다 들어주리다."

"제가 죽거든 저를 위하여 아름다운 무덤을 만들어 주세요. 이게 제 마지막 소원이에요."

뭄타즈 마할은 남편 샤 자한에게 유언을 남긴 채 마지막 미소를 지으며 숨을 거두었다. 얼마나 아끼고 사랑하던 여인이었던가! 자신의 생명을 걸고라도 지켜주고 싶었던 여인이었는데……

사랑하던 왕비의 급작스런 죽음 앞에 황제는 충격에 빠졌다. 그 충격이 얼마나 컸던지, 하루 저녁에 황제의 머리카락이 백발로 변해버렸다고 한다.

믿기지 않는 아내의 죽음으로 식음을 전폐하던 샤 자한은 아내의 마지막 소원을 들어주기 위해 기운을 차리고 세상에는 없는 전무후무한 아름다운 궁전 묘지를 짓기 시작하였다.

무굴 제국은 물론 이탈리아, 이란, 프랑스를 비롯한 외국의 건축가와 전문기술자들을 불러 들였다. 기능공만 무려 2만 명이 동원되었다고 한다. 최고급 대리석과 붉은 사암은 인도 현지에서 조달하였고, 궁전 내 외부를 장식한 보석과 준보석들은 터키, 티베트, 미얀마, 이집트, 중국 등 세계 각지에서 수입해왔다.

타지마할의 구조를 둘러보니 그 정교함에 혀가 내둘릴 정도다. 붉은 사암으로 된 아치형 정문을 통과하면 넓은 뜰에 길이가 약 300미터에 이르는 수로에는 일 년 내내 맑은 물이 흐르게 하였다.

일직선의 수로 중앙에는 연꽃 모양의 수조가 있고, 분수가 숨 가쁘게 물을 뿜어내고 있다. 길 중앙에 있는 일직선의 수로가 거울처럼 양 옆에 심긴 유실수의 푸른색을 반사하고 있는데 마치 페르시아 양탄자를 깔아놓은 듯 아름답고 신비롭다. 정원에는 갖가지 꽃들이 저마다 향기를 뿜어내며 보는 이의 발길을 붙잡는다.

마치 뭄타즈 마할의 영혼을 끝끝내 놓지 않으려는 샤 자한의 마음처럼.

순백의 대리석은 태양의 각도에 따라 하루에도 몇 번씩 빛깔을 달리하며 보는 사람의 넋을 빼놓는다. 아침 해가 솟을 때 보는 색과, 한 낮에 바라다 보이는 색이 다르고, 특히 달빛에 투사되는 타지마할의 모습은 신비롭고도 영롱하다.

대리석을 그물모양으로 투조 透彫한 2중장치의 돔, 그럼에도 웅장한 건물은 중압감은커녕 오히려 공중에 떠있는 듯 신비롭고 우아하다.

그 모습이 어찌나 아름답고 정교하던지 타지마할은 세계 최고의 대리석 건축물로 세계유산목록에 등록되어 있다고 했다. 샤자한 왕은 애초 타지마할과 마주보는 자무나 강 건너편에 검은 대리석으로 자신의 묘를 짓고, 구름다리로 연결하려 했다고 한다. 죽어서까지도 떨어지지 않고 함께하고자 했던 그의 사랑이 애닯기만 하다.

결국 그의 꿈은 이루어지지 못하였지만 다행히도 샤자한과 뭄타즈 마할의 육신은 지하 묘에 나란히 안장되어 있었다. 아내의 죽음을 애도하며 한 여인의 영혼을 위하여 무려 22년 동안이나 걸려서 지은 무덤!

한 남자의 시공을 초월한 사랑이 깃들었기 때문일까? 사랑으로 빚어낸 찬란한 무덤 속의 순애보!

전설에 의하면 샤 자한 황제는 이 궁전을 1648년도에 완성한 후, 다시는 그런 아름다운 건축물이 지어지지 못하도록 하기 위해 건설에 참여했던 장인들의 손목을 모두 잘라버렸다고 한다.

그러나 사랑이 지나쳐 화를 불러 왔을까! 무려 22년간에 걸친 대역사는 결국 국가 재정에 영향을 미쳐 국운이 위기에 처하게 되었고, 비련의 황제 샤자한은 타지마할이 완공되고 10년 뒤,

자신의 막내아들 아우랑제브 *Aurangzeb*의 반란으로 왕위를 박탈당하게 된다. 그는 왕권을 빼앗은 막내아들에게 타자마할이 잘 보이는 곳에 있게 해달라고 요청한다. 그는 결국 아그라 요새 *Agra Fort*의 무삼만 버즈 *Musamman Burj* 탑에 갇혀 말년을 보냈다.

다행히도 아그라 요새에서는 2km 정도 떨어진 타지마할의 모습을 볼 수 있었고, 1666년 세상을 떠날 때까지 7년을 하루같이 그리운 아내의 무

덤을 바라보다 눈이 멀었다고 한다.

타지마할을 둘러보면서, 남다른 감회가 지나간다.

평생을 남편과 시동생들 자식들 뒷바라지하느라 두터워진 아내의 손을
꼭 잡고 물었다.

"여보! 참 아름답고도 슬픈 사랑이야기지?"

"네!"

"당신 부럽나?"

"……."

"나도 샤 자한 못지않게 당신만 사랑한대이 그거 아나?"

"……."

"이 사람이 와 말이 없노?"

"여보! 저는 뭄타즈 마할처럼 당신을 위해 내조하지 못한 게 미안해서
할 말이 없어예……."

"그럼 앞으로라도 잘 하그라……. 하! 하! 하!"

"그럼 당신은 샤 자한처럼 내가 죽어서도 나만 바라볼 수 있습니꺼?"

"그……. 야……. 뭐……."

"됐으니까 살아 있는 동안이나 잘 하소!"

"여보! 나는 샤 자한처럼 눈먼 사랑은 옳지 않다고 생각한다."

"……?"

"나는 죽도록 사랑하지 않고 당신과 내가 살도록 사랑하고 싶은 사람이
다 아이가……."

"호! 호! 말은 되네예…….."

"우리는 타지마할보다 백배는 더 멋진 집이 천국에 예비 되어 있다 아이가 안 그렇나!"

아내가 곱게 눈을 흘기며 잡은 손에 힘을 꼭 준다.

한 인생이 이 땅에 와서 살다 간 흔적은 여기저기 남게 된다.

큰일을 하다가 간 사람은 큰 업적을 남기고, 그저 평범한 사람은 자식들의 기억 속에서나 희미하게 존재한다.

한 여인을 사랑한 샤 자한의 일생을 두고 그저 복되고 아름답다고 말할 사람이 과연 몇이나 될까? 타지마할을 둘러보며 인생의 참 목적을 어디에 두고 살아야 하는가, 나를 돌아보는 계기가 되었다.

요즘 사람들은 사랑을 일회용이다, 인스턴트 사랑이다 하며 그 가치를 폄하시키고 있다. 영악하게 조건을 먼저 따져보고, 모든 조건과 상황이 좋을 때 거기에 금상첨화 필이 꽂히는 사람과 사랑할 수 있었으면 좋겠다고 공공연히 말한다.

그러면서도 만나기만 하면 입을 마주대고 쪽쪽거리며 "아이 러브 유!"를 남발하는 사랑, 물론 모든 사랑이 그렇다는 것은 아니다.

그러나 필자의 생각에 사랑방에서 "어 험!" 하고 기침소리만 나도 귀밑이 발개지시던 내 어머니와 아버지의 속정깊은 사랑이 더 귀해 보임은 왜일까!

인도 타지마할 왕비의 무덤 앞에서,
세계에서 가장 아름다운 건물

캐나다에 가평부대가?

얼마 전 자이툰에 파병되었던 우리의 아들들이 무사히 돌아오는 모습이 화면으로 지나가고 있었다. 이라크까지 아들들을 보내놓고 가슴을 졸이었을 부모의 마음을 알고도 남기에 얼마나 다행스럽던지, 부모님과 반가운 해후를 하고 있을 그들을 생각하노라니, 문득 몇 년 전에 다녀온 가평부대 생각이 난다.

2006년 7월말 경에 캐나다의 위니펙 *Winnipeg*이라는 도시에 강연을 하러 간 적이 있다.

시애틀에서 비행기로 4시간을 날아 시카고에서 다시 비행기를 갈아타고 2시간을 더 날아간 후에야 위니펙에 도착할 수 있었다.

그곳은 아무리 둘러보아도 산이라고는 보이지 않는 광활한 대지와 끝없는 평야가 펼쳐진 곳이었다. 위니펙에는 우리 교민들이 2,000여 명 살고 있었는데, 이틀 동안 마나토마 대학교에서 교민들을 위한 특강을 하게 되었다.

위니펙에 머무는 동안 빈 시간을 이용해 교민의 안내로 주변을 둘러보게 되었는데, '가평부대' 라는 곳을 가게 되었다.

어떻게 캐나다에 '가평' 이란 지명이 있는지 의아해 하자 교민이 설명을 해준다. 가평부대가 생기게 된 연유는 우리나라에 6.25 동란이 터졌을 때 캐나다 군인 800여명이 위니펙에 집결하여 훈련을 받은 후, 우리 한국에 파병되었는데 안타깝게도 경기도 가평에서 인민군과 중공군에게 몰살을 당해 단 한명의 생존자도 없었다고 한다.

800여 명의 젊은이들을 싣고 얼굴도 모르는 타국의 자유를 수호하기 위하여 한국에 왔던 그들은, 자기 나라의 젊은 아들들을 모두 잃은 채 빈배로 돌아가게 되었다.

캐나다 정부는 이들의 숭고한 죽음을 기리기 위하여 처음 집결지였던 그곳 부대의 이름을 따 '가평부대' 라고 명명하였다고 한다. 지금 가평부대엔 군인이라곤 단 한 명도 없었다. 그저 텅 빈 막사를 지키는 관리직원 몇 명이 오갈 뿐이었다.

정말 기막힌 사연이 아닌가! 교민의 설명을 들으며 나는 숙연하여 고개를 들 수가 없었다. 지금 우리가 누리는 이 자유는 이렇게 많은 이들이 피흘린 대가로 얻은 것이다.

당시 미군은 무려 13만 명의 사상자를 냈고, 전사자가 4만 명에 이른다고 했다. 우리나라가 사랑하는 아들들을 이라크의 자이툰에 파병해놓고 얼마나 가슴을 졸였었던가!

그들이 돌아오는 순간까지, 파병문제를 놓고 찬반의 논박이 오가던 상황에서, 그쪽지역에서 무슨 교전이나 테러가 있었다고 하면 온 국민이 가슴을 쓸어내리지 않았던가!

내 자식이 이렇게 귀할 때에야, 남의 자식 귀한 줄도 알아야 하지 않겠는가!

가평부대의 숭고한 사연 앞에서, 그들의 희생과 은혜를 우리는 자손만대로 잊어서는 안 될 것이다. 그분들의 값진 죽음은 우리에게 자유와 민주주의 체제를 가져다주었건만…….

지금 이 나라는 어디로 가고 있는가!

아무도 너를 돕지 못해 미안하고 안타깝다.

얼마 전 온 세계는 버지니아 공대 총기난사사건으로 경악을 금치 못하였다. 무려 30여명의 사상자를 낸 이 사건의 범인이 한국인이라는 소식이 전해지면서 우리 모두는 고개를 들 수 없는 마음이었다. 뉴스를 통해 전달되어지는 현지 상황을 보며 필자는 많은 생각을 하게 되었다. 미국인들은 이번 사건을 누구의 탓으로 돌리지 않고 이민자들을 돌보지 못한 자신들 탓이라며 오히려 자성의 소리를 내고 있었다.

자신들의 사랑하는 아들과 딸을 무차별 총살한 범인임에도 도리어 희생자들과 함께 조승희의 추모석을 함께 마련해 놓고

"네가 그토록 절실히 도움을 필요로 할 때 아무도 너를 돕지 못해 안타깝다"

"너의 가족이 평안 속에 속히 치유되기를 바란다."

"너를 향한 사람들의 분노가 용서로 변하길 기도한다." 며 무릎을 굽힌 채 꽃다발을 내려놓으며 기도하는 어느 어머니의 모습을 보면서 나는 울고 또 울었다.

행여나, 행여나, 가슴 졸이던 재미교포들의 우려와는 달리 그들은 원망하거나 분노하기보다, 생전의 희생자의 모습을 추모하며 기도를 드리고 있었다.

이것이 진정한 사랑이 아닌가! 원수까지도 사랑하라고 가르치신 예수님의 명령을 따르는 바로 그 모습이 아니던가!

성숙한 인간애를 보이는 미국의 시민정신을 지켜보면서 사건이 터질 때마다, "그것이 누구의 탓이냐?" 로 시시비비를 가리던 우리네 모습을 돌아보게 되었다.

인간은 빈부의 격차와 상대적 박탈감에서 오는 분노와 적대감 그리고 사회 계층 간의 이질감에서 오는 충돌을 이기지 못할 때, 자신과 세상을 파괴하려고 하는 본성을 지니고 있다.

우리는 이렇게 가슴 아픈 소리를 내는 인간의 본성을 함께 보듬고 나가야 한다. 지금도 세상과 담을 쌓고 혼자서 분노의 칼을 갈고 있는 또 다른 조승희를, 이제는 사랑의 자리로, 환한 빛 가운데로 인도하여 함께 쓰다듬고 살아야 한다.

버지니아 공대는 필자와도 개인적인 인연이 있다. 며느리 박소정이가 버지니아 공대 독어과를 졸업했기 때문이다.

누구보다 더 충격을 받았을 며느리에게 전화를 하여 위로하며,

"충격에 휩싸인 너의 모교에 속죄하고 위로하는 마음으로 성금을 내고

싶다.”고 말하자 며느리는 감격한 목소리로 “아버님 감사합니다. 아버님이 자랑스러워요.”를 연발한다.

가족들과 상의하여 “저보세요, 저보세요 그래도 웃잖아요.” 인세로 받은 1000만원을, 우리 모두의 아들, 조승희를 제대로 돌보지 못한 아비의 심정으로 송금하였다.

이렇게라도 속죄할 수 있다면…….

이렇게라도 유족들의 마음을 위로할 수 있다면…….

달리 방법을 찾을 길이 없어서 기도하는 심정으로,

돈이 아닌, 속죄하는 마음을 보냈다.

아들 며느리와 함께, 해질 무렵 뉴욕시를 배경으로

오아시스를 만들어낸 텍사스 사람들

지난 2008년 새해 벽두부터 미국 텍사스주를 순방하고 돌아왔다. 우리 교민들이 많이 살고 있는 휴스턴과 달라스를 거쳐, 텍사스주의 주도인 오스틴을 방문하였다.

그간 미국에 순방한 도시만 해도 100여 곳이 넘는다. 가는 곳마다 많은 것을 보고 듣고 배우게 되니 감사하다.

이번 텍사스주에 와서 느낀 가장 큰 감동은 역시 인공호수!

텍사스주는 미국의 남쪽에 위치한 주로서 멕시코와 경계를 두고 있으며, 크기는 우리 남한의 일곱 배정도 된다. 과거 이곳은 물이 귀해 사람이 정착해 살수 없는 황무지였다고 한다. 이 광활한 땅에 변변한 강하나가 없고 저수지는 달랑 한 개, 그 호수 이름이 바로 카돌 호수 *Caddor lake*다.

물이 없어서도 살 수가 없었지만, 전갈 같은 독충이 많아 죽음의 땅으

로 불리던 이곳 텍사스, 지금 이곳은 황무지가 아니라 아름다운 초원지대
요 기름진 땅이 되었다.

이 황무지가 어떻게 이렇게 변하게 되었는가!

미국인들은 이 넓고 광활한 황무지를 그대로 포기하지 않고 물을 충분
히 공급할 수 있는 인공호수를 만들었던 것이다. 인공호수의 규모가 어찌
나 크던지, 도저히 사람의 힘으로 만들었다고 상상할 수 없을 정도다. 그
냥 우리 동네에서 흔히 보는 그런 저수지가 아니고 완전히 호수다, 아니
바다다!

내가 너무 놀라 입을 다물지 못하고 있자, 일행들이 한 마디씩 거든다.

"황박사님! 이런 규모의 인공호수가 몇 개인지 아세요? 무려 1,999개에요."

"우와! 그렇게 많이요!"

"황박사님! 이 호수의 깊이가 얼만지 아세요? 무려 20m가 넘는답니다."

"우와! 그렇게 깊어요!"

"여기 텍사스주에는 인공호수 1,999개랑 자연호수 1개를 합쳐 2,000
개의 호수가 있어요."

황무지를 물의 도시로 만든 미국인들! 이 호수에 빗물을 담수하여 식수
로, 농업용수로 이용함은 물론 이 광활한 땅을 촉촉하게 적시고도 남는다
고 하니, 실로 경이로움 그 자체다.

"우와! 미국인들은 '오아시스를 찾아다니는 민족이 아니라, 오아시스
를 만들어 가는 민족' 이네요!"

"오아시스를 찾아다니는 민족이 아니고, 오아시스를 만들어가는 민족
이라……."

“야! 황박사님, 그거 아주 멋진 표현인데요.”

“그런데요 박사님, 텍사스는 미국인 뿐 아니라 우리 교포들에게도 기적의 땅이에요.”

“그게 무슨 말씀이세요?”

“여기 텍사스주의 수도인 오스틴에는 삼성반도체가 있는데요, 2007년도에 제 2공장을 건설하여 종업원 수가 무려 2,600명이나 됩니다.”

“우와! 그거 대단한 일입니다.”

“더 대단한 것은, 일본 SONY를 비롯하여 다른 반도체 회사는 경영부실로 다 철수했는데 우리 삼성반도체만 이렇게 떡 버티고 있으니, 우리 교민들의 위상이 하늘을 찌릅니다.”

“저런! 그거 참 고맙고 감사한 일입니다.”

출렁거리는 호수 속에 고기들이 뛰놀고, 수면 위로 물새들이 날아다니는 풍경이 가히 장관이다. 환경에 굴하지 않고 환경을 바꾸어내는 그들의 신념!

사실 부시 대통령 부자와 존슨 대통령이 바로 이 텍사스주 출신이 아니던가! 그들의 신념은 황무지를 옥토로, 걸출한 거목들을 배출해 내는 기적의 땅을 창출해냈다.

“아! 참 좋다!”

“미국인들이 오아시스를 만들어내는 민족이라면, 우리는 오아시스를 점령하고 헤엄치는 민족이 아닌가!”

여행은 삶의 또 다른 활력소! 브라질 이과수폭포에서

약속은 스위스 용병처럼

　로마 바티칸 교황청에 가면 지금도 스위스 용병들이 방위를 책임지고 있다. 어떤 사연으로 교황청을 외국 군대인 스위스 용병들이 지키게 된 것일까?

　스위스는 중세 때부터 먹고 살기 위한 궁여지책으로 주변국에 군인 수출 즉 용병산업을 하게 되었다. 사연인즉, 온통 산으로 둘러싸인 나라에서 농사지을 땅은 턱없이 부족하고 가진 거라곤 사람밖에 없고, 먹고는 살아야 하겠고 그래서 부득이 용병수출을 한 것이다.

　가족들의 생계를 위해 목숨을 담보로 남의 나라에 팔려간 용병들, 그들은 싸워야 돈을 벌 수 있고, 싸움을 빨리 끝내야 더 많은 돈을 벌 수 있으므로 전쟁터에 나가면 속전속결 목숨을 걸고 싸웠다고 한다.

　그들의 용맹함은 로마 교황청에도 알려졌고, 교황 율리우스2세는 스위스에 교황청을 지킬 상비군을 파병해 줄 것을 요청하였다.

1506년부터 교황청을 지켜온 용병들의 위용이 알려지게 된 것은, 1527년 부르고뉴의 왕 샤를 5세가 로마를 침략하였을 때다. 당시 교황청에 파병되었던 스위스 용병 189명 중 147명이 목숨을 잃어가면서 교황 클레멘스 7세를 끝까지 지켜내었고, 그들의 용맹과 신의는 만 천하에 알려지게 되었다. 그로부터 지금까지 교황청의 안보는 스위스 용병들이 책임지고 있는 것이다.

스위스 루체른에 가면 '빈사의 사자 상'이라는 조각상이 있다.

이 조각상은 프랑스 혁명 당시 왕이었던 루이 16세 일가를 보호하다 전멸한 786명, 스위스 용병들의 넋을 기리기 위한 목적으로 덴마크의 투르발센이 조각한 것이다.

프랑스 시민혁명이 일어났을 때, 루이 16세 일가를 위하여 목숨을 걸고 싸웠던 것은 정부군이 아니라 바로 스위스 용병들이었다. 당시 프랑스 시민군이 너희 나라 일도 아니니 살아서 이 땅을 떠나라고 회유했을 때, "지금 우리가 목숨을 부지하기 위해 도망간다면, 후세에 누가 우리 스위스 사람들에게 용병 일을 맡기겠느냐? 우리는 후손들을 위해 장렬히 죽기를 원한다."라며 목숨을 걸고 루이 16세 일가를 지켰다고 한다.

자신들이 파병된 곳이 어디이든지 극한 상황에서도 약속을 지켰던 그들의 신용은 훗날 스위스라는 나라에게 큰 힘을 가져다주었다. 믿고 맡길 수 있다는 이미지를 주변국들에게 확실히 심어준 것이다.

지금도 많은 사람들이 '빈사의 사자 상'을 찾아와 고인들의 넋을 위로하고 간다.

이러한 사연을 듣고 나니 사람이 지켜야할 신용과 약속이 얼마나 중요한 것인가를 통감하게 되었다. 남의 나라 왕을 위하여 죽기까지 약속을 지키는 사람들, 스위스 용병들은 약속을 자기에게만 유효한 것으로 보지 않았다. 이 약속으로 인하여 자신의 후손들에게 끼치게 될 영향까지 고려하며, 그걸 지키기 위해 목숨까지 바쳤다.

가이드의 안내를 받으며 내 안에 부러운 마음과 한편 자성의 소리가 울린다. 우리는 어떠한가?

어떤 이는 우스갯소리로 '약속은 약간씩 속이는 것' 이라고 한다.

"거 알고도 속고 모르고도 속는 세상 아닙니까?" 라고 반문하는 세상, 시장으로, 음식점으로 누굴 믿고 무얼 먹고 살아야할지 몰라 한숨을 쉬는 세상 …….

선거 때마다 난무하는 숱한 공약들은 과연 지켜지고 있었던가!

영국의 경제학자 마샬 *Alfred Marshal*은 이렇게 말했다.

"인류 역사에서 가장 중요한 것 둘이 있으니 바로 종교와 경제다. 종교가 건전하고 경제가 건강할 때 백성들은 평안한 삶을 살 수 있다."

경제대란의 공포 속에서 우리에게 더더욱 절실한 것은, 그것이 종교지도자이든, 경제지도자이든, 위정자와 정치인들이든, 신뢰를 깨지 않고 반드시 약속을 지켜 주기를 바라는 마음 뿐이다.

누군가 이렇게 말했다.

"우리에게 중요한 것은 약속을 했다는 사실이지, 약속을 지켜야하는 이유가 아니다."

5부

바람이 머물다간 땅,
내 고향 경주 안강

국민의, 국민에 의한, 국민을 위한 정치!
미국 남북전쟁 격전지 게티즈버그, 링컨대통령의 가르침 앞에서.

음지로 날아간 철새

2006년 5월 19일자, 인터넷 웹진 다요기 란에 필자의 인터뷰 내용이 실렸었다. 국민들의 궁금증을 추려내어 기자는 질문하였고, 필자는 진정성을 가지고 솔직하게 대답하였다. 그 내용이 재미있게 진행되고 있어서 원문 그대로 전하게 되었다. 양해하고 읽어주시길 바란다.

다요기, 신바람 박사 인터뷰(1부)

하하하하! 신나게 웃는 신나는 세상,

세상을 살기에 웃음이 있는 것이 아니고 웃음이 있기에 신나는 세상을 살 수 있다!

박머시땡이가 즉석에서 만든 멘트다. 하하하! 신바람 박사, 웃음전도사 등으로 우리에게 익히 알려진 인물 '황수관' 을 만난다. 이거 어쩌지? 자꾸만 웃음이 나오려고 하는데?

황수관 박사께서 건강 10훈까지 알려주신다고 하니 서둘러 그를 만나 보자.

다요기: 일단, 싸인 한 장, ^^ 황수관 박사의 오랜 팬이다. 신바람 박수보 다 신바람 포옹으로 인사를 나누자. 와라락~ 덥썩~ -_-;; 다요기 독 자들에게 황박사의 대략 프로필 좀 소개해 달라.

황수관: 싸인도 척척~ 하하하! 신바람 포옹 이것도 좋은데? 하하하! 다요 기 독자님들 만나서 반가워요^^ 박머시땡이도 반갑습니다. 나는, 현재 연세대학교 의과대학 외래교수, 뉴라이트 정책포럼 상임의장, 2006년 세계공룡엑스포 홍보대사, 기독문화선교회 대표, 강남중앙교회 장로 등으로 활동하고 있다.

다요기: 하하하! 역시 웃음박사님답게 자주 웃으신다. ^^ 하고 있는 일이 무척 다양한데, 이 중에서 가장 애착이 가는 일과 열심인 일은 어떤 것 인가?

황수관: 박머시땡이도 나를 따라서 웃으니까 어떤가? 좋지 않은가? 내 게, 가장 보람되고, 애착이 가는 일은 다름 아닌 후학양성이다. 왕성한 국내외 강연활동을 통해 인재를 만나고, 그들을 길러내는 것에 사명감 을 가지고 있다.

다요기: 의대 청강생 출신으로서 당당히 연세대 의대 교수채용에 합격했
다니 정말 놀랍고 존경스럽다. 박머시땡이도 한다면 하는 의지의 대한
남아지만 황수관 박사의 의지에 열렬히 박수를 보낸다. 어떻게 졸업장
없이 의대 교수가 될 수 있었나? 비하인드 스토리 좀 들려 달라. ^^

황수관: 자! 또 웃어야지?^^ 하하하하! 의대교수는 졸업장이 없어도 되는
방법이 있다. 그것은 바로 실력이다 하하! 의대교수는 의대졸업생만 되
라는 법은 없다. 그러나 의사는 의대를 정식으로 졸업해야 하기에 청강
생인 나는 의사가 되는 시험을 칠 자격이 없어 의대교수임에도 '의사'
는 아니다. 노무현 대통령도 법대출신이 아님에도 변호사를 했던 것처
럼 만약, 의사시험 자격도 사법고시와 같았다면 당연히 의사가 되었을
것이다. 그러나 의대교수가 된 것만으로도 충분히 행복하다. 하! 하!
하!

다요기: 하하하! 박머시땡이 기자가 입수한 첩보에 의하면, 어렸을 적 꿈
이 목사였다고 하던데 어떻게 의사가 되었는지 궁금하다. 솔직히 목사
님 황수관은 상상이 잘 안 된다-_-;

황수관: 중학교 생활기록부에 쓰여 있는 나의 장래희망은 '목사' 였다. 뿐
만 아니라 부모님께서 내게 희망하셨던 직업도 '목사' 였다. 모든 게 뜻
대로만 되지 않는다고 다른 길을 택해서 교수가 되었다. 비록, 목사는
되지 않았지만 장로가 되어 세계 곳곳을 다니며 '건강과 신앙' 이란 제

목의 강연으로 복음을 전하고 있다. 그나마 나의 꿈이 이루어진 것 같다. 하하하!

다요기: 음, 황박사가 자꾸 웃으니까 이번 인터뷰는 최강인터뷰가 아니라 하하하 인터뷰로 이름 붙여야 할까보다 -_- 하하하! 썰렁했나? -_- 힘든 청소년기를 보낸 것으로 알고 있다. 가난으로 학업에 매진하기 어려웠다고 하던데, 질풍노도의 청소년기를 어떻게 보냈는지 궁금하다.

황수관: 하하하! 자꾸 웃어야 한다. ^^ 나는 가난한 농부의 7남매 중 장남으로 태어나 아버지의 일손을 도우며 중학교를 다녔다. 가난했기에 집에서 가까운 중학교는 갈 수 없었고, 18km나 떨어진 곳으로 통학을 해야 했지만, 단지 중학생이 된다는 것만으로 너무 감사했고, 기뻤다. 이루 형용할 수 없을 만큼. 새벽 4시에 일어나 책보자기를 챙겨 집을 나서야 했지만 언제나 콧노래가 나올 정도로 행복했었다. 입학 허락을 받고 너무 너무 좋아 집에 오는 내내 엉엉 소리 내어 울었던 기억이 새롭다 하하하!

다요기: 황박사의 표정이 아련한 추억속의 오솔길을 걷는 마냥 천진스러워 보인다. 자, 이럴 땐 우리 어떻게 한다? 웃/는/다! 하하하! 고등학교 시절은 어땠나?

황수관: 경주 안강중학교 병설 농고에 들어갔다. 장학금을 준다기에 들어

갔고, 장학금을 받아 고추밭을 샀다. 입학 할 때 50여명 있었던 학생들이 학교가 옳지 않다며 차례로 떠나갔지만 나는 고추밭 때문에 떠날 수 없었다. 결국, 졸업할 때 13명만 남아있었다. 그것과 함께 문교부의 조치로 폐교시켰다. 고등학교 1회 입학생이 1회 졸업생을 배출하는 것을 끝으로 학교는 사라졌다. 이 소식을 듣고는 가슴에 메이도록 울었던 기억이 난다.

다요기: 하하! 이제는 내가 황박사보다 한 번 더 웃은 것 같다 -_-;; 근데, 옐로우 카드다! 알콩 달콩 얘기 다 좋은데 러브스토리 같은 건 없나? 박머시땡이를 위해서라도 들려달라 ^^ 음홧홧-_- V

황수관: 하하^^ 소꿉장난 하면서 놀았던 그러니까 나보다 두 살 어렸던 김숙자란 여자아이를 좋아했었다. 대학을 졸업할 때까지 숙자 때문에 어느 누구와도 연애를 해 본 일이 없을 정도다. 사랑했었나? 하하^^ 그런데, 어느 날 청천벽력같은 소리가 들려왔다. 숙자가 내 허락도 없이 시집을 가버렸다. 하긴, 손목 한 번 잡은 적도 없었고, 사랑한다는 고백을 하지도 않았으니 허락받을 일은 없긴 하다. 하하.

다요기: 음, 얘기가 몹시 길어질 듯 하다. 여기서 짜르겠다 -_-;; 하하 (멋적은 웃음)-_-;;

황수관: 하하하! 막간을 이용해 한마디. www.sookwan.or.kr에 접속하

셔서 신바람방송국에 들어가시면 'TV는 사랑을 싣고' 코너에 리얼하고 재미있는 얘기가 있다. 숙자 얼굴도 보실 수 있다 하하하!

다요기: 헉! 져...졌다! 유 원이다 -_-;; 자 인터뷰 또 달려보자. 끝까지 가는 거야~~~~~ 운동과 건강에 관한 논문을 무려 100여 편 넘게 발표했다는 다림팀의 조사결과가 있다. 박머시땡이도 탄탄한 근육질과 탄력 있는 오리궁둥이를 자랑하는 운동파인데 주변에 운동을 기피하는 사람들이 의외로 많다. 그들을 위해 충고 한 마디 부탁한다.

황수관: 운동은 건강에 더할 나위 없이 좋은 것이다. 의사 선생님은 병원에도 있지만, 진짜 의사는 두 다리라는 사실을 알라 하하! 우유를 받아먹는 사람보다 배달하는 사람이 훨씬 건강하다. 잠깐, 운동방법 좀 갈켜 줄까? ^^ 운동의 강도는 숨이 조금 찰 정도가 좋고, 시간은 하루에 30분에서 60분 정도. 운동의 빈도는 일주일에 3-5일이 좋다. 바쁜 사람은 숨이 조금 차도록 30분씩 일주일에 삼일 정도만 해도 건강해진다. 내 몸이 원하는 최상의 컨디션을 유지하기 위해서는 숨이 조금 차도록 하루 한 시간씩 일주일에 5일만 하면! 세브란스 병원이 어디에 있는지 모르고 살 수 있다. 하하하!

다요기: 유머와 위트가 역시 대단하다. ^^ 푸하하하하 - 요건 마구 웃는 모습-_- 이제, 점심시간이 다 되어가므로 1부 마지막 질문 들어간다. 쪼까 껄쩍지근한 질문이다. 시중에 황수관 박사의 이름이 들어간 신바

람 치킨, 신바람 다시마 등이 팔리고 있다. 신바람 치킨 먹고 다시마 먹으면 정말 신바람이 나는 것인가? -_-;; 유명세를 돈벌이에 이용한다며 신바람 나게 노골적으로 비판하는 사람들도 있다.

황수관: 유명세로 돈벌이라... 찝찝하다. 그렇지만 웃자. 하하하!!! 유명인을 광고 모델하면 홍보가 잘 된다. 그야말로 홍보가 최대 관건인 시대가 된 것 같다. 기쁜 마음으로 광고제의에 응했다. 부족한 나를 모델로 불러주셔서 감사하는 마음 금할 길 없다. 다요기 독자님들 곱게 봐주세요. ^^ 돈 많이 벌면 좋은 일 많이 하겠다. 박머시땡이 점심은 신선한 채소를 곁들여 먹자. ^^

다요기: 내 띠가 개띤데-_-;; 머, 채소를 곁들인 고기도 좋다^^ 건강박사 신바람 박사님과 함께 식사하는 것만으로도 마구 뛰댕기고 싶어지는 기분이다. 가자~ 룰루랄라~ 하하하하!

신바람 황수관의 하하하! 인터뷰(2부)

다요기: 하하하! 밥을 먹고 나니 행복하다 하하하!

황수관: 밥값은 내가 냈다. 건강하게 웃어야 좋은 건데 박머시땡이 웃음은 밥값 안낸 다행스러움의 웃음인 것 같은데……?

다요기: 하…하…-_-;; 하. 인터뷰 바로 들어간다. 황수관 박사도 건강보조식품 애용하는가? 건강비법 한 수 갈쵸달라.

황수관: 물론 이용한다. 요즘 건강이 나쁜 분들이 너무나 많다. 임상적으로 공인이 된 보조식품을 자기 건강에 맞게 잘 이용하는 것이 지혜롭다. 건강 10훈이 있는데 그걸 말해주겠다.

다요기: 잠깐! 악!! 하하하! 건강 10훈은 그야말로 10가지 아닌가? 울 다요기 독자들 인터뷰 도중에 10가지 건강비법 쭈르르 읽을 만큼 참을성이 강하지 못하다. 건강 10훈은 특별 뽀나쓰로 독자들에게 갈쵸 드리자. ^^

황수관: 하하하! 그러자. 그럼 다음 질문해라.

다요기: 건강 10훈은 나중에 공개하기로 했으니, 방송과 강연을 통해 많은 건강법을 소개했는데, 특히 추천하고 싶은 건강비법부터 밝혀 달라.

황수관: 살짝 귀띔!! 바로 이것이다. '하하하하하!!!' 즉, '웃으며 살자' 다. 웃음은 만병통치약과 같다. 웃으면 암도 안 걸린다고 한다. 일부러 웃고 억지로 웃는 것도 효과가 90% 나 된다. 이 글을 보는 이들은 지금 바로 같이 웃어봅시다. 하하하하하!!!!!!!!!

다요기: 하하하! 아이구 아이구! 하하하!~ 아쿠! '신바람 건강법' 이 사람들에게 큰 반향을 불러일으킨 이유가 어디에 있다고 보는지 황수관 박사 본인의 분석이 궁금하다. ^^

황수관: 억지로 웃는 것도 효과는 있지만, 박머시땡이 웃는 걸 보니 정신이 음... 하하하! 나도 잘 모르겠다. 강의를 시청하는 분들은 왠지 신바람이 나는 것 같더라. 강의하는 나도 덩달아 신바람이 난다. 지금 이 시간도 신바람이 난다. 모든 분들이 과거 어느 때보다 건강에 관심이 높기 때문일 것이고 강의 내용이 재미있고 유익하고 가슴 깊숙이 와 닿기 때문이 아닐까? 잘 모르겠다. 독자 여러분들이 좀 일러주세요. 하하하하!!!!

다요기: 황수관 박사의 강연은 열정적이기로 소문이 난 것 같다. 국내외 강연 일정도 굉장히 빡빡할 듯싶은데, 그 많은 강연을 통해 본인이 얻고자 하는 것, 사람들에게 알리고자 하는 것은 무엇인가?

황수관: 많은 분들이 강연을 듣고 건강을 다지면서 라이프스타일까지 바꾸고 있는데 대해 보람과 사명감을 느끼게 된다. 오늘날, 병들은 의학적 처방이나 약 처방만으로는 해결되지 못하는 부분이 너무나 많다. 무엇보다도 자기 건강관리가 가장 중요하기 때문에 여기에 역점을 두어 강의를 하곤 한다.

다요기: 시중에 떠도는 말 중 국민에게 엔돌핀을 제공한 두 황박사가 있
다고 한다. 같은 성씨 황우석 박사와 함께 거론되곤 하던데, 최근 물의
를 빚은 황우석 박사 사태를 어떻게 바라보는지 궁금하다.

황수관: 안타깝다. 황우석 박사도 황가고 나도 황가다. 그래서 그런지 가
슴이 더 아프다. 황우석 박사는 90점을 받아 세상에 이름이 알려져 영
웅대접을 받게 되었다. 그런데 10점 더 받으려고 거짓말을 했다고 본
다. 거짓말은 절대 해서는 안 된다. 연구는 해보면 안 될 때가 훨씬 많
다. 안 되는 그 자체가 연구인 것이다. 에디슨이 2만 번 이상의 실패를
통해서 전기를 발명했듯 수많은 실패가 바로 발명가를 탄생시키게 되
는 것이다. 정말 안타깝기 짝이 없다. 그렇지만, 우리는 저력이 있으므
로 이번 일을 거울삼아 진실 된 세상을 만들어 나갈 것이라고 확신한다.

다요기: 하하! 이제 정치 얘기로 구렁이 담 넘듯 넘어가자^^ 새천년 민주
당에서 정치활동을 처음 시작한 것으로 알고 있다. 특별한 이유라도 있
었는지 궁금하다.

황수관: 내 고향은 경상도다. 금배지 쉽게 달려고 생각했으면 민주당에서
출마하면 안 되었다. 내가 고향을 등지고 민주당에서 출마했을 때 심정
은 이랬다. '금배지보다 더 중요한 게 동서 화합에 조금이라도 이바지
하여 국민 통합을 이루고 싶다' 이는 내 소신이었고, 지금도 당당하다.
여러분의 박수 또한 받고 싶다. 하하하!

다요기: 이번에도 다소 껄쩍지근한 질문 드리겠다. 이해 부탁드린다. 다요기 독자들은 다소 껄쩍지근한 질문을 상당히 좋아하는 변태...음..이미 파악했겠지만 농담이다-_-;; 한나라당으로 당적을 옮긴 이유는 무엇인가?

황수관: 한나라당으로 옮긴 동기는 이회창 후보가 다른 후보보다 더 적임자라고 생각했다. 선거 막판에 이회창 후보가 여론조사에서 크게 밀리고 있을 때, 이회창 후보께서 전화를 해서 도움을 청하셨다. 나라를 위해서는 내 개인의 어려움과 비판의 소리 정도는 달게 들을 각오로 이회창 후보 캠프에 합류하게 되었다. 하하!

다요기: 그것 때문인지 황수관 박사에 대해 일각에서는 선거 때 마다 판세가 유리한 쪽으로 옮겨 다닌다는 비판도 존재한다.

황수관: 한나라당에 들어가자마자 기자회견을 했다. 그 자리에서 기자 한 분이 정곡을 찌르는 질문을 했다. "황박사님! 철새를 아십니까?" 라고……. 그 때 나는 당당하게 답변을 했다. 나는, 철새라도 '음지를 찾아다니는 철새' 라고…….

다요기: 흠. 음지 찾는 철새에 대해 더 자세히 얘기해 달라^^ 원래 박머시땡이가 집요한 구석이 있다^^ 하하!

황수관: 기자분의 질문에 이어서 답변을 했다. 1997년 대선 때 이회창쪽에서 그렇게 콜을 하는데도 주겠다는 금배지를 마다하고 민주당을 택한 것이 바로 음지를 찾아 간 것이며, 2002년 선거도 마찬가지. 민주당 캠프는 잔칫집 분위기였고, 한나라당 분위기는 초상집 분위기였다. 그럼에도 내게 아무런 유익이 없을 줄 알면서도, 도리어, 사람들의 오해와 비판의 소리가 있을 줄 알면서도 한나라당에 온 것은, 오직 하나, 나의 일념, 이 나라 이 민족의 화합과 화해를 위해서 내 한 몸을 바치리라는 각오에서라고, 그래서, 황수관은 또 음지를 찾아 왔다고 했다. 장내 분위기가 숙연해졌다. 그 이튿날, TV와 언론매체 등에서 철새정치인 명단을 발표했는데 거기에서 '황수관' 이란 이름은 빠졌다. 나는, 권력을 따라 움직이는 사람이 아니라, 옳고 바른 길, 이 나라 이 민족의 화합을 위하는 일이라는 판단에 따른 신념이었음을 알아주셨으면 한다.

다요기: 요즘 정치는 국민들에게 스트레스만 주는 정치가 되어 버렸다. 엔돌핀을 솟게 하는 신바람 정치를 위해 정치인들이 갖춰야 할 것이 있다면 어떤 것이 있을까?

황수관: 우선 대통령은 온 국민들에게 존경받는 대통령이 되어야 한다. 역사적으로 세계 각국에 존경받는 대통령의 강점을 접목시키면 된다. 우리 대한민국에도 하루 속히 역사에 길이 남을 대통령이 나오기를 기도하고 있다.

신바람 황박사 특유의 웃음. "하! 하! 하!"

다요기: 박머시땡이는 박정희 대통령께서 역사에 길이 남고 계시는 중이라 생각한다. 하하! 신바람 박사, 건강 박사 황수관을 좋아하는 이들은, 정치인 황수관을 원하지 않는 사람도 있는 것 같다. ^^; 혹시 정치재개에 대한 계획은 없는지 궁금하다.

황수관: 이 시대가 요구 하는 것이 이 나라를 바로 세우는 것이라고 본다. 이 어려운 시점에 다행히 '뉴 라이트 운동' 이 들불처럼 일어나고 있어 다행이다. 정치, 경제, 사회, 문화, 교육, 국방 전반에 걸쳐 이 운동이 빠른 속도로 확산 되고 있어 얼마나 감사한지 모른다. 나도 이 운동에 적극 동참하고자 한다. 이 나라를 자유민주주의 국가로 굳건히 세우고 선진통일한국을 건설하는데 미력하나마 열과 성을 다할 것이다. 이 나라를 짊어지고 갈 훌륭한 일꾼을 많이 길러내는데 힘 쓸 것이다. 관심을 가지고 많이 도와주셨으면 한다.

다요기: 평소에 인터넷은 자주 하는가? 그리고 다요기와 같은 정치웹진도 둘러보는지 궁금하다. 더불어 다요기를 둘러본 소감도 한 말씀 들려달라. ^^

황수관: 홈페이지도 만들고, 조선닷컴 블로그와 네이버 블로그도 최근에 개설했다. 정치웹진은 활발히 다니지 않았지만 다요기와 인연도 있고

하니 자주 들르겠다. 다요기는 신바람 나는 사이트다 하하하! 네티즌의 스트레스를 충분히 해소해 줄 수 있는 그런 신바람 사이트가 되도록 더 노력해 달라 하하하!

다요기: 전 국민이 신바람에 콧노래와 휘파람을 불며 하루를 살아갈 수 있도록 많은 역할과 다양한 활동을 부탁드린다.

황수관: 이제 존댓말 해도 되죠? 다요기 독자님들, 그리고 이 인터뷰를 보시는 네티즌님들 우리 친구가 되어요. 서로가 서로를 진심으로 아끼고 배려하는 그런 친구 말입니다. 여러분! 모두 밝은 내일만 있으시기를 바랍니다. 마지막으로 한 번 같이 웃을까요? 하하하하!~
(신바람 황수관의 하하하! 인터뷰 끝)

그의 웃음엔 악한 기운이 전혀 없었다. 정치인들이 예의 차원에서 웃어주는 그런 웃음이 아니라 정말 즐겁고 유쾌한 상태에서 웃는 그런 웃음이었다. 그에게서는 가난의 흔적도, 정치판에서의 아픔도 찾아볼 수 없었다. 그런 것까지 모두 천진한 웃음으로 소화시켜 버린 듯하다.
황수관 박사의 앞날에 행복이 깃들기를 박머시땡이 진심으로 바란다. 그가 가르쳐 준 '하하하' 웃음이 어느 틈엔가 유쾌한 내 버릇이 될 것 같다.

화이팅 황수관! 하! 하! 하! 하!

오바마의 리더십

2009년 1월 21일 세기적인 대통령, 버락 오바마 *Barack Obama*의 취임식 상황이 생방송으로 전 세계로 송출되고 있었다.

자신이 살고 있는 시카고에서 기차를 타고 링컨 대통령의 발자취를 따라 백악관으로 입성하고 있는, 검은 케네디 오바마 대통령의 일거수일투족을 전하는 아나운서의 목소리는 보는 이의 마음을 흥분시키기에 충분했다.

"이미 백악관 앞을 수십만 인파가 점령하고 있습니다. 곳곳에 스크린을 설치해 놓고 오바마 대통령의 취임식 현황을 중계하고 있습니다."

"그는 케냐인 아버지와 미국인 어머니 사이에서 태어나, 부모님의 이혼을 겪고, 아버지를 교통사고로 여의고, 어머니의 재혼으로 인도네시아인 계부와 이복형제들 사이에서 성장하다가 나중에 외조부모와 함께 살았던

특수한 배경을 가지고 있습니다.”

“사춘기 시절 자신의 정체성을 고민하며 한 때 마약에 손을 대기도 하였다고 자신을 털어 놓았던 흑백혼혈 오바마가 영원히 무너지지 않을 것 같았던 요새 백인들만의 고지였던 백악관에 입성하고 있습니다.”

오바마는 과연 연일연야 모든 기록들을 갱신하며 세계의 주목을 받기에 충분하였다.

“유사 이래 최고의 투표율!”

“유사 이래 최고의 지지율!”

“유사 이래 최고의 인파!”들이 지켜보는 가운데 아내 미셸과 함께 백악관을 향해 걸어가는 모습이 중계되고 있었다.

평소에 그토록 닮고 싶다고 외쳤던 그 분! 바로 자신과 같은 흑인들의 노예 신분을 해방시켜 주었고, 인종차별의 벽을 뛰어 넘어 마음껏 자신의 꿈을 펼치는 길을 열어주었던 그 분!

“그가 떨리는 손을 성경책 위에 얹었습니다. 이 책은 다름 아닌 링컨 대통령이 취임할 때 사용했던 바로 그 성경책입니다.”

“링컨 대통령을 통해서 보장받은 자유와 인권, 그 결과 그는 오늘 링컨과 같은 위치에까지 오른 미국 최초의 흑인 대통령이 되었습니다. 이제 그는 링컨의 뒤를 이어 미국을 위해 헌신할 것입니다. 오늘 오바마의 성공은 수천 년 묵은 인종차별 문제를 말끔히 해결한 링컨의 승리요, 또한 미국의 승리이기도 합니다.”

성경 위에 손을 얹고 선서를 하는 모습을 지켜보며 많은 미국인들이 눈물을 흘리고 있었다.

"이제 내 아이들에게 너도 원하면 대통령이 될 수 있어! 라고 말할 수 있어서 행복합니다."아기를 안고 외치던 젊은 흑인 아빠의 눈물을 통해서 미국의 변화를 실감할 수 있었다.

"여기까지 오는 길은 결코 쉽지 않았습니다. 하지만 변화로 가는 길에 쉬운 법이란 없습니다. 그러나 변화하지 않는 법도 없습니다."

오바마는 유색인종들의 권익신장을 위한 기금마련 연설에서 이같이 말했다.

"과거만큼 노골적이지는 않지만 차별이 분명히 존재하고 처리되어야 한다는 것을 인식해야 합니다. 말만이 아니라 실천이 뒷받침되어야 합니다. 사법시스템의 공정성을 확보하여 앞선 세대가 누리지 못한 기회의 사다리를 현 세대에게 제공해야 합니다."라고 당선소감을 말했다.

"사람들은 정부가 모든 문제를 해결해 주기를 기대하지는 않습니다. 하지만 그들은 우선순위에 약간만 변화를 주어도, 모든 어린이들이 삶의 희망을 얻고, 기회의 문이 모두에게 열릴 수 있으리라는 사실을 뼛속 깊이 느끼고 있습니다. 그리고 그들은 우리가 더 잘할 수 있다는 사실을 알고 있습니다."

"아이들이 잠든 후에도 담보대출 때문에, 혹은 의료보험 때문에, 혹은 교육비 때문에 뜬눈으로 밤을 지새우는 부모들이 있다는 것을 잊지 않고 있습니다. 앞으로 이를 위해 더 많은 에너지원을 개발하고 새로운 직업을 창출하고 새로운 학교를 지을 것을 약속합니다."

그는 소시민들의 애환을 대변하며 이렇게 깊숙이 그들의 마음속으로 들어가고 있었다.

"우리가 꿈꾸는 이상적인 미국은, 정부가 우리의 삶을 좌지우지하는 나라도 아니요, 국민 각자에게 알아서 잘 살아보라고 하는 나라도 결코 아닙니다. 우리가 하나의 국민으로서 함께 서고 함께 쓰러진다는 것을 깨닫는 나라입니다."

그는 국민들의 민심을 하나로 모으기 위하여 이렇게 호소하였다.

"We are one!"

"우리는 하나입니다!"

"흑인 아메리카와 백인 아메리카도, 라틴계 아메리카와 아시아계 아메리카도 없습니다. 오직 미합중국이 있을 뿐입니다."

"여럿으로 이루어진 하나! 그것이 바로 우리가 개인의 꿈을 추구하면서도 미국이라는 하나의 커다란 가족으로 화합할 수 있게 해주는 것입니다."

화합과 변화를 외치던 오바마의 신념과 진정성은 그를 미국의 대통령으로 만들었다.

"벤자민 프랭클린 *Benjamin Franklin*은 어머니에게 보낸 편지에서 '저는 후세 사람들에게 부자로 살다 죽었다, 라는 말보다는 쓸모 있게 살았다, 라는 소리를 듣고 싶습니다.' 라고 말했다고 합니다. 지금 나를 만족시키는 것이 있다면, 그것은 바로 내 가족과 나를 뽑아 준 사람들에게 쓸모가 있고 우리 자식들의 삶이 우리 자신보다 더 희망차도록 만들 그런 유산을 남기는 것입니다."

뽑아준 사람에게 쓸모가 있는 사람!

나는 이 말이 쓸모 있는 사람을 뽑을 줄 아는 안목, 그래서 스스로의 미래를 그의 말처럼, '품격 높은 삶' 으로 변화시킬 줄 아는 국민들이 되라는 말로 들렸다.

지금 우리가 사는 이 땅은 조상으로부터 물려받은 땅이기도 하지만, 우리 후손들에게서 빌려온 땅이기도 하다. 우리는 우리의 후세들을 위하여서라도 우리의 권익을 함부로 포기하거나 소홀히 할 수는 없다.

노르웨이에 서식하는 레밍 쥐를 두고 혹자는 눈먼 지도자와 추종세력에 비유한다. 레밍 쥐는 무리를 지어 생활한다. 번식률이 높아서 한 해를 넘기기 어렵게 개체수가 늘어난다. 그럴 때 그들은 먹이사슬을 위해 다른 서식지를 찾아 무리지어 이동한다.

동물학자들의 카메라에 레밍 쥐의 이동모습이 잡혔다. 그런데 희한하게도 레밍 쥐가 낭떠러지를 향해 집단으로 추락하는 것이 아닌가! 이 녀석들이 남은 쥐들의 먹이사슬을 위해 집단자살을 하는가? 설왕설래하였다.

그런데 알고 보니 이건 집단 자살이 아니었다. 본래 레밍 쥐는 눈이 아주 나쁘다고 한다. 그러다보니 무리를 이끄는 레밍이 언덕이나 강물 같은 장애를 만나 멈추려고 할 때는 이미 늦어, 뒤에서 몰려오는 레밍에게 밀려 떨어졌던 것이다.

눈이 어두운 레밍끼리 몰려다니는 건 그래서 위험하다. 길잡이 할 지도자가 중요한 이유다. 아울러 무분별하게 추종하는 집단이 되어서도 안 될 것이다. 왜냐면 지금의 내가 뽑은 위정자가 나를 위해서도, 또 앞으로 물려줄 후손들의 삶의 질을 위해서도 영향을 미칠 것이 분명하기 때문이다.

"미국의 참된 힘은 미국의 무기나 부에서 오는 것이 아니라 꺼지지 않는 미국의 이념들, 민주주의, 자유, 기회 그리고 굽히지 않는 희망에서 오는 것입니다."

그는 암울한 현실을 통해서도 희망을 내다보는 안목을 지닌 지도자다.

그는 절망하고 있는 미국인들에게 희망과 꿈을 심어주었다.

"보비 케네디는 이 땅은 작은 기적과 무한한 꿈에 의해 작동되는 나라이며, 보다 큰 선을 추구하기 위해 가장 큰 도전 또한 두려워하지 않는 곳이며, 온갖 역경을 이기고 결국엔 우리들이 승리하는 곳이라고 믿는 사람 가운데 하나였습니다."

"우리가 먼 길을 온 것은 분명하지만 아직 갈 길이 멀기도 합니다. 루터 킹 목사님은 '비록 도덕적 우주의 궤적은 길지만 반드시 정의를 향해 구부러지므로 낙심해서는 안 된다'고 말했습니다."

또한 그는 존 에프 케네디 *John F. Kennedy*의 말을 인용하여 말했다.

"케네디는, 정부가 선을 위한 힘인 것은 사실이지만, 유일한 힘이라고는 생각하지 않는다고 말했습니다."

그는 재비어대학교 졸업식 연설에서 "여러분 개인의 꿈만 따르지 말고, 우리가 국가 전체로서 함께 꾸는 꿈을 완성하도록 도와야 합니다." 라며 화합을 호소했다. 아울러 앞으로의 변화를 적극적으로 받아들여 나갈 것을 강조했다.

"우리는 세계화란 여느 문제처럼 반대하거나 찬성할 수 없는 현안임을 알고 있습니다. 세계화는 이미, 앞으로도 계속 될 것이기 때문입니다. 그러므로 진짜 문제는 우리가 그것을 멈출 수 있는지 여부가 아니라 어떻게 대응할 것인가 하는 것입니다."

오바마가 자신의 아버지의 고향인 모국 케냐의 나이로비대학을 방문하였을 때 우리 대한민국의 발전을 예로 들며 자신의 혈족들을 향해 용기를 갖고 변화할 것을 촉구하였다.

"1960년대 초 케냐가 독립을 성취하는 사이에 국민총생산은 대한민국과 크게 다르지 않았습니다. 그러나 오늘날 대한민국의 경제는 케냐보다 40배나 더 큽니다. 이는 필경 케냐인들의 노력이 부족해서가 아닙니다. 케냐가 실패하고 있는 부분은, 투명하고 신뢰할 수 있는 정부를 세우는 능력입니다."

그는 권력 앞에 웅크리고 있는 형제들에게 권력이란 여러분이 요구하지 않는 한 어떤 것도 양보하지 않는 대상임을 깨우치며 마땅히 얻어야 할 것을 쟁취하기 위해 용기를 내라고 외쳤다.

"마틴 루터 킹 *Martin Luther King* 목사님은 오래 전에 모세와 마찬가지로 약속의 땅을 보지 못하고 생을 마감했지만, 그는 산꼭대기에서 우리에게 갈 길을 가르쳤습니다. 우리는 아직 그곳에 도착하지 못했습니다. 하지만 우리는 지금까지와 다른 더 나은 곳이 우리를 향해 손짓하고 있음을 그의 가르침을 통해 알고 있습니다."

피는 물보다 진하다고 했던가! 그가 모국의 동포들을 향해 안타까이 외치는 모습이 찡하게 가슴을 울리고 지나간다.

그의 대통령 당선을 두고 사람들은 바로 풀뿌리 민주주의의 열매라고 말하곤 한다.

"국민 여러분이 근근이 모아 두었던 돈 5불, 10불, 그리고 20불을 기부하여 주심으로 제 캠페인은 시작되었습니다."

그는 정치에 무관심하다고 여겼던 젊은이들이 자원하여 온라인 오프라인 상에서, 그를 위해 한 표를 부탁하고 호소했던 것을 감사했다. 또한 많은 사람들이 가족들과 떠나 잠도 제대로 잘 수 없는 형편에서 열심히 일해주었기에 오늘 미국의 변화가 시작될 수 있었다고 감사하고 있었다.

"링컨 이후 이백 년이나 지났어도 국민의, 국민에 의한, 국민을 위한 정부는 사라지지 않았습니다. 바로 여러분이 산 증인입니다. 바로 여러분들의 승리입니다."

오바마는 앞으로 미국인 앞에 주어진 과제들이 얼마나 엄청난지를 알고 있기에 여러분들이 이 일을 해낸 것이라고 자축하였다.

또한 "오늘은 우리가 승리를 축하하지만 내일이 가져올 시련이 우리 평생에서 가장 크다는 것을 알고 있기에 여러분의 반대 의견에도 귀를 기울이며 최대한 여러분의 의견을 수렴하겠습니다."라고 약속하고 있었다.

"우리에게 닥친 난제들에 관한 한은 여러분에게 항상 솔직할 것을 약속합니다. 여러분의 의견에 귀를 기울일 것이며, 특히나 저희의 의견이 충돌할 때에 더더욱 귀 기울여 들을 것을 약속합니다."

"우리의 정치계를 병들게 했던 당파성, 소소한 것을 가지고 싸우는 하찮음, 그리고 미숙함으로 돌아가고자 하는 유혹을 이겨내야 합니다. 공화당의 설립 이념인 자주, 개인의 자유, 그리고 국가 단합을 기억해야 합니다. 미국을 양 극단으로 갈랐던 대립된 가치들을 모두 회복하고 앞으로의 발전을 향해 함께 나아가려 합니다. 링컨이 현재의 미국보다도 갈라졌던 국가를 앞에 두고 말했듯이 '우리는 적이 아니라 친구' 입니다. 열정이 우리의 우정을 시험할지라도 우리는 서로에 대한 애정을 잊어서는 안 됩니다. 저는 저를 지지하지 않는 여러분을 위해서도 열심히 일할 것입니다. 저는 저를 반대하는 여러분의 대통령이기도 합니다."

그는 자신을 반대하는 세력까지도 품고 포용하는 큰 그릇이다. 그는 자신의 정적이었던 매케인 상원의원에게조차 찬사를 아끼지 않았다.

"오늘 저녁 저는 매케인 상원의원으로부터 매우 감사한 전화를 받았습니다. 그 분은 저보다 더 어렵게 더 긴 싸움을 하셨습니다. 우리는 상상조차 할 수 없는 싸움을 그분이 하셨습니다. 자신의 사리사욕보다 미국을 걱정하는 그분의 노력은 애국심에서 비롯된 것이라고 믿습니다. 더 나은 미래를 위해 이기심을 없애고 그들이 함께 나아갈 것입니다. 매케인 후보와 페일린과 함께 우리가 약속한 것을 이뤄나가기 위해 노력하겠습니다."

그는 서로서로 양보하고 용납하며 화합을 이루어가자고 피력했다.

"우리는 남에게 대접받고자 하는 대로 남을 대접해야 합니다. 이는 성경이 가르치는 만고불변의 진리입니다."

"네가 꿈을 이룬다고 해서 내가 희생되는 것이 아니며, 흑인 황인 백인 아이들을 위한 건강과 복지교육에 대한 투자가 궁극적으로는 미국 전체의 번영으로 이어질 것임을 깨달아야 합니다."

그는 자신과 사람들 앞에 정직하였고, 진정성을 가지고 국민들에게 다가갔다. 사람들은 그를 신뢰하였으며, 그에게서 새로운 희망과 비전을 기대하고 있었다.

"우리는 전쟁과 평화, 공황과 번영 등 수없이 많은 일을 겪어왔습니다. 하지만 우리는 그 어떤 위기나 두려움에도 굴하지 않았으며 한마음으로 극복하여 왔습니다. 우리는 지금 전쟁 상황에 놓여 있습니다. 경제는 심각한 혼란에 빠졌고, 해결해야 할 문제들이 산더미처럼 쌓여 있습니다. 이같은 문제들은 심각한 도전이지만 우리는 선배들이 보여준 불굴의 노력과 긍정적 사고로 극복해야 합니다. 지금 우리가 처한 상황은 좌파나 우파라는 낡은 논쟁을 뛰어넘어 현실을 직시하고 실용적인 자세로 맞서야 합니다. 이데올로기에 사로잡히거나 편협한 사고를 벗어나야 합니다. 변화를 끌어내는 힘은 민주주의의 최고 권력인 국민으로부터 나오기 때문입니다."

2009년 1월 18일자 워싱턴타임스에 실린 오바마의 글이다. 그 내용은 마치 한국의 대통령이 한국인들에게 호소한 내용이라 해도 맞을 만큼 우리의 현실을 대변하고 있다.

오바마가 선거 유세 중에 자신에게 표를 달라고 호소할 때, 표심을 얻어야 하는 대중 집회에서도, 인기에 영합하기 위한 핑크빛 공약을 함부로 쏟아내지 않았다. 그는 안 되는 것은 안 된다고 단호히 말하였다.

"노인 연금액을 올리는 것은 사실 국가 재정에 막대한 부담이 가는 일입니다. 그렇기 때문에 제가 이 문제에 대해 섣불리 공약으로 내세울 수가 없습니다."

노인들이 대거 자리한 곳에서 그의 발언은 자살행위였다고 걱정하는 사람들도 있었다.

　그러나 이러한 오바마의 진정성과 솔직함은, 도리어 그가 큰 그릇이요, 원칙을 지키는 정치가요, 실로 대통령감이라고 평가 했다. 미국인들의 의식이 깨어났던 것이다.

　나는 오바마의 리더십을 통해 변화하고 있는 미국을 바라본다.
　선거를 통해 오히려 하나로 뭉치는 힘을 가진 나라, 화합을 갈망하는 국민, 평화롭게 살기를 원하는 소박한 소시민의 가슴으로 다가가, 옳은 길 올바른 방향을 제시하는 힘 있는 지도자, 선거 유세장에 몰려들어 청종하며, 그의 공약이 우선 당선되고 보자는 정치꾼의 말인지, 진정한 희망을 말하는 사람인지 구별해내는 냉철한 표심, 사람들은 오바마를 향해 국가를 통합할 수 있는 인간다리가 되어줄 것을 기대한다고 했다.

　지금 우리나라도 오바마와 같은 인물이 절실히 필요하다.
　개인의 영달보다는 더 큰 국익을 위해 자기를 내어놓는 용기를 가진 자, 동과서의 갈등을, 남과 북의 이념을, 보수와 진보의 벽을 뛰어넘어 온 민족이 하나로 마음을 모으게 할 진정한 중재자, 사사로운 당리당략보다 자신을 뽑아준 표심이 원하는 것이 무엇인가를 먼저 헤아릴 줄 아는 정치인, 학연·지연·혈연의 끈보다 먼저 큰 덩어리로 국가와 국민을 생각하는 민족애, 어둡고 추운 곳에서 신음하는 민초들의 서러움을 뼈저리게 이해하며 도와주는 따스함 그리고 보다 멀리, 보다 높이, 보다 앞서서 세상의 흐름을 읽고 판단할 수 있는 혜안慧眼.
　그러나 우리가 막연히 꿈꾸는 유토피아가 아닌 지금 여기, 삶의 현장에서 힘을 쓰고 지혜를 모으고 화합과 변화를 시도하는, 행동하는 인물이 절실히 필요한 때이다.

어떤 사람이 한 나라의 지도자를 선출하는 선거에서 국민들의 판단은 다음 세 가지로 구분된다고 말했다.

1. 손으로 하는 선택
2. 머리로 하는 선택
3. 가슴으로 하는 선택

손으로 하는 선택은, 별반 정치에 대한 철학 없이 최대소수집단의 선동과 지역주의, 명확한 기준이나 이념이 아닌, 혈연 학연에 휩싸여 쉽게 선택했다가, 채 1년도 안 되어 후회하면서 "저 사람을 찍은 내 손가락을 자르고 싶다."고 분노하는 경우다.

머리로 하는 선택은, 그나마 지도자란 이러해야 하며, 국가의 현실적 상황을 충분히 고려하여 그의 역량을 저울질한 후 심각하게 고려하여 표를 찍은 경우다.

가슴으로 하는 선택, 서로와 서로의 마음이 교통되고, 바라보는 이상과 기대가 한 곳을 향해 나아가는 경우, 이러한 선택으로 선출된 대통령이 바로 오바마이다.

기대하는 사람들과 기대에 부응하려는 지도자, 오바마의 리더십과 미국인들의 성숙한 선거모습을 바라보며, 부러운 한편 우리에게도 그들 못지않은 소망이 있음을 감사하게 된다.

내 감히 한국의 오바마는 못되더라도, 적어도 국가를 사랑하고 민족을

사랑하는 마음만큼은 오바마 못지않기에 지금도 가슴이 뜨거운 방망이질
을 한다.

오바마! 그는 미국인들을 깊은 잠에서 깨웠고, 행동하게 만들었고, 변
화의 주도자가 되도록 격려와 희망을 주었다.

그를 지지하는 관중들의 함성이 나의 가슴을 둥둥 울려댄다.

"Change! 변화합시다!"

"Dream! 꿈을 꿉시다!"

"Yes, We can! 우리는 할 수 있습니다!"

"할아버지, 우리도 스마일 박사 될래요."
"그래야지, 하! 하! 하!"

1999년 대한민국 국민상을 받았어요.

여러분이여, 조국을 위해 울어 보았는가?

"모든 사람들이 반대하더라도 옳은 것은 옳은 것이고, 모든 사람이 그것을 따르더라도 그릇된 것은 그릇된 것이다." 윌리엄 팬의 말이다.

올바른 지도자는 이렇게 옳고 그른 것에 대한 분별력이 있어야 하고 자신이 판단한 옳은 일에 대해 흔들리지 않는 소신과 추진력이 있어야 한다.

나의 평소 지론은 "보편적인 다수의 의견이 나라를 살릴 수는 없어도, 한 명의 올바른 판단이 나라를 살릴 수 있다."는 생각이다.

평소 이재철 목사님의 깊은 영성과 감화력에 매료되어 그 분이 쓰신 책과 설교 테이프를 섭렵하고 있던 차에 「사랑의 초대」라는 책에서 "울어라 조국이여!"라는 제목의 글을 읽고 크게 공감하여 그 내용을 옮겨본다.

필리핀 유력 일간지 마닐라 타임스는 2005년 7월 29일자 '의견 *Opinion*란'

을 통해 김재윤이라는 한국 유학생이 교수에게 제출한 에세이를 소개한 적이 있다.

당시 김재윤 군은 필리핀의 아테네오 데 마닐라 대학에 재학 중이었는데, 학교에 제출한 에세이를 읽고 감동한 교수에 의해 필리핀의 유력 일간지에 이 글이 실리게 되었다.

김군이 쓴 내용을 원문 그대로 소개하면

"필리핀인들은 늘 부정부패에 대해 불평을 늘어놓는다. 그러나 필리핀의 진짜 문제에 대해 국민들이 제대로 생각해본 적이 있는가? 그렇지 않다는 것이 나의 생각이다. 진짜 문제는 애국심의 부족이라는 게 내 생각이다.

한국의 경우를 들어보자. 한국 전쟁이 끝난 직후 한국은 전 세계를 걸쳐 최빈국 가운데 하나였다. 전쟁으로 모든 것이 파괴된 데다 천연자원이 없는 한국으로서는 맨주먹으로 시작할 수밖에 없었다.

이런 상황에서 한국인들은 아시아의 부국인 필리핀을 이야기하면서 부러워했다. 필리핀처럼 잘 살고 싶었던 것이다.

한국 정부는 끔찍할 정도로 부패했으며, 필리핀인들이 상상할 수 없을 정도로 여전히 부패해 있다. 그러나 한국은 극적인 발전을 이뤘다.

이는 한국인들이 불타는 애국심 하나로 공공의 이익을 위해 최선을 다했기 때문이다.

박정희 대통령이 집권했을 당시 한국에는 단 3개의 공장밖에 없었다. 한국의 경제상황을 보아서는 외국으로부터 차관을 제대로 도입할 수도 없었던 데다가 외국 기업들의 유치도 힘들었다.

이런 상황에서 박대통령은 독일에 광부와 간호사를 수출했다. 이들이 송금한 돈은 고스란히 공장을 짓는데 사용됐다.

1964년 박대통령이 차관 도입 차 독일을 방문했을 때 환영 차 나온 수백 명의 한국 광부와 간호사들은

"대통령 각하! 우리는 언제 잘 살 수 있습니까?"라는 질문을 던졌다.

이 질문에 박대통령은 함께 울면서

"모두 다 나라를 위해 최선을 다한다면 반드시 잘 살 수 있을 것"이라고 대답했다.

이 장면에 강한 인상을 받은 독일 정부는 차관을 제공하게 됐다. 박대통령은 국민에게 과연 마음속으로부터 애국하고 있는지를 늘 물었다.

미국에서 체류하던 많은 한국 과학자들과 엔지니어들은 한국을 부국으로 만들고 싶다는 일념 하나로 귀국길에 올랐다.

비록 이들은 미국에서 받는 것보다 비교도 되지 않는 적은 급여를 받았지만 최선을 다했다. 그들은 자식들만은 반드시 잘 사는 나라의 국민이 되어야 한다는 희망을 잃지 않았다.

내 부모님은 늘 경제적으로 신체적으로 불운한 사람들이 사는 곳에 나를 데려갔다. 이들의 삶을 이해하고 이들을 도와야 한다는 생각을 자식인 나에게 가르쳐주고 싶었기 때문이었다.

필리핀인들이여. 당신들은 과연 조국을 위해 울어본 적이 있는가?

나는 내 조국 한국을 위해 여러 차례 울어본 적이 있다.

필리핀을 위해서도 여러 번 울었다.

언젠가 찾아본 적이 있는 뉴 빌리비드New Bilibid 교도소에서 나를 진짜로 슬프게 한 것은 수형자들이 자신의 조국을 사랑하지 않는다는 사실이다. 수형자들은 미사에 참석하면서 봉사활동을 하고 있고, 매일 기도를 하고 있지만 조국인 필리핀을 사랑하고 있지는 않는다는 사실을 알게 됐다. 면회한 두 명의 수감자들은 출옥하는 즉시 필리핀을 떠날 것이라고 버젓이 밝혔다.

대다수 한국인들은 이웃들과 함께 부를 나눌 수 있기 위해 여전히 그들의 조국을 사랑하고 있다. 한국에 있을 때 나는 강한 신념을 갖고 있었기에 신부가 되기를 꿈꾼 적도 있다. 그러나 필리핀에 왔을 때 이런 신념을 완전히 잃어버렸다.

매일 거리에서 얼굴을 맞대는 불쌍한 어린이들의 모습 등 믿을 수 없는 상황들 때문에 혼란스러웠다.

필리핀은 아시아에서 유일한 가톨릭국가이지만 불쌍한 사람들이 너무 많은 곳이기도 하다. 사람들은 매주 일요일 성당에 나가 기도를 하지만 변하는 것은 아무 것도 없다.

신념은 반드시 행동을 수반해야 한다고 얼마 전 어머니께서 말씀하셨다. 어머니께서는 또 인간은 모두 평등하고 하나님의 자식인 만큼 필리핀인들을 사랑하라고 강조하셨다.

필리핀이 잘 살기 위해서는 하나님을 사랑하는 것과 같이 이웃과 조국을 사랑하길 바란다. 다른 사람들을 사랑한다면 하나님께서 행복해하실 것이라는 것을 여러분들은 잘 알 것이다. 그러니 제발 이웃과 조국을 사랑하라. 자녀에게는 조국을 사랑하는 법을 가르치라!

누가 여러분의 조국 필리핀을 위해 울어 줄 것이라고 생각하는가?

누가 필리핀의 정신을 고양할 수 있을 것이며, 누가 그 이름을 상징하는 외로운 깃발을 간직한다고 생각하는가?"

한국인인 우리도 가슴이 뭉클해지는 내용을 보며 이재철 목사님도 조국을 위해 울었던 시절을 회고하고 있었다. 1972년 그때까지만 해도 필리핀이 동경의 대상일 정도로 우리나라가 가난하던 시절에 이재철 목사님은 외국인회사에 근무하고 있었다. 본사의 연수를 받기 위해 난생처음 암스테르담에서 30여 개국의 젊은이들과 함께 두 달 간 머물 때의 일이다.

그 때 일본과 태국에서 온 청년을 제외하고는 그 많은 백인 청년들 가운데 대한민국이란 나라를 아는 청년이 아무도 없었다고 한다.

하루는 브라질에서 온 청년이 주머니 속 수첩을 꺼내어 지도가 인쇄된 페이지를 펴더니 대체 한국이 어디에 있느냐고 묻더란다. 손가락으로 "여기"라고 가리키는데 새끼손톱보다 작은 한반도에는 한국이라는 이름조차 없는 게 아닌가!

연수 중 지리시간에 한 청년이 "살아있는 지리공부를 하자"며 강사에게 자신들이 전혀 알지 못하는 나라에서 온 미지의 두 나라에 대해서 배워보자고 건의하였고, 모든 회중이 환호했다. 미지의 세계에 대한 탐구보다는 따분한 지리시간을 재미있게 때우려는 심산이었다.

그가 말한 미지의 국가는 바로 아프리카 짐바브웨와 한국이었다.

강사는 두 청년에게 동의를 구했고 즉시 짐바브웨와 한국 대표 청년은 질문의 집중포화를 맞게 되었다.

먼저 짐바브웨 청년에게

"너희 나라에 냉장고는 있느냐?"

"학교 교육은 제대로 이루어지고 있느냐?"

"하루 세끼 밥은 먹고 사느냐?"

마치 동물원 원숭이를 놀리는 듯한 질문이었다.

짐바브웨 청년은 자기 나라에 TV와 냉장고가 얼마나 많은지, 교육제도가 어떤지 격앙된 목소리로 설명하였고 이를 보는 백인 청년들은 더더욱 즐거워하며 놀리고 있었다.

이윽고 이재철 목사님이 질문을 받을 차례가 되었을 때, 그는 강사의 양해를 구한 뒤 질문을 받기 전 먼저 한국에 대해 간략하게 설명을 하였다.

"한국은 유럽 어느 나라의 역사보다 긴 5,000년의 역사를 가지고 있다. 신라, 고려, 조선의 역사는 각각 1,000년과 500년씩인데, 유럽의 어느 왕조도 이렇게 오랫동안 지속된 경우는 없었지 않느냐? 오늘날 일본이 세계적으로 자랑하는 일본 문화는 거의 모두 우리 선조들에 의해 전해진 것이며 독일의 구텐베르크보다 우리가 먼저 금속활자를 사용했다. 서울은 인구 600만 도시로 길이와 폭이 각 30km의 대도시로 이곳 암스테르담의 약 10배에 달하는 대도시이다. 자, 이제 한국에 대해서 질문하도록 하라!"

처음에는 장난기 서린 표정으로 말을 듣던 청년들의 표정이 달라지기 시작했다.

누구도 "너희 나라에 냉장고 TV가 있느냐?"고 묻지 않았다.

놀리려고 하는 청년도 없었다. 모두 진지하게 한국의 역사와 사회에 대해 질문했고 당시 한국의 청년은 성의껏 대답하였다.

정해진 시간이 끝나고 그들은 "살아 있는 지리공부를 시켜주어 고맙다"고 박수를 쳐주었다.

이재철 목사님은 당시를 이렇게 회고하고 있었다.

"나는 그 길로 호텔방에 들어가 울었다.

세상에 태어나 처음으로 내가 태어난 조국, 대한민국을 위해 울었다.

지구 반대편에서 그 누구도 알아주지 않고, 지도에 명기조차 되어있지 않는 조국의 왜소함이 너무나 서글퍼서 울었다.

그럼에도 불구하고 짐바브웨 청년을 놀리듯 내 조국을 놀리려던 백인 청년들 앞에서 오히려 조국에 대한 한없는 긍지를 느낀 감격으로 울었고,

지구 반대쪽에 있는 미지의 세계에 지나지 않는 작고 힘없는 조국을 위해 무언가 보탬이 되어야 한다는 사명감에 울었다.

내 나이 스물네 살이었던 그날 밤은 태어난 이래 대한민국이란 실체가 나의 뇌리에 각인된 날인 동시에 내 마음에 애국심이 아로새겨지기 시작한 날이었다."

도산 안창호 선생은

"그대는 매일 5분씩이라도 나라를 생각해 본 일이 있는가?"라고 물었다.

"나는 밥을 먹어도 한국의 독립을 위해 먹고, 잠을 자도 한국의 독립을 위해 잔다."고 했다.

나도 여러분에게 묻고 싶다.

여러분이여! 그대는 조국을 위해 울어보았는가!

2002년 월드컵 횃불! 4강에 오른 날 밤에….

모로 가도 서울만 가면 되는가?

간디 *Gandhi* 수상에게 한 여인이 자기 아이를 데리고 와 간청을 했다.

"제 아들이 건강에 해로운 설탕을 너무 많이 먹습니다. 먹지 못하도록 그렇게 타일러도 말을 듣지 않으니 수상께서 좀 타일러 주십시오."

얘기를 들은 간디는 한참을 침묵에 잠기더니

"이 아이를 20일 후에 다시 데리고 오십시오." 라고 대답했다.

여인은 자기 아들이 설탕을 먹지 않도록 당장 타일러 주지 않고 20일 후에 다시 오라는 간디의 말이 도무지 이해가 되지 않았지만 하는 수없이 20일을 기다렸다가 다시 찾아갔다.

그리고 간디를 만나고 온 아들은 거짓말처럼 설탕을 전혀 입에 대지 않는 거였다.

너무나 놀란 여인은 간디를 찾아가 물었다.

"저는 지금까지 수도 없이 제 아이에게 설탕을 먹지 말라고 타일러왔지만 듣지를 않았었는데, 수상을 단 한 번 만나 뵙고 순종을 하니 그 비결이 무엇입니까?"

그러자 간디는 미소를 띠고 이렇게 말했다.

"맨 처음 그 아이를 데리고 찾아 왔을 때 내가 설탕을 먹지 말라고 타일렀으면 이 아이는 분명히 순종하지 않았을 것입니다. 왜냐면 나 자신도 그 당시에 설탕을 좋아해서 끊지 못하고 있었거든요."

"그런데요?"

"내가 아이에게, 네 어머니의 간청을 듣고 내가 직접 설탕을 끊어보니 꼬박 20일이 걸리더라고 말해 주었지요."

몸소 실천하고 모범을 보이는 간디의 모습에 그들 부자는 크게 감복하였다고 한다.

평소 존경하는 원로 정치인께서, 지도자는 언행이 일치되어야 한다면서 내게 일러주신 말씀이다.

어느 날 학교를 가려는 나를 붙잡고 아버지께서 이렇게 물으셨다.

"수관아! 모로 가도 서울만 가면 된다는 말이 무슨 뜻이고?"

"글쎄요, 찾아가는 방법은 달라도 서울만 가면 된다는 뜻 아닝교?"

"그럼 너는 찾아가는 방법에 문제가 있어도 목표만 달성하면 된다고 생각하나?"

"그건 옳지 않은 것 같은데……. 잘 모르겠심더."

"그럼, 이 말을 곰곰 생각해보고 저녁에 네 생각을 들려다오."

아버지는 가끔 학교 가는 나를 붙잡고 이런 수수께끼 같은 화두를 주시곤 하셨다. 나는 해답을 찾기 위하여 하루 종일 끙끙거리며 생각을 바꾸는 작업을 터득하고 있었다.

아버지께서 내가 처음 국회의원 선거에 출마하겠다고 했을 때 이렇게 말씀하셨다.

"하늘을 뒤덮은 구름과, 천둥 번개를 동반한 비는 누구나 두려워하고 피하려 하지만, 비가 그친 후에는 진창길만 남게 되는 법이다, 그래도 정치를 하고 싶나?"

나는 그 때 이렇게 말씀드렸다.

"잘하면 안 되겠습니까? 선의를 가지고, 대의를 위해서, 소금처럼 맛을 내되, 저는 녹아서 없어진다는 각오로, 다른 사람들을 위해 진창길 건너 뛸 징검다리가 되면 안 되겠습니까!"

"그래, 그런 각오라면 해보아라!"

1999년 처음 정치에 입문하였을 때 아버님께서 거듭거듭 당부하신 말씀도 바로 정직이다.

"정수리서 흐른 물이 발뒤꿈치를 적시는 법이다."

"정치하는 사람이 정직해야 나라를 올바르게 세워갈 수 있는 법이야!"

"이틀에 죽 한 그릇 먹는 한이 있더라도, 출처가 분명하지 않은 돈에는 손대지 마라!"

"검은 돈으로 자식 먹이고 입히고 공부시키면 절대 그 자식이 훌륭한 사람이 될 수 없다."

"네! 네! 아버님 명심하겠습니다."

사실 정치를 하는 목적을 국가와 국민의 유익에 둔 사람과, 그 목적이 자신의 영달에 있는 사람, 그들이 서울로 가는 방법은 출발부터가 판이하게 다르지 않을까?

모로 가도 서울만 가면 된다고 생각하는 사람, 그래서 온갖 수단과 방법과 비리를 다 동원하여, 서울에 도착한 사람! 어떻게 이미 수단과 방법이 잘못된 그 사람에게서 옳은 결과가 나오기를 바랄 수 있겠는가!

내가 맨 처음 정치에 입문할 때 나를 아끼는 가까운 분들은 뭐가 아쉬워 진흙탕에 들어가려느냐고 말리는 분도 있었다. 평소에는 내가 하는 일에 전혀 반대를 하지 않던 아내와 아이들까지 나를 말렸다.

"여보! 뭐가 아쉬워서 잘해도 좋은 소리 듣기 힘든 정치를 하려고 해요."

"아빠! 사람들이 아빠를 다 좋아하는데 이제 아빠를 오해하고 욕할 거예요."

"그래 나도 안다. 그동안 하나님께서 많은 복을 주셨는데, 이제 노욕을 부리고 권세를 잡으려한다고 말하는 사람도 있을 줄 알아."

"그런데 왜 정치를 하려고 하세요?"

"그건 말이다. 누군가는 진정 이 나라를 위해 옳은 정치를 해야 한다는 소신 때문이야. 올바른 가치관을 가진 지도자 한 사람의 판단이 이 나라를 곤경에서 구할 수 있다는 확신 때문이기도 하지."

나는 실로 깊이 고민하며 평소 존경하던 목사님들께 자문을 구하였다.

"누군가 뜻있는 사람들이 나가야지 싸우기 좋아하고 거짓말 잘하는 사람들이나 나간다면 언제 이 나라가 평안해지겠소, 황장로! 그 뜻을 접거나 포기하지 마시오."

극동방송국의 김장환 목사님은 더욱 단호하게 말씀하셨다.

"황박사! 그만큼 국민들로부터 사랑받고 돈을 벌었으니 이제는 나라를 위해 일을 하시오!"

오랜 고민 끝에 나는 마음을 정하였다.

"그래! 작은 일로 화가 나서 큰일을 외면하는 정치인들 앞에 나가, 그들을 웃게 하고, 화목하게 하며 사랑하게 하자!"

정직한 자의 형통

어느 날 미국에 강연을 가려고 여장을 꾸리고 나서는데, 아버지가 불러 세우신다.

"아범아! 거기 꿇어 앉거라."

"네? 꿇어앉으라고요?"

어릴 때도 매를 들기는커녕 야단도 치지 않으셨는데,

이제 늙어가는 자식을 꿇어앉히시다니……. 아버지가 치매에 걸리신 걸까?

아버지는 달력 뒷면에 한자로 글을 써서 내 앞에 펼쳐 놓으셨다.

蘇東坡曰 소동파왈

無故而得千金 무고이득천금

不有大福 必有大禍 불유대복 필유대화

"소동파가 말하기를, 까닭 없이 주머니에 천금이 들어오면 큰 복을 얻은 게 아니고 반드시 큰 화가 있으리라 했다. 이 글을 가슴에 품고 다니거라."

"네, 명심하겠습니다. 지난번에 주신 '봉사' 라는 두 글자는 우리 가족에게 주신 유언으로 알고, 이 글은 제게 주신 아버님의 유언으로 알고 그대로 삼겠습니다.”

어떤 분이 정치인이 받는 정치자금을 두고 “생선을 먹는 것처럼 하라!”고 조언하는 것을 들었다. 생선을 먹되 가시가 걸리지 않도록 조심하고, 생선을 고르되 신선도를 살펴 부패된 것을 분별하라는 말씀이다.

그것이 사람을 살리는 ‘밥’ 인지, 낚시 바늘을 걸어놓은 ‘미끼’ 인지, 혹 부패되어 나를 상하게 할 뇌물인지, 분별하여 선용하는 지혜자가 되라는 말씀이다.

우리의 정치풍토를 놓고 어디서부터 손을 대야할지 모르는 상태라고 수근 거린다. 그러나 역 발상 해보자, 상황이 어려우니까 우리가 감히 손을 못 대는 것이 아니라, 우리가 과감히 손을 대지 않으니까 상황이 점점 더 어려워졌던 것은 아닐까!

혹여 스피노자 *Spinoza*의 말처럼, 기득권을 가진 자들이 ‘할 수 없다’, ‘바꿀 수 없다’, 라고 말하는 것은 ‘하기 싫고’, ‘바꾸기 싫기’ 때문은 아닐까!

지금까지 결코 순탄하지 않았던 나의 인생을 개척하면서 깨달은 지혜가 있다면, 그것은 무엇보다 진정성을 가지고 정직하게, 성실하게 노력하면 불가능한 일은 없더라는 사실이다.

눈을 들어 하늘을 보는 사람에게 닿을 수 없을 정도로 높은 곳이란 없다. 신념이 있는 한 반드시 길은 있기 마련이다.

옛날에 아주 영험한 도사가 있었다. 많은 사람들이 점을 보기 위해 도사를 찾아왔다.

어느 날 과거 시험을 보러가는 선비 세 명이 찾아와 물었다.

"도사님! 저희 셋 중에 누가 과거에 급제할 수 있겠습니까?"

도사는 지그시 눈을 감더니 그들에게 손가락 하나를 내밀고는 아무 말도 하지 않았다.

"도사님! 그게 무슨 뜻인지 말씀해 주십시오."

"가보시오, 때가 되면 알게 될 것이로되 지금은 천기를 누설할 수가 없소이다."

세 명의 선비는 하는 수없이 과거를 보러 떠나갔고, 이를 지켜보던 시종이 호기심을 이기지 못하고 질문을 했다.

"스승님께서 손가락 하나를 내민 것은 한 명이 합격한다는 뜻입니까?"

"그러니라."

"그들 가운데 두 명이 합격하면요?"

"그럼 하나가 합격되지 못한다는 뜻이니라."

"그럼 셋이 합격하면요?"

"그럼 하나도 빠짐없이 합격한다는 뜻이지"

시종은 그때서야 깨닫고 말했다.

"천기가 바로 그것이었군요!"

누군가 말을 지어내 '이현령비현령耳懸鈴鼻懸鈴', '귀에 걸면 귀걸이 코에 걸면 코걸이' 책임질 말은 하지 않는 정치인을 비꼬는 우스갯소리다.

자기가 대답한 말조차도 책임질 수 없으면서, 어떤 대의명분을 가지고 정치를 하겠다고 나선 것일까!

오늘 국민들은 책임지지 않는 정부, 책임지지 않는 정치인, 그리고 보장받지 못 한 불확실한 미래로 인하여 개탄하고 있다.

하늘을 우러러 한 점 부끄럼 없는 지도자, 언행이 일치되는 진정성을 가진 지도자!

우리 모두는 지금 그런 사람을 찾고 있다.

왜냐면, 지도자 한 사람이 변하면, 모두를 변화시킬 수 있기 때문이다.

오바마가 전 미국인들을 환호케 할 수 있었던 것은, 그가 진정성을 가지고 외쳤던 희망과 변화에 대한 확신 때문이었다.

"Change! Dream! Yes, We Can!"

"우리는 바꿀 수 있습니다! 우리는 변화를 꿈꿉니다! 우리는 할 수 있습니다!"

나는 이번 미국의 대통령 선거를 보면서 정말 많은 것이 부러웠다.

선거를 통해 오히려 민심을 하나로 모은 성숙한 미국의 풍토를 보라!

그들은 흑백 갈등도, 빈자와 부자의 갈등도, 진보와 보수의 벽도 모두 허물어 내며 화합을 이루어 내지 않았던가!

우리는 어떠한가! 선거 때만 되면 악령처럼 되살아나는 지역감정과, 동서의 벽, 좌익우익 편을 가르는 이념의 벽을 이제는 우리도 무너뜨리고 끝내야 하지 않겠는가!

정말 우리가 고민해야 할 것은 우리가 이루어내야 할 민족의 화합과 안녕과 평화가 아닌가!

그럼에도, 아기를 업고 있는 엄마가 다른 데 정신이 팔려가지고, 아기는 빠뜨리고 빈 포대기만 업고 뛰는 이 형국을 언제까지 보고만 있겠는가!

과연 이 나라는 어디를 향해 가고 있단 말인가!

이 좁은 땅덩어리가 남북으로 분단된 것도 억울한데, 영남당 호남당이 다 무슨 말인가! 동서갈등은 뭐고, 진보와 보수가 어쨌다는 말인가!

우리 모두는 영남의 나라도, 호남의 나라도, 보수의 나라도 진보의 나라도 아닌 오직 하나로 화합된 대한민국을 원할 뿐이다.

그저 성실하게 우직하게 노력한 소시민들이 흘린 땀이, 어떤 사행심이나 한탕주의나 투기꾼들에게 착취당하지 않고, 마음 놓고 두 다리 쭉 뻗고 잘 수 있는 나라를 원하는 것이다.

내가 정치를 하겠다고 마음을 굳힌 것도 바로 이러한 일을 이루고 싶다는 열망 때문이었다.

왜 기득권자들은 정말 민초들의 아픔과 필요가 무엇인가를 외면하고 있는가! 직장에서 쫓겨나고 일자리를 구하지 못해 가족들의 부양문제로 밤잠을 설치는 가장들의 고민을 외면하지 말아야 한다.

아이들 학원비에, 밀린 세금에, 거기다 노후대책까지 어느 것 하나 보장되지 못한 불확실한 미래를 암담한 심정으로 바라보는 서민들을 외면하지 말아야 한다.

더 이상 박봉의 봉급자들의 혈세로 가진 자들의 배를 채워주는 모순된 구조를 이제는 바꾸어야 한다. 하루살이를 걸러내겠다고 약대는 삼키는 모순, 코끼리처럼 거대한 부자들에게 법은 더 이상 아무 구속력이 없는 거미줄이다.

정치인을 풍자한 이야기가 있다.

누군가 손가락을 세 개 펴 보이며 정치인에게 물었다.

"손가락이 몇 개입니까?" 정치인이 대답했다.

"한 개보다는 많고, 다섯 개 보다는 적습니다."

왜 '세 개'라고 대답하지 않았을까? 나중에 빠져나갈 뒷구멍을 남겨두기 위해서란다.

국민들의 권익을 위해 뽑아놓은 이들이, 국민들을 위하여 일을 하기는커녕, 저 살길만 챙기다 잡혀 들어가는 세상, 신성한 국회에서 온갖 연장을 동원하여 몸싸움 패싸움을 벌이는 추태를 보고 어떤 소망을 품을 수 있겠는가!

당리당략에만 빠져 왈가왈부하는 정치인들의 행태를 더는 두고 볼 수 없다는 거룩한 분노가 내 안에 꿈틀거리며 나를 재촉한다.

현재의 이 세상은 누군가의 '생각'이 만들어낸 전리품이다.

누군가의 생각이 세상을 만든다면, 그래서 지금 보다 더 살기 좋은 복지국가, 보다 더 윤택한 생활을 원한다면, 지금 우리가 '생각'을 바꾸면 되는 것이다.

우리 한국 여성 중에 지금 미국에서 잘나가는 대기업의 임원이 되어 강연을 다니는 사람이 있다. 바로 김태연 씨다. 그녀는 미국에 건너가 정착하면서 적응하지 못 하는 자신을 향하여 이렇게 외쳤다고 한다.

"He can do it, she can do it, why not me!"

"그 남자도 했고, 그 여자도 했는데, 왜 나라고 안 되겠어!"

그는 자신을 위하여 수없이 이렇게 외쳤고, 실제 그 남자가 해냈고, 그 여자가 해낸 일들을 자신도 충분히 해낼 수 있었다고 한다.

"Can do!"

"할 수 있다는 정신!"

사랑하는 여러분이여! 생각을 바꾸면 우리도 할 수 있다!

모로 가도 서울만 가면 된다는 그릇된 생각을 바꾸고, 어떻게든 빠져나갈 구멍을 만들던 무책임한 생각을 바꾸고, 뒤로 챙기던 검은 돈, 이제는 주지도 말고 받지도 말자.

그야말로 온 국민이 추구하는 깨끗한 정치풍토, 기본과 원칙을 지키는 나라! 바로 나와 여러분의 올바른 생각이, 이 나라를 복되고 잘사는 나라로 만들어 갈 수 있다.

변화! 변화는 변화하고자 하는 의지를 가진 사람들에 의하여 이미 시작되고 있다.

"He can do it, she can do it, why not me!"

"그 남자가 했고, 그 여자가 했다면, 왜 나라고 안 되겠는가!"

"오바마가 했고! 미국이 해냈다면! 우린들 왜 못하겠는가!

이 나라가 통일되어 신바람 나게 하소서!
백두산 천지에서

아하! 대한민국! 아하! 우리 조국!

몇 년 전 미국에서 일본의 역사교과서 왜곡에 항의하는 시위에 동참하여 연설을 했었다. 필자가 도착했을 때 시애틀 일본 영사관 앞에는 조국을 사랑하는 교포들로 거리가 미어지고 있었다.

"일본은 참회하라!"

"역사를 왜곡하는 일본의 만행을 규탄한다!"

"사실을 왜곡하는 일본을 역사의 이름으로 고발한다!"

교민들이 목이 터져라 각성을 촉구하고 있을 때다.

갑자기 교계의 지도자 한 분이 칼을 꺼내 자신의 손가락 끝을 예리한 칼로 푹 찌르는 게 아닌가!

군중들은 물을 끼얹은 듯 조용해졌다.

손가락에서 줄줄 흐르는 피로 혈서를 쓰는 그 분을 바라보며 모두 눈물을 흘리고 있었다.

<h2 style="text-align:center">"일본이여 회개하라!"</h2>

숨죽이며 혈서를 바라보던 우리 동포들은 서로서로를 얼싸안고 조국을 위해 통곡하였다.

격앙된 분위기에 강도 높은 연설이 계속되면서 군중들의 분노가 하늘을 찌르고 있을 때, 내가 연설을 할 차례가 되었다.

그 때 분위기가 어찌나 살벌하던지 곧 뭔가 터질 것만 같은 상황이었다.

일촉즉발一觸卽發, 성난 군중들의 도발적인 행동이나 사고를 막기 위하여 긴장을 푸는 연설이 필요하다는 것을 직감하고 나는 다음과 같이 동포들을 향해 말문을 열었다.

"사랑하는 동포 여러분! 여기 서 있는 황수관이는 일본에서 태어났습니다."

군중들의 시선이 모두 내 입술에 꽂히는 듯한 느낌이었다.

"그런데 여기 있는 이 사람은 일본말은 하나도 할 줄 모릅니다."

동포들이 여기저기서 웅성거렸다.

"왜냐면, 저는 태어나자마자 내 조국 대한민국으로 돌아왔기 때문입니다."

이런 상황에서 웬 싱거운 소리를 하느냐는 듯 모두가 노려본다.

나는 분위기를 바꿔 재미난 일화를 소개하였다.

"여러분! 얼마 전 기자가 저에게 찾아와서 이렇게 물었습니다."

"황박사님! 황박사님은 왜 일본에서 태어났습니까?"

"그 때 저는 이렇게 대답했습니다. 그걸 내가 어떻게 아나? 우리 아버지가 알지!"

"와! 하! 하! 하!"

잔뜩 긴장되었던 험악한 분위기가 일순간 무너지며 모두들 박장대소한다.

나는 계속해서 말했다.

"재작년 가을 저는 TV를 보다가 저희 집사람에게 핀잔을 들었습니다."

"여보! 뭘 보는데 그렇게 훌쩍훌쩍 울고 있어요?"

"그 때 저녁 9시 뉴스에서는 배추 값 파동으로 땀 흘려 농사지은 배추밭을 갈아엎으며 절망하는 농부들의 모습이 지나가고 있었습니다."

"여보! 저거 좀 봐요, 쯧쯧쯧, 저 애쓰고 농사지은 배추를 갈아엎고 있잖아요. 세상에 뽑아 팔자니 인건비도 못 건지겠고, 그냥 두고 보자니 애가 터지고, 차라리 갈아엎고 대파라도 심어 보려고 멀쩡한 배추를 갈아엎는다니 농부들의 마음이 오죽할까! 훌쩍! 훌쩍!"

"그 때 제 집사람이 저를 향해 어이없다고 한마디 쏴 부치지 뭡니까?"

"살다가 살다가 원! 배추 값 떨어졌다고 우는 사람은 대한민국에서 당신 하나 뿐일거유!"

"하! 하! 하!"

모두들 손뼉을 쳐대며 화통하게 웃고 있었다.

나는 울다가 웃는 동포들의 아픔을 진심으로 위로하고 싶었다.

"여러분! 미국을 비롯한 선진국에서는 자국민이 외국에 나가 있으면 지원을 해주고 살길을 마련해 주기도 하건만……. 우리의 조국 대한민국은 지난 날 너무나 가난하고 힘들고 어려웠기 때문에 여러분을 돌보아 주기는커녕 고아와 같이 내어 버릴 수밖에 없었습니다."

"동포 여러분이 조국을 떠날 때, 조국의 따스한 환송을 받기는커녕 알몸

으로 낯설고 물 설은 이국땅에 와, 맨주먹으로 약소국가의 서러움을 이겨
내며, 피땀 흘려 정착한 여러분이 참으로 자랑스럽고 미안할 뿐입니다."

연설을 하는 나도 울었고 듣고 있던 회중들도 울었다.

"그럼에도 조국을 원망하기는커녕 조국의 국익을 위해 불타는 애국심
으로 한마음이 되어 이 자리에 모이신 여러분이 실로 고맙고 자랑스럽습
니다."

눈물로 연설을 하고 내려오니 눈물로 듣던 군중들이 박수를 치며 환호
한다.

너무나 살기 어려워 버리고 떠난 조국 땅, 내가 포기했고, 나를 포기했
던 그 조국을 위해, 애통절통하며 울부짖는 동포들의 모국애!

실로 억장이 무너지고 있었다.

부모 없는 자녀가 있을 수 없듯, 모국 없는 개인은 존재할 수 없다

나만 잘살면 된다, 내 자식만 잘되면 된다는 식의 극단적인 개인주의와
이기주의는 참으로 위험한 발상이 아니던가!

여러분의 자녀가 정말 행복하게 살기를 원한다면, 먼저 그 아이의 친구
들이 행복하도록 배려하기 바란다. 왜냐면 우리는 그 누구도, 역사의 수
레바퀴를 거스르며 살 수 없기 때문이다.

한국에 IMF가 터졌을 때 미국에 집회를 가게 되었다.

그들은 정말 위기에 처한 조국을 위해 눈물로 매달리며 하나님께 기도
하고 있었다.

비행기 삯이 없어서 외상으로 미국 땅에 온 분도 있다고 들었는데…….

그럼에도 접시닦이부터 청소부까지 온갖 궂은 일로 악착같이 벌어 모은 귀한 돈을 서슴없이 내놓으며 조국을 위해 써달라고 헌금하는 동포애!

진정 우리 조국 대한민국은 끈끈한 정과 저력으로 뭉친 민족이 아닌가!

외국인들은 한민족의 저력을 실로 경이로운 눈으로 지켜보고 있다고 했다.

IMF의 위기상황에서 부도날 위기에 처한 조국을 살려보겠다고, 너도 나도 장롱 깊숙이 숨겨두었던 금붙이를 들고 나와 장사진을 이루던 민족!

태안반도 기름유출사고로 인하여 주민들이 어려움을 당할 때, 누가 먼저랄 것 없이 인산인해를 이루며 손으로 일일이 기름을 닦아내던 한민족의 저력을 보라!

무려 150만 명, 전무후무 이렇게 많은 사람이 하나가 되어, 자기 집 안방을 닦아내듯 기름띠를 닦는 모습을 보고, 외국 언론들은 "그들의 저력은 어디서 나오는가!" 묻고 있었다.

대통령 선거를 하루 앞둔 날, 필자도 신바람운동 봉사대와 함께 태안반도를 향해 달려갔다. 대통령 선거도 중요하지만, 내 동포가 어려움을 당하는 시급한 상황에 미력이라도 보태고 싶었기 때문이다.

바위와 갯벌 사이에 골골이 틈틈이 까맣게 절어있는 기름때를 닦아내며, 늘 어려움을 당하는 민초들의 삶이 가여워 나는 울고 또 울었다.

이렇게 작은 힘이 모이고 모여 서로의 상처까지도 닦아주고 보듬는 정 많은 민족!

월드컵 4강에 올랐다고 온 국민이 빨간 티셔츠를 입고 인간 띠를 이루며 환호하는 민족!

국민의 먹을거리를 보장하라고 손에 손에 촛불을 들고 거리로 뭉치는 민족!

독도는 우리 땅이라고 외치며, 밤잠을 설치며, 모국애로 거룩한 분노를 표출하는 민족!

저들이 묻고 있다.

"대한민국 그들은 누구인가?"

독도는 우리 땅이다!

우연히 가수 김장훈 씨의 선행을 알리는 방송을 보게 되었다.

그는 어려서 몹시 병약했다고 한다. 하루 학교를 다녀오면, 체력이 바닥나 며칠간 병원에 입원해야 할 정도였다. 기관지 천식이 심해 노래를 부르고 나면 말을 할 수 없을 정도로 목이 상하는 어려운 상황이라고 했다. 그는 관중들이 있는 한, 환호하는 그들에게 기쁨과 희망을 주고 싶어, 약을 먹으면서라도 계속 노래를 부르겠다고 했다.

그런 그가, 태안반도에 모여 기름띠를 닦는 봉사대들을 위로하려고, 기진한 몸을 이끌고 무리하게 공연을 하다, 무대 위에서 쓰러졌다. 의식을 잃고 구급차에 실려 가는 우리의 아들을 보며 나는 꺼이꺼이 울고 말았다.

앞 뒤 안 가리고 어려운 이들을 돕느라 대출에, 마이너스 통장에, 그러면서도 그는 또 한 번 사비를 털었다. 그리고 미국의 유명 일간지에 전면 광고를 싣고 세상을 향해 큰 소리로 이렇게 외쳤다.

"독도는 대한민국 영토다!"

"독도는 우리나라 땅이다!"

"독도는 절대 일본 땅이 아니다!"

앞으로의 포부가 무엇인가 묻자 그는 이렇게 대답했다.

"내가 계속 노래하는 목적은 관객들과의 만남을 위해서고, 또 하나 독도는 우리 땅이라는 것을 알리기 위해섭니다."

그 방송을 보고나니, 목젖에 큰 덩어리가 걸린 듯 뻐근한 여운이 남는다. 이 작은 나라를 이토록 아끼고 사랑하는 젊은이들이 있기에 우리의 미래는 밝고도 푸르다.

"주님이시여! 정녕 이 선량한 백성들을 보고 계십니까?"

"이제는 이 백성들에게서 분노와 서러움의 상처를 싸매주시옵소서!"

나는 오늘도 무릎 밑에 고개를 파묻고 기도하고 기도한다. 그리고 파이팅을 외친다.

"아하! 대한민국!"

"아하! 우리조국!"

"아하! 영원토록 사랑하리라!"

기름때를 닦아내며 그분들의
아픈 마음을 함께 씻어 드리고 싶었어요. 태안 앞바다에서…

바람이 머물다 간 땅, 내 고향 경주 안강!

나의 고향은 경주시 안강읍 육통리 소평마을이다. 몇 해 전 KBS '신한국기행' 이라는 프로그램에서 나와 함께 동행하며 내 고향 경주 안강을 소개한 적이 있다.

내 고향 경주 안강은 경주에서 포항으로 가는 사이에 자리 잡고 있다.

지금은 경주와 포항과 영천을 잇는 교통 중심지가 되어있지만, 내가 어렸을 적의 유일한 교통수단은 열차뿐이었다. 어릴 적 열차에 대한 추억 때문일까? 나는 지금도 강연을 위하여 이동할 때 열차가 닿는 곳이면 거의 대부분 열차를 이용하여 움직이고 있다.

"빼에엑! 빼에엑!"하고 소리를 지르며 안강 들판을 가로지르던 열차를 따라 나의 꿈도 함께 달려가곤 하였다.

어머니 손을 잡고 경주에 한 번씩 외출을 하면, 어머니는 빵집 앞에서

침을 삼키는 내게, 밀가루 반죽에 달콤한 팥이 가득 차 있던 황남빵을 사 주시곤 했다.

그 맛이라니! 달콤하고 부드러운 것이 입에서 살살 녹아내렸다. 나는 그걸 아껴먹느라 아주 조금씩, 조금씩 떼어서 입에 넣고는, 빵보다 손가락을 더 많이 빨아먹곤 하였다.

초등학교 일학년 때 처음 소풍을 간 곳, 흥덕왕릉.

흥덕왕릉하면 지금도 하늘이 보이지 않도록 빽빽한 소나무 숲이 떠오른다. 그곳에서 보물찾기를 하여 공책을 타왔던 기분 좋은 추억, 그리고 흥덕왕릉의 전설,

흥덕왕은 부인을 너무나 사랑한 나머지 눈을 감으면서 자기 부인과 함께 합장을 하여 달라고 했다. 왕릉의 규모가 어찌나 크던지, 친구들과 양팔을 벌리고 한참을 빙빙 돌아야 제자리로 올 수 있었다. 친구들과 소를 뜯기러 갈 때마다 뒹굴던 뒷산 묘지와는 비교도 안 되는 놀라움 자체였다. 부인을 향한 흥덕왕의 애틋한 사랑은 각박해진 세월을 사는 후손들에게 지금도 각별한 교훈을 준다.

흥덕왕릉에서 머지않은 곳에는 선덕여왕 때 지어졌다는 정혜사가 있다. 절은 임진왜란 때 불에 타 없어지고, 지금은 13층 석탑만이 지난 역사를 대신하고 있다. 정혜사 가까운 곳에 회재 이언적李彦迪 선생의 위패를 모신 옥산서원이 있다.

조선 전기 대표적 성리학자로 훗날 이황의 사상에 영향을 끼친 회재 이언적李彦迪선생! 그의 학문이 어찌나 깊고 고매하였던지, 이곳엔 그의 학문을 배우려는 선비들의 발길이 끊이지 않았다고 한다.

경치가 어찌나 아름답던지, 그만 경치에 반해 소풍 온 첫 날 입을 다물지 못하였다.

우리들에게 소풍의 절정은 정혜사에서 옥산서원으로 가려면 반드시 건너야 하는 외나무다리에 대한 무용담이다. 외나무다리 밑으로 제법 많은 물이 흐르고 있는데, 그 아래 물속이 꽤나 깊어보여서 어린 마음에 어찌나 겁이 나던지, 그래도 외나무다리를 건너지 않으면 소풍 간 기분이 나지 않았다. 우리들 사이에서 외나무다리를 건너지 못하는 아이는 졸장부 취급을 받곤 하였다.

내심 무서웠지만 항상 앞에 나서서 먼저 건너보이며 친구들을 격려하곤 하였다. 무섭지만 용감한 척하며, 소풍을 갈 때마다 외나무다리를 건너 오가던 것이 아름다운 추억이 되었다.

"도전하는 자만이 웃을 수 있다."

나의 슬로건과 지나온 나의 삶의 배경이 이러한 것에서 싹이 트고 잎이 나고 꽃을 피워 열매 맺게 된 것이 아니었을까?

'옥산서원'의 현판 글씨는 바로 추사 김정희 선생의 친필이다. 집안 곳곳의 다른 현판 글씨들도 당대 최고의 명필이었던 한석봉과 이산해 등의 친필이라고 하니, 과연 이언적 선생의 업적이 대단했음을 짐작하고 남음이 있다.

여기서 멀지 않은 곳에 독락당獨樂堂이 있다.

독락당은 사시사철 맑은 물이 흐르고 나무가 우거지고 새소리가 끊이지 않는 곳이다. 이곳은 이언적 선생이 벼슬을 그만두고 고향에 돌아와 학문에 전념했던 곳으로, '혼자 즐긴다.'는 뜻을 지닌 곳이다. 비록 어린 나이였지만 나는 독락당을 뛰어다니면서 성현이 남기고간 깨끗한 정신과 곧은 기개를 배웠던 것 같다.

홀로 독 獨자에 즐거울 락 樂자라!

지금껏 필자가 전국 방방곡곡을 돌며 "웃으며 살자. 기쁘게 살자. 즐겁게 살자"라고 외치고 다니게 된 근본정신이 이곳에서 잉태되었던 것은 아닐까? 신바람박사, 웃음의 전도사가 되는 기백이 그 때 이미 싹텄을지도 모를 일이다.

이처럼 고향은 내가 꿈을 잉태한 곳이고, 그 꿈을 낳아주고 길러주고 믿어주었던 든든한 울타리이니, 이 어찌 감사하지 않을 손가!

내 고향 경주는 천년의 고도답게 아름답고 지고지순한 사랑이야기 또한 많다. 선생님께 들었던 아사달과 아사녀의 사랑이야기는 지금도 애절한 기억으로 남아있다.

여러분, 무영탑을 아시는가?

옛날 백제 땅 부여에 아사달이라는 석공이 있었다.

그는 솜씨가 뛰어나 온 나라에 모르는 사람이 없었다. 아사달에 대한 소문은 이웃 나라 신라에 까지 퍼져 결국 그는 불국사의 석가탑을 만드는 작업에 동원되어 신라에 가게 된다.

이때 그에게는 아사녀라고 하는 착하고 예쁜 아내가 있었다. 아사달은 서라벌로 떠난 뒤 아사녀에게 오래도록 소식을 전할 수가 없었다. 남편을 그리워하던 아사녀는 남편을 만나기 위해 불국사를 찾아간다. 그리고 불국사 주지스님에게 아사달을 만나게 해 달라고 간청했으나 주지스님은 야속하게도 먼 길을 찾아온 아사녀에게 그냥 돌아가라고 했다.

탑이 완성 될 때까지는 석공들이 아무도 만나지 못하게 하라는 명령이 있었던 것이다.

그럴 수 없다고 간청하는 아사녀에게 주지스님은

"석가탑이 완성되면 아래 연못에 그림자가 비칠 것이니 지켜보고 있다가 그 때 다시 찾아오라"고 말한다.

하는 수없이 발길을 돌려야 했던 아사녀는 그날 이후로 매일 연못에 나가 탑의 그림자가 연못에 비치기만을 기다렸다. 하지만 아무리 기다려도 탑의 그림자는 비치지 않았고, 기다림에 지친 아사녀는 결국 연못에 빠져 죽고 말았다.

아사달이 아내가 자기를 만나려고 이곳까지 왔다는 소식을 듣고 석가탑을 완성하자마자 연못으로 달려갔으나 안타깝게도 이미 아사녀는 세상을 떠난 뒤였다.

이 슬픈 전설 때문에 사람들은 석가탑을 무영탑 無影塔이라고도 부른다. 무영탑은 그림자가 없는 탑이라는 뜻으로 아사녀가 그토록 애타게 기다렸는데도 연못에 탑의 그림자가 비치지 않았다고 해서 붙은 이름이다.

안강 벌판은 우리나라 동부지역에서 몇 안 되는 너른 벌판이다.

일제 때 일본인들이 곡물을 착취해가려고 반듯반듯하게 경지정리를 해놓은 덕에 물이 많고 땅이 기름진 곡창지대로 유명하다.

어렸을 적에는 메뚜기와 종달새가 어찌나 많던지, 메뚜기는 우리의 간식이요, 주식이요, 영양공급원이었다.

또 보리밭 사이에 숨어 종달새가 집을 비운 사이 알을 꺼내서 구워먹으면 얼마나 맛이 있었던지, 지금 생각해보면 종달새 어미의 마음이 어떠했

을까 안됐기도 하지만, 그때 그 맛이란 결코 포기할 수 없는 별미중의 별
미였다.

이 너른 벌판이 추수를 마치고 나면, 나와 친구들은 모두 연을 들고 바
람을 타기 시작했다. 방패연, 가오리연, 태극연, 아버지가 대나무 속살을
쪄다가 창호지에 풀을 먹여 탱탱하게 만들어주신 연을 날리노라면 세상
에 이보다 재미난 놀이는 없을 정도였다.

해가 저물어 어둑어둑해져도 저녁밥 먹는 것도 잊고, 캄캄해서 연이 보
이지 않을 때까지 연을 날리곤 했다. 비록 연은 눈에 보이지 않았지만 손
에 느껴지던 팽팽한 그 맛이라니, 어찌 그 기분을 낚시 광들의 손맛에 견
줄 수 있으랴!

연줄에 곱게 빻은 유리가루를 발라 친구의 연줄을 끊어 친구를 울리곤
했었는데…….

겨울만 되면 찾아오던 청둥오리 떼가 장관이었다.

자유분방한 듯 흩어졌다가도 곧 일사불란하게 날곤 하던 청둥오리 떼
를 바라보며, 나도 더 높은 세상, 더 넓은 세상, 더 나은 미래를 향해 훨훨
날고 싶었다.

청둥오리 떼가 날아오기 시작하면 어른들은 콩에 청산가리를 발라 던
져놓았다. 죽은 청둥오리를 집으로 가져와 내장은 꺼내어 버리고, 자글자
글 볶아 주시면 그 맛이 얼마나 기가 막히던지!

어머니들이 김장을 하실 무렵이면, 아버지를 따라 미꾸라지를 잡으러
가곤 했다. 삽을 둘러메고 논에 나가 흙을 파내어 웅덩이를 만들고, 그 물
을 퍼내면 정말, 흙 반 미꾸라지 반, 물 반 미꾸라지 반이었다.

꼼질대며 퍼덕거리는 미꾸라지를 손으로 집어 양동이에 담아 돌아오면 어머니는 거기에 밀가루를 풀어 한 나절을 놔두시곤 했다. 미꾸라지의 흙냄새를 없애는 거라나,

무청을 삶아 넣고, 고사리 토란 대 쫑쫑 썰어 얼큰하게 끓여주시던 추어탕 맛을 어디 가서 다시 맛볼 수 있으랴!

고향을 떠난 뒤 수십 년, 제법 나이 들어 찾아든 고향, 그러나 고향집에 대한 추억은 있으되 고향집은 사라지고 없다.

40여 호가 오순도순 모여 살던 우리 소평마을은 해마다 서너 차례씩 물난리를 겪곤 했다. 지대가 낮은 탓에, 결국 몇 년 전 큰 태풍과 홍수에 마을이 통째로 떠내려가고 말았다.

그 소식을 처음 들었을 때의 심정이라니, 망연자실! 바로 그 상태였다.

찾아갈 고향집이 없다는 사실이 어찌나 아쉽고 서럽던지, 팔 하나가 뚝 떨어져 나간 것 같은 심정이었다.

오랜만에 고향에 찾아가 우리 집의 흔적을 찾아보았다.

"여기 이 자리가 안방, 여기가 건너 방, 여기가 부엌이고 여기쯤이 마구간인데……. 달랑 방 두 개, 부엌 하나 그리고 마구간이 전부였던 우리집……."

그러나 정든 집도 사라지고, 정든 사람도 모두 떠나버렸다.

비만 오면 상습적으로 침수되던 고향집 고향마을, 그곳에는 어려움 속에서도 웃음을 잃지 않으셨던 어머니와의 행복한 추억이 서려있다. 얼마나 정겹던 시절인가!

언젠가, 방학을 하여 고향 할머니 댁에 다녀온 큰딸이 하는 말이,

"아빠, 저번에 아빠가 할머니 댁에 저 데려다주고 가실 때 있잖아요. 할머니가 아빠가 안 보일 때까지 지켜보시다가는 더 이상 아빠가 안보이니까 집으로 돌아오시며 혼자 우셨어요."하는 게 아닌가!

그 때 이미 나는 어른이 되어 일가를 이루고 살고 있었는데…….

"아하! 이것이 어머니의 마음이로구나!"

자식에 대한 애틋한 사랑을 무덤까지도 품고 가시는 것이 부모님의 마음인 것을 뒤늦게야 깨달았으니 이 불효를 어찌할꼬!

마을이 사라지고 나자, 차마 고향을 떠나지 못한 사람들은 세창마을이라는 산기슭에 터를 잡고 집을 짓고 산다.

나의 외삼촌께서도 그 마을에 새집을 짓고 살고 계셨다. 정말 오랜만에 찾아들어 인사를 올리니, 유난히 각별했던 누이와의 정 때문에 조카를 앉혀놓고 끝내 눈물을 흘리신다.

그 모습을 뵈니 나 또한 누나들 생각이 났다. 큰 누님은 언제나 어머니처럼 나를 돌보아 주셨는데…….

경주 동방이란 곳으로 시집을 가신 둘째 누님 생각이 난다.

밭이 적어 채소며 과일이며 간식거리가 부족했던 우리 집과는 다르게, 누나의 시댁에는 밭이 많았던 모양이다. 시집간 누나 집에 찾아가니 그 귀한 고구마가 가마니채로 방안 가득 쌓여있는 게 아닌가! 보기만 해도 어찌나 오지던지! 그날 배가 터지게 고구마를 먹고는 자면서 어찌나 방귀를 뀌어댔던지, 신혼부부 사이에 끼어 자던 철없는 동생 때문에 누나와 매형이 얼마나 고역이었을까?

모처럼 친구가 찾아온다는 소문을 듣고, 죽마고우 몇이 모여 나를 기다리고 있었다.

"옷은 새 옷이 좋고 사람은 오래된 사람이 좋다더니……."

고향을 지키는 친구들을 만나니 얼마나 반갑던지, 뭐, 여러 말 할 필요도 없이 바로 어릴 적 코흘리개 시절로 돌아가 하하 호호 깔깔대느라 시간가는 줄을 몰랐다.

고향하면 떠오르는 한 분, 은사가 계시니 바로 김상환 선생님이다. 선생님께선 수십 년 동안, 한시도 안강을 떠나지 않고 안강의 아이들을 가르치며 살아오신 분이다.

나이 들어 찾아뵙는 제자를 위해, 지필묵을 찾아 귀한 말씀을 한 수 써주신다.

"수구초심首丘初心"

"선생님, 귀한 말씀 고맙습니다."

"황박사! 내가 수구초심을 써주는 이유를 알지? 여우도 죽을 때가 되면 저를 낳아준 고향을 향해 머리를 두고 죽는다, 이 말은 한낱 미물도 저 낳은 고향을 잊지 않거늘 하물며 만물의 영장인 사람이 저를 낳아주고 길러준 고향을 잊어서는 안 된다는 말일세, 황박사가 이렇게 성공을 했으니 이제는 고향을 위해 헌신하고 봉사하라는 당부로 이 글을 써 보았네."

"예, 선생님! 그 말씀 잊지 않겠습니다. 앞으로 제가 힘닿는 데까지 저를 낳아주고 길러준 고향을 위해 열과 성을 다해 일하도록 하겠습니다."

선생님을 찾아뵙고 오랜만에 친구와 함께 양동산에 올라서니 고향 마을이 한 눈에 내려다보인다.

"히야! 참말로 안강 뜰이 넓긴 넓구나!"

“그렇지? 친구야! 우리, 학교 교가 한 번 불러볼까?”

“그래, 안강 뜰~ 넓은 들~ 누런 벼 익어갈 때~~”

“하! 하! 하! 안강 뜰이 얼마나 넓은지 중학교 교가에도 그 말이 나오는구나.”

“너 기억나나? 아버지가 일군 얻어서 논을 매고 오라고 보내시면, 하루 종일 남의 논을 매주고 왔다 아이가”

“하! 하! 하! 맞데이, 어찌나 들이 넓던지 이게 우리 논인지, 남의 집 논인지 구분을 못했었지!”

“친구야! 네가 있어서 참 든든하다, 우리는 서로에게 어떤 친구가 되어주고 있을까?”

“응? 그게 무슨 말인데?”

“어디선가 보았는데 친구의 종류에는 네 가지가 있다카대?”

“그래? 한번 말해 봐라”

“하나는 꽃과 같은 친구란다, 꽃이 피어서 예쁠 때는 그 아름다움에 찬사를 아끼지 않지만, 꽃이 지고 나면 돌아보는 이가 없듯, 자기 좋을 때만 찾아오는 친구를 바로 꽃과 같은 친구라고 한다더라.”

“그래, 그거 재미난 비유네 그래 두 번째는 뭐꼬?”

“두 번째 친구는 저울과 같은 친구란다, 저울이란 본래 무게에 따라 이쪽, 저쪽으로 기울잖아, 이런 친구는 나에게 이익이 있는가, 없는가를 따져 이익이 큰 쪽으로만 움직이는 친구를 가리킨단다.”

“허허! 거 말 된다. 그럼 세 번째는?”

“응, 세 번째 친구는 산과 같은 친구란다. 산이란 온갖 새와 짐승의 안

식처이며 멀리 보거나 가까이 가거나 늘 그 자리에서 반겨주잖아, 그렇게 생각만 해도 편안하고 마음 든든한 친구가 바로 산과 같은 친구란다.”

“히야! 거 아주 제법이다. 그래 네 번째는 뭐꼬?”

“응, 네 번째 친구는 땅과 같은 친구란다. 땅은 뭇 생명의 싹을 틔워주고 곡식을 길러내며 누구에게도 조건 없이 기쁜 마음으로 은혜를 베풀어주잖아, 이처럼 한결 같은 마음으로 지지해 주는 친구가 바로 땅과 같은 친구란다.”

“음! 그래……. 좋은 말이다. 우리는 서로에게 어떤 친구로 살았드노?”

“너는 나에게 곧 산이고, 땅이고, 바로 고향이다 아이가!”

“그리 말해주니 고맙데이”

친구와 함께 너른 벌판을 내려다보고 있노라니 아버님께서 들려주시던 말씀이 생각난다.

아버님은 늘 “땅은 정직하다. 땅은 절대로 농부의 땀을 속이지 않는다.”고 말씀하셨다.

“고추는 주인 발자국 소리 듣고 살이 오르고, 벼는 주인 땀 냄새 맡고 고개 숙이는 법이데이.”

“수관아! 이 벼이삭 좀 보그라, 익은 벼는 고개를 숙이고 있지? 여기 안 익은 벼는 고개를 바짝 처들고 있지? 봐라! 잘 익은 벼일수록 고개를 깊이 숙여 자기는 안보이고 잎사귀만 보이지? 사람도 많이 배울수록 겸손하게 고개를 숙여서, 자기가 드러나지 않게 남을 섬길 줄 알아야 한데이”

아버님의 말씀은 언제나 필자의 마음에 남아, 무엇을 하던지 성실하게 땀을 흘리는 자세를 가르치셨고, 항상 보이지 않는 곳에서 겸손히 섬기는 사람이 되라고 교훈하신다.

어린 내게 인생의 진리를 가르쳐주었던 안강 벌판!

신라 천년의 역사를 지닌 내 고향 경주는 참 구구절절 전설이 많은 곳이기도 하다.

우리는 수업시간에 신라의 역사와 전설에 대하여 배우곤 하였다.

"그동안 경주에서 기개가 곧고 충직한 인물이 많이 나오는 것도 다 이런 전통이 있어서 그렇다 아이가!"

어릴 적 선생님이 들려주셨던 김유신 장군의 이야기는 지금도 생생하게 기억이 난다. 신라의 장군으로 삼국을 통일시킨 김유신에게는 두 여동생이 있었다. 이 두 여동생의 이름은 보희와 문희다.

그중에 언니인 보희寶姬가 어느 날 꿈을 꾸었다.

그 내용은, 언니 보희가 신라 금성金城의 서악산 꼭대기에 올라가 소변을 보는데 그 오줌줄기가 산 아래로 흘러가더니, 급기야 온 도성을 물바다로 만들고, 점차 확대되어 신라 전체를 덮어버리는 것이 아닌가!

꿈에서 깨어난 언니 보희는, 꿈이 하도 이상해서 동생 문희文姬에게 자기의 꿈 이야기를 했다.

언니의 꿈 이야기를 들은 동생 문희는 언니가 꾼 꿈이 예사로운 것이 아니라는 것을 직감하고는 언니에게 그 꿈을 자기에게 팔라고 부탁한다.

"언니, 그 꿈을 내게 팔아요. 그럼, 이 예쁜 비단 치마를 드릴게"

평소에 문희의 비단 치마를 탐내던 보희는 치마 한 장에 냉큼 자신의 꿈을 팔고 만다.

바로 그날, 신라의 화랑이었던 오빠 김유신은 축국蹴鞠, 그 시대의 전통적인 공놀이. 오늘날 축구와 같은 놀이를 하고 있었다.

공교롭게도 그날, 후에 신라의 왕이 되어 삼국을 통일한 김춘추의 당포 소매가 격렬한 경기 중에 터지게 된다. 정치적 야망으로 불타던 김유신이 이 좋은 기회를 놓칠 리 없다. 왜냐하면 김춘추와의 관계는 장차 자신의 출세에 지대한 영향을 미칠 것이기 때문이다.

김유신은 김춘추에게 청하였다.

"여기서 저희 집이 가깝습니다. 저희 집에 함께 가셔서 제 여동생에게 터진 곳을 꿰매어 달라고 하십시다."

"그거, 고맙구려."

김유신은 내심 자신의 여동생 중 하나와 김춘추가 맺어지길 바라고 있었다. 집으로 돌아온 유신은

"애 보희야, 네가 김춘추의 옷을 꿰매어 드리렴"

그러나 남달리 숫기가 없고 정숙했던 보희는

"오라버니, 어찌 외간 남자의 옷을 꿰매어 줄 수가 있어요."

라고 사양한다.

보희가 망설이는 틈에 조금 전에 언니의 꿈을 샀던 문희가 나타나

"오라버니, 제가 그분의 옷을 꿰매어 드릴게요."

하고는 춘추를 자기 방으로 들여 옷을 꿰매어 주게 된다.

이것이 인연이 되어 두 사람은 김유신의 뜻대로 사랑의 열매를 맺었고, 결국 결혼하게 된다. 그래서 훗날 김춘추는 태종무열왕이 되고 문희는 황후가 되었다는 이야기,

선생님은 그 때 꿈의 가능성을 믿은 여인과, 꿈을 하찮게 생각한 여인

의 운명이 하늘과 땅처럼 달라진 것을 보라면서, 우리들에게 꿈을 꾸되 크고 높은 기상을 품고 살라고 하셨다.

내 고향 경주시 안강면 육통리 소평마을,

지금도 그곳에는 어릴 적 나의 꿈이 자라나고 있다.

4월 29일에 경주시 국회의원 보궐선거가 있다.

할 수만 있다면, 지금까지 나를 길러주신 고향의 은혜에 보답하고 감사하는 마음으로, 경주발전을 위해 최선을 다해 일해보고 싶다.

이번 보궐선거에 출마를 하겠느냐고 묻는 기자들에게 나는 결연한 의지로 나의 각오를 발표하였다.

존경하는 경주 시민 여러분!

신바람을 몰고 다니는 황수관 인사드립니다.

저는 내년 4월 29일 경주시에서 실시되는 국회의원 보궐 선거에 출마코자 합니다.

우리 경주시는 저를 낳아주고, 길러주고, 가르쳐주신 고마운 땅입니다.

고향 분들의 넘치는 사랑과 응원, 그리고 찬란한 문화의 고장 경주에 대한 자부심과 긍지는, 늘 제 삶의 원동력이 되어 주었기에, 보답하는 마음으로 이 자리에 나왔습니다.

존경하는 경주시민 여러분!

수구초심首丘初心!

여우도 죽을 때는 저를 낳아준 고향을 향해 머리를 둔다고 했습니다.

지역의 특성상, 제약과 제한된 개발로 타 지역과는 달리 도태되어가는 경주,

그동안 고향 분들의 수심어린 표정을 볼 때마다 마음이 무거웠습니다.

아낌없이 주는 나무처럼, 후손들에게 물려줄 문화유산과 긍지를 위해, 늘 참아주고 양보하며 살아오신 여러분의 희생이 헛되지 않도록 저 황수관! 내 고향 경주를 위해, 뼈를 묻는 심정으로, 생명 걸고 일하겠습니다.

마중지봉麻中之蓬!

구부러진 쑥도 삼밭에서는 곧게 자란다고 했습니다.

누가 함께하느냐에 따라 경주 시민의 삶의 질이 달라질 것입니다.

그동안 힘들고 불편했던 문제들이 많으셨지요?

저 황수관! 여러분의 숙원사업을 함께 나누어지고, 만족하게 해결되는 그 날까지 최선을 다해 도와드리겠습니다.

종두득두種豆得豆!

콩 심은 데 콩 나고 팥 심은 데 팥 난다고 했습니다.

온 국민이 건강하고 신바람 나게 살기를 바라는 일념으로 지금까지 뛰었습니다. 그동안 방방곡곡에 건강을 심었습니다. 웃음을 심었습니다. 신바람을 심었습니다.

건강한 정치, 신바람 나는 경주, 4년 뒤에도 "하! 하! 하!" 함께 웃을 수 있도록 저 황수관! 모든 노하우와 인적자원을 동원해 경주에 신바람을 일으켜보겠습니다.

역지사지 易地思之!

매사를 입장을 바꾸어 생각해보면 됩니다.

우리 경주시는 유네스코가 지정한 세계역사문화도시로 굉장한 문화적 가치가 있습니다. 그럼에도 그 가치가 주민들의 경제소득보다는 제반 경제활동에 제약을 주고 있습니다.

또한 한번 경주를 방문한 관광객들을 다시 찾게 하는 데는 역부족이었던 것도 사실입니다.

저 황수관! 세계역사문화도시답게 세계인의 변화된 욕구를 충족시킬 수 있는 관광 상품, 체험과 휴식과 레저를 함께 즐길 수 있는 관광 상품을 개발하여, 시민들의 소득사업으로 이어질 수 있도록 새바람, 신바람 나게 뛰겠습니다. 도전하고 또 도전하겠습니다. 도전하는 자만이 웃을 수 있지요. 꿈을 가진 자만이 성공의 길을 걸어 갈 수 있음을 믿습니다.

경주 시민 여러분! 고맙고 감사합니다.

고향 친구들과 함께
"야! 얼굴이 어렸을 때 모습 그대로 있네!
하! 하! 하! 마음도 어릴 적 그대로다!"

시인 천상병은 이 땅에서의 삶을 천상에서 소풍을 나온 것이라고 노래하였다. 언젠가 우리는 앞서거니 뒤서거니 왔던 곳으로 되돌아가야 할 나그네들이다.

"나는 그동안 어떻게 살아왔는가?"

공교롭게도 이 책의 원고를 마무리할 즈음, 김수환 추기경의 선종소식을 접하게 되었다. 참으로 애석한 비보 앞에서, 나는 혼자 이렇게 중얼거렸다.

"아! 참으로 아름다운 귀향!"

나는 없고, 오직 남을 위해 일생을 바치신 고귀한 희생!

고향 경주에서 급히 올라와 조문을 갔을 때, 꼬리에 꼬리를 문 조문객의 행렬이 어디가 끝인지 가늠하기 어려울 정도였다.

많은 애도인파들이 추기경의 생전의 모습을 회고하며, 저마다 아름다운 인생의 마무리에 대하여 다짐하는 분위기였다.

일평생, 자신을 낮추시고 예수를 사랑하며, 어려운 이웃들에게 한 없이 자애롭고 다정한 할아버지가 되어주셨던 분! 그러나 불의 앞에선 추호의 타협 없이 강직한 쓴 소리로 올바른 길을 제시하셨던 분!

그러면서 한편으론 아주 유머가 있고 위트가 넘치시는 분이었다.

누군가 추기경께 인생에 대하여 묻자 재미난 이야기를 해주셨다 한다.

"한 청년이 삶이 무엇인가를 깊이 고민하고 있었다네,"

"삶은 무엇인가?"

"삶은 무엇인가?"

"앉으나 서나 삶은 무엇인가를 고민하던 젊은이가 하루는 기차를 타게 되었다지?"

"달리는 열차 안에서도 고뇌에 빠져있던 그에게 깨달음을 주는 사람이 있었다는군!"

"그게 누군데요?"

"계란 장수 아주머니!"

"네에? 계란장수가요?"

"응, 아주머니가 열차 안을 돌며 크게 외치더라지!"

"삶은 계란이오!"

"삶은 계란이오!"

"하! 하! 하!"

조문을 하려고 길게 늘어선 행렬 가까이 가니

"황박사님! 반갑습니다."라고 조문객들이 손을 내밀어 반겨준다. 그들과 인사를 하노라니 장례위원이 알아보고 안내를 하여 주는데, 기자 몇이 따라오며 평소의 추기경에 대한 추억을 묻는다.

"더 가난하게 살지 못해 죄송합니다."

"그분께선 늘 그렇게 가난하고 소외된 이들과 함께 하시기를 원하셨던 분입니다."

"사제들에게도 나를 사제라 부르지 말고 죄인이라 불러주시오! 라고 말씀하셨던 분이지요."

김수환 추기경을 조문하는 황수관 박사

　"당신의 자화상을 그리셨을 때, 동그라미 속에 눈 코 입을 쓱쓱 그려놓고 그 밑에 '바보야' 라고 써놓으셨던 겸손하고 자애로운 분이셨지요."

　기자들과 질의응답을 마치고 안내를 받아 본당에 들어서니 귀한 지도자를 잃은 슬픔에 가슴이 무너진다.

　마지막 가시는 길, 각막을 기증하여 두 사람의 인생에 새로운 빛을 주고 떠나셨다더니,

　두 눈이 푸욱 꺼진 채 조용히 누워계신 모습을 뵈며, 아낌없이 모두 주고도, 더 주지 못해 아쉬워하시던 그 분의 사랑이 가슴 저리게 다가온다.

　"고맙습니다. 사랑하세요."

　"주님은 나의 목자, 나는 아쉬울 것이 없어라!"라는 묘비명,

이 민족의 큰 별이 떠나시는 길을 바라보며, 배웅해드리는 행렬을 바라보며, 인생이란, 어떻게 살아가는 가도 중요하지만, 어떻게 평가되어질 것인가를 염두에 두어야한다는 생각을 되새기게 된다.

노블리스 오블리제 *Noblesse Oblige*라는 말이 있다.

높은 지위, 기득권을 가진 이들이 투철한 공공의식을 가지고 사회에 솔선수범하여 모범을 보이는 정신을 뜻하는 말이다.

끝이 안 보이는 추모행렬! 한 사람의 인생은 장례식 분위기를 보면 알 수 있다.

평소 그가 어떻게 살아온 사람인지…….

나도 지금까지 온 국민의 과분한 사랑을 받으며 살아왔는데…….

"과연, 내가 죽으면 조문객이 얼마나 찾아와 줄까?"

김수환 추기경의 천분의 일, 아니 만분의 일에도 못 미치는 부족한 죄인이지만,

남은 여생, 아낌없는 사랑과 격려를 주신 분들께 보답하는 마음으로, 나누고 돕고 헌신하는 삶을 살아가리라!

인생의 깊은 의미와 아름다운 마무리에 대하여 물음을 던지며…….

감사하는 마음으로 이 글을 맺는다.

노블리스 오블리제!

"고맙습니다. 서로 사랑하세요!"

웰컴 신바람 인생

지은이 황 수 관

초판 인쇄 / 2009년 3월 5일
60쇄 발행 / 2012년 6월 1일

등록번호 / 제 2007-15호
발 행 처 / 도서출판 신바람
발 행 인 / 황 수 관
주   소 / 경기도 군포시 산본동 1061-1 현대아카데미센타 604호
          ☎ 031)394-0551   FAX. 031)394-0554
홈페이지 / www.sookwan.or.kr
이 메 일 / sinbaram888@hanmail.net
ISBN 978-89-960211-4-8 03230

값 13,000 원

잘못 만들어진 책은 바꾸어 드립니다. 저자와의 협약으로 인지는 생략합니다.
본사의 허락없이 무단전제와 무단복제를 금합니다.